基于核心素养导向的高中物理创新实验资源开发的探究式教学实践研究

JIYU HEXINSUYANG DAOXIANG DE GAOZHONG WULI CHUANGXINSHIYAN
ZIYUAN KAIFA DE TANJIUSHI JIAOXUE SHIJIAN YANJIU

谷春生◎著

团结出版社

图书在版编目（CIP）数据

　　基于核心素养导向的高中物理创新实验资源开发的探究式教学实践研究 /谷春生著 . -- 北京：团结出版社，2020.6

　　ISBN 978-7-5126-7977-1

　　Ⅰ. ①基… Ⅱ. ①谷… Ⅲ. ①中学物理课—教学研究—高中 Ⅳ. ①G633.72

　　中国版本图书馆CIP数据核字（2020）第097509号

出　　版：团结出版社
　　　　　（北京市东城区东皇城根南街84号　邮编：100006）
电　　话：（010）65228880　65244790
网　　址：http：//www.tjpress.com
E-mail：65244790@163.com
经　　销：全国新华书店
印　　刷：河北盛世彩捷印刷有限公司
装　　订：河北盛世彩捷印刷有限公司

开　　本：170 mm×240 mm　1/16
印　　张：16.5
字　　数：313千字
版　　次：2020年6月　第1版
印　　次：2020年6月　第1次印刷

书　　号：978-7-5126-7977-1
定　　价：59.00元

前　言

　　基于核心素养导向的物理创新实验资源开发的探究式教学是物理学科探究教学的重要组成部分，也是落实课程目标，全面提高学生核心素养的重要途径。物理实验的开发和利用有利于提高物理教育质量和全面实现物理课程目标，这就迫切要求中学教师要善于吸收教育科学及所教学科的最新成果，拓宽自己的知识面，挖掘出教材所蕴涵的探究性因素，精心设计相应的探究性课题，创新实验资源，把学生置于开放、多元的学习环境中，确立起学生在学习中的主体地位，增进独立思考能力，启迪创新思维，以更好地培养学生的科学探究能力，使其逐步形成科学态度与科学精神。

　　实验教学是国家课程方案和课程标准规定的重要教学内容，是培养创新人才的重要途径，是全面贯彻党的教育方针，落实立德树人根本任务，发展素质教育，努力构建与德智体美劳全面培养的教育体系相适应、与课程标准要求相统一的实验教学体系。夯实基础，开齐开足开好国家课程标准规定实验，切实扭转忽视实验教学的倾向；拓展创新，不断将科技前沿知识和最新技术成果融入实验教学，丰富内容，改进方式；注重实效，强化学生实践操作、情境体验、探索求知、亲身感悟和创新创造，着力提升学生的观察能力、动手实践能力、创造性思维能力和团队合作能力，培育学生的兴趣爱好、创新精神、科学素养和意志品质。

　　《关于加强和改进中小学实验教学的意见》是为深入贯彻全国教育大会精神，落实全国基础教育工作会议部署，深化教育教学改革，全面提高基础教育质量，就加强和改进中小学实验教学工作提出的意见。由中华人民共和国教育部于2019年11月20日印发实施。

教育部在《关于加强和改进中小学实验教学的意见》中指出加强和改进中小学实验教学的主要举措如下：①完善实验教学体系；②创新实验教学方式；③规范实验教学实施；④提高教师实验教学能力；⑤保障实验教学条件；⑥健全实验教学评价机制；⑦加强实验教学研究与探索；⑧强化实验教学安全管理。

借着教育部"加强和改进中小学实验教学"的春风，我所主持的北京市课题《基于核心素养导向的创新实验资源开发的探究式教学实践研究》正如火如荼地进行，大家分工明确，各司其责，研究工作热情高涨。个个都深切感觉到：我们的市级课题将大有用武之地。我们的课题已经取得了一些成果，想必不久的将来，课题将会对中学物理实验探究教学，尤其是创新实验探究教学起到应有的推动作用。

基于此，下面我将从物理学科课程性质、核心素养、物理实验、高中物理创新实验资源开发、探究式教学实践、评价、案例分析等诸多方面进行阐述。

目　录

第一章　学科课程性质与核心素养

第一节　课程性质与基本理念

一、课程性质

物理学是自然科学领域的一门基础学科，研究自然界物质的基本结构、相互作用和运动规律。物理学基于观察与实验，建构物理模型，应用数学等工具，通过科学推理和论证，形成系统的研究方法和理论体系。从古希腊时代的自然哲学，到17、18世纪的经典物理学，直至近代的相对论、量子论等，物理学始终引领着人类对自然奥秘的探索，深化着人对自然界的认识。物理学对化学、生命科学、地球与宇宙科学等自然科学产生了重要影响，推动了材料、能源、环境信息等科学技术的进步，促进了人类生产生活方式的变革，对人类的思维方式、价值观念等都产生了深远影响，对人类文明和社会进步作出了巨大贡献。

高中物理课程是普通高中自然科学领域的一门基础课程，旨在落实立德树人根本任务，进一步提升学生的物理学科核心素养，为学生的终身发展奠定基础，促进人类科学事业的传承与社会的发展。高中物理课程在义务教育的基础上，帮助学生从物理学的视角认识自然，理解自然，建构关于自然界的物理图景；引导学生经历科学探究过程，体会科学研究方法，养成科学思维习惯，增强创新意识和实践能力；引领学生认识科学的本质以及科学·技术·社会·环境（STSE）的关系，形成科学态度、科学世界观和正确的价值观，为做有社会责任感的公民奠定基础。

二、基本理念

（一）注重体现物理学科本质，培养学生物理核心素养

高中物理课程注重体现物理学科的本质，从物理观念、科学思维、科学探究、科学态度与责任等方面提炼学科育人价值，充分体现物理学科对提高学生核心素养的独特作用，为学生终身发展、应对现代和未来社会发展的挑战打下基础。

（二）注重课程的基础性和选择性，满足学生终身发展的需求

高中物理课程在结构上注重为全体学生打好共同基础，精选学生终身发展必备的核心概念和科学实践作为必修模块内容，同时针对学生的兴趣、发展潜能和今后

的升学或就业需求，设计多样化的课程模块，促进学生自主地、富有个性地学习。

（三）注重课程的时代性，关注科技进步和社会发展需求

高中物理课程在内容上注重与生产生活、现代社会及科技发展的联系，反映当代科学技术发展的重要成果和科学思想，同时关注物理学的技术应用带来的社会问题，培养学生的社会参与意识和社会责任感。

（四）引导学生自主学习，提倡教学方式多样化

高中物理课程通过创设学生积极参与、乐于探究、善于实验、勤于思考的学习情境，培养和发展学生的自主学习能力。通过多样化的教学方式，利用现代信息技术，引导学生理解物理学的本质，整体认识自然界，形成科学思维习惯，增强科学探究能力和解决实际问题的能力。

（五）注重过程评价，促进学生核心素养的发展

高中物理课程重视以评价促进学生的学习与发展，重视评价的诊断功能和激励功能，致力于创建一个目标明确、主体多元、方法多样、既重视结果亦重视过程的物理课程评价体系。提倡评价应关注学生的个体差异，帮助学生认识自我、建立自信，改进学习方式，发展核心素养。

第二节　学科核心素养

学科核心素养是学科育人价值的集中体现，是学生通过学科学习而逐步形成的正确价值观念、必备品格和关键能力。物理学科核心素养主要包括"物理观念""科学思维""科学探究""科学态度与责任"四个方面。

一、物理观念

"物理观念"是从物理学视角形成的关于物质、运动与相互作用、能量等的基本认识；是物理概念和规律等在头脑中的提炼与升华；是从物理学视角解释自然现象和解决实际问题的基础。

"物理观念"主要包括物质观念、运动与相互作用观念、能量观念等要素。

二、科学思维

"科学思维"是从物理学视角对客观事物的本质属性、内在规律及相互关系的认识方式；是基于经验事实建构物理模型的抽象概括过程；是分析综合、推理论证等方法在科学领域的具体运用；是基于事实证据和科学推理对不同观点和结论提出质疑和批判，进行检验和修正，进而提出创造性见解的能力与品格。

"科学思维"主要包括模型建构、科学推理、科学论证、质疑创新等要素。

三、科学探究

"科学探究"是指基于观察和实验提出物理问题、形成猜想和假设、设计实验与制订方案、获取和处理信息、基于证据得出结论并作出解释，以及对科学探究过程和结果进行交流、评估、反思的能力。

"科学探究"主要包括问题、证据、解释、交流等要素。

四、科学态度与责任

"科学态度与责任"是指在认识科学本质，认识科学·技术·社会·环境关系的基础上，逐渐形成的探索自然的内在动力，严谨认真、实事求是和持之以恒的科学态度，以及遵守道德规范，保护环境并推动可持续发展的责任感。

"科学态度与责任"主要包括科学本质、科学态度、社会责任等要素。

第三节　基于核心素养下的中学物理实验教学

发展学生核心素养，是指学生应具备的、能够适应终身发展和社会发展需要的一种必备品格和关键能力，是关于学生知识、技能、情感、态度、价值观等多方面发展需求的综合体现，而在学生的学习成长过程中不断的加以完善。并且核心素养的发展是一个持续终生的过程，最终目标是使每一个学生都可以获得适应终生发展和社会发展不可或缺的共同素养。所谓教书育人，教师不仅仅要将知识毫无保留地传授给学生，更要让学生学习到将来在社会中需要的各项能力。

物理学是中学学习课程的重要学科，是一门以实验和观察为基础，研究物质、相互作用和运动规律的自然科学。同时作为一门自然科学中的组成学科，物理学科又担负着培养学生科学素养的重任，而实验教学作为物理教学中的重要组成部分，是完成物理学科目标、全面提高学生科学素养的重要路径。不仅如此物理实验教学还承担着提高学生创新意识、培养学生合作精神等多方面的作用。

但是传统的物理实验教学往往流于形式，过于强调教师演示的过程，忽视了课堂中学生的主体作用，教师教授知识往往都是在为各种选拔考试服务。而通过对物理学科核心素养的分析不难发现，中学物理教学不仅肩负着传授基本理论教学的重任外，更加重要的是对学生知识运用能力的培养，让学生明白"学以致用"的道理，更让学生体会到"物理来源于生活，并服务于生活"的学科特点。而仅仅通过传统的实验教学，往往是无法达成这些目标的。

实验教学中，通过教师引导学生自主设计探究实验来培养学生动手能力，在实验过程中的相互配合中发扬合作精神，在收集整理实验信息中养成严谨的科学态度，在团队进行小组实验时明确责任意识。通过实验探究中的能力的培养，让学生在今后的成长与发展中，面对真实的场景，遇到的问题虽然有可能不是物理问题；但他们具备了探究能力，会准确地提出和表述问题的所在，从而进行理论的分析和猜想预测，并设计方案进行实验得出解决方法，这也就是实现了发展学生核心素养的价值。

第二章　探究教学思想

——探究教学的概述

第一节　探究教学思想的形成与发展

一、国内教育思想中的探究观点

探究教学作为与传统的传授式教学相对应的一种观点，自古以来就已形成。在我国教育史上著名的大教育家孔子就非常重视学习在人的发展中的作用。在《论语》一书中从不同的方面介绍了教与学的思想。《论语·学而》中讲了"学而时习之"，提出关于如何学习的问题，学习是一个反复实践并获得真知的过程。在教学过程中，既要重视教师教学过程，又要重视学生学习的过程。他将学习过程中的"学、思、行"构成了一种统一的整体。在《论语·述而》中提出："不愤不启，不悱不发，举一隅不以三隅反，则不复也"。意思是说：只有当学生有强烈的求知欲望和积极思维状态时教师才适时地诱导、引发，启发诱导的核心就是最大限度地激发学生学习的主动性和创造性。这种启发诱导式教学正是探究教学思想。在《论语·为政》中指出"学而不思则罔，思而不学则殆"。强调学习与思考的结合即在教学中学生主动思考，获得新知识。《学记》一书中提出"教学相长"说明在教学过程中教师指导学生学习发现自己的不足，提高自己的知识水平，而学生从教师那里获得知识，必须经过自己的主动探究、努力才能提高自己的水平。还提出"道而弗牵""强而弗抑""开而弗达"，这种思想观点主张：积极引导督促学生而不是强加逼迫，要启发学生积极思考而不是直接灌输，为学生提供学习方法，让他们充分发挥主动性，亲自探究，这些观点对今天的探究教学具有指导意义。《学记》中还提出"藏、修、息、游"的学习模式，要求学生在学习过程中不仅要注重课堂上学习，还要注重课外实践活动。还提出"相观而善之谓摩"，提倡在学习中要取长补短，相互切磋，相互观摩，同学之间要相互讨论与探究，培养团结合作精神。南宋著名思想家、教育家，儒家思想的重要人物朱熹提出"无疑—有疑—解疑"的过程，指出了学生在学习过程中要充分发挥自己的主动性，勇于探究、并创造性地解决问题。在教学中，他运用了"时习与温故知新，适时启发"等原则与方法，并且主动培养学生的兴趣，反对刻板的知识传授。强调教师只做个引路的人，做个有疑难一同商量的人，让学生做学习的主人。现代人民教育家陶行知，在教育思想中指出注重学生的主体发展和个性发展，学生始终是教育的主体，一切教育都是为了儿童的发展。对于学生的发展，提出了六大解放，即解放学生头脑、双手、眼睛、嘴巴、空间、时间，这正是体现了探究教学中的开放性、主体性。通过学生的主体性探究，培养他们的创新精神，正是探究教学的核心。

二、国外教育家的探究教学思想

探究教学的表现形式是"发现法"和"问题解决法"。"发现学习"是以培养探究性思维的方法为目标，以基本教材为内容，使学生通过再发现的步骤来进行的学习。发现教学思想的萌芽最早可以追溯到卢梭。卢梭自然主义教育倡导教育要适应儿童的自然本性。主张凡是儿童能从经验中学习的事物，都不要使他们从书本中去学。经验主要来源于行，来源于探究。杜威提出并实践"从做中学"的观点，认为个体要获得真知就必须在活动中主动去体验，去"做"，因为经验都是由"做"得来的。杜威进一步提出：人们最初的知识和保持得最牢固的知识，是关于怎样做（How to do）的知识。为此，就应该循着这种获取知识的"自然途径"为学生准备适当的环境，使"学生由做事而学习"（Learning by doing）。布鲁纳认为，发现法的实质是在教师启发引导下，让学生按照自己观察和思考事物的特殊方式去认知事物，理解学科的基本结构，或者让学生借助教材或教师所提供的有关材料去亲自探索或"发现"应得出的结论与规律性知识，并发展他们的发现学习的能力。"问题解决法"也是探究教学的一种重要方式。"问题解决法"的理论有：桑戴克的"试误说"，哈洛的"学习心向论"，杜威的问题解决五段理论以及问题解决的信息加工理论等，真正系统地提出问题解决教学法的则是苏联科学院士M·N·马赫穆托夫，他认为问题解决三个阶段是：问题情境的创设、问题的提出和问题的解决。

20世纪五六十年代，"探究教学"作为一种教学方式是美国生物学家、课程专家、芝加哥大学教授施瓦布首先提出的，他极力主张要积极地引导学生像科学家那样对世界进行探究。在施瓦布的推动下，探究教学在英美等国得到了发展，如萨其曼的探究训练模式，施瓦布的生物科学探究模式，马希尔斯和考克斯的社会探索模式以及学习环模式和5E模式等。

尤其在20世纪80年代以来，出于提高综合国力和适应知识经济发展的需要，各国普遍重视对学生的创新能力培养，对探究教学的发展有较大促进。英国推出《1998年教育改革方案》首次将科学课程与英语、数学并列为三大核心课程，特别强调对学生科学探究能力的培养。20世纪90年代美国出台过两部具有纲领性的科学教育文献：1990年美国科学教育研究会提出的《2001计划》和1996年美国国家研究理事会推出的《美国国家科学教育标准》，这两部文献都强调探究教学的重要性。

第二节 探究教学的内涵

探究教学是指在教师指导下学生运用探究的方法进行学习，主动获取知识，发展能力的实践活动。其目的在于培养学生的创新精神和实践能力，因而知识与能力的获得主要不是依靠教师进行强制性灌输，而是在教师的指导下由学生主动探索、主动思考，亲身体验出来的。探究教学在教师观、学生观、学习观和评价观上体现了新颖丰富的内涵。

一、教师是探究教学过程中的促进者和合作者

探究教学在知识观方面的转变，是要把教师从"知识权威"的神坛上拉下来，教师不再是知识传授者和管理者，而是学生进行探究活动有力的促进者。在探究活动中教师应帮助学生学会科学探究的方法。在与学生合作中能接纳学生的独创见解，引导学生进行反思与创造，探究活动是学生与环境相互作用的建构过程，要营造一个宽松和谐的氛围，激发学生的探究欲望和动机。还要给学生提供丰富的信息，能有效地进行探索、研究。在探究活动中，教师作为合作者，要以一名普通学生的身份参与到学生中去，与学生一起探索交流，以自己丰富的经验影响学生对知识等意义的建构，并与学生一起分享成果；教师作为促进者，要根据学生不同的探究能力，设计不同的探究计划，这些计划的设置既要具有一定的难度，又要不挫伤学生的积极性，同时还要考虑学生的智力因素和非智力因素的影响，让学生积极主动进行探索活动，克服干扰，勇于突破自己的思维定式。

二、学生是探究教学过程的主体参与者

在传统教学中，教师以自己的意志主宰课堂，学生很少有参与教学的机会。学生处于被动接受的地位，而探究教学是以新教学观念为其理论背景，以对学生的亲和为其基础，学生不仅变成了教学的真正主体，而且更具有创造性和协作能力。具体表现在以下几个方面：

（一）学生是具有学习能力的人

在传统的教学中，学生是未成熟的个体，不让学生承担起发现知识和创新知识的重任。探究教学中要充分相信学生，委以学生重任，相信学生有能力在一定程度上探索世界，揭示世界的奥秘，发现并创造出知识。因此教师要敢于放手让学生走自主创新学习之路，学生可以选择学习内容，确定自己的学习方法、学习计划及评

价方案。

（二）学生是探究学习过程中成长的人

在探究教学中，要注意到学生是在学习过程中不断从幼稚到成熟，从知识的贫乏者到知识的富有者，在与教师接触过程中不断从教师身上获得知识和技能。学生的思维方式和教师有很大不同。因此在探究教学中要重视学生的元认知（来源于生活，是学生对生活真理的感悟），积极引导学生在探究中不断自我完善。

（三）学生是探究教学中的主体参与者

探究教学非常重视培养学生的主体意识，发挥和建构学生的主体性。现代教学倡导：教师应把学生的主体地位放在突出地位，教是为了让位于学生，教是为了学，能学不需要教，教师作用在于引导。学生在具有社会性的学习中逐渐培养出来主体性，把认识、伦理和审美融合为一体。既展现学生的主体力量，又强调人的自强不息的创造精神。

三、学生的学习是一个知识建构、社会化的综合体验过程

探究教学中把学生学习当作是一个学习者主动建构知识的过程。在这个过程中主体总是以自己已有的经验、心理结构和信念为基础来选择一些信息，忽视一些信息，从中得到推论，由此构建自己对世界的认识，而个体的积极性、主动性和创造性，在知识的建构过程中起着关键的作用。探究教学中把学生看作是一个社会化的主体。在探究过程中学生的认识水平和理解能力有限。必须要借助于其他个体的智慧和力量。要加强个体之间的交流与合作，使自己的见解更加深刻和完善，使自己成为一个学会合作与交流的社会化主体。现代哲学中的交往理论认为，交往是个人主体意识形成的重要条件。马克思指出："一个人的发展取决于和他直接或间接进行交往的其他一切人的发展"。在交往中，交往双方都从他人身上看出自我，以自我尺度看待别人，从而形成自我意识和主体意识。探究教学认为，学习不仅是一个知识摄入过程，而且是一个具有态度和情感的综合体验过程。在探究教学中，学生在获取知识的同时，也内在地产生了对世界和知识的态度与情感，这种态度、情感和知识一起成为学习者认知图景的一部分。因此，学习的过程，也是学生人生观、价值观和世界观形成的过程，是人生意义获得的过程。

四、探究教学中评价是开放多元的反馈过程

探究教学把知识的学习作为一种过程而非结果，肯定学生的学习是一种建构独特意义的过程，对这一过程的评价决不是单一的、封闭的，而应该是一个开放的、多元的动态过程。

（一）探究教学评价的开放性与多元化表现在评价对象上

评价不仅是对结果的评价，更重要是对探究过程的评价，对学生在探究过程中表现出来的智慧、能力、态度、信念等进行全面考察，在整体层次上对学生的表现作出综合的评价，对结果的评价，既要包括对知识能力的测试，又要对其在探究活动中形成的情感和伦理道德观念作出一定分析。

（二）探究教学评价的开放性与多元化体现在评价方式上

评价有正式与非正式之分。对于非正式的评价更具有意义。对于教师在参与学生的探究活动中能及时了解学生的行为表现和思想状况。对学生一言一行都看得清楚，评价更具针对性，教师的合作性参与能亲临现场，对学生现场非正式的评价，教师更能详细收集学生的作品，弄清学生在多个领域内的努力、进步和成就作出评价，更重要的是在探究活动中，还积极发动学生对自己和他人的探究活动作出评价。评价方式可以采取实验报告或调查报告等方式，进行自我评价，也可以采取小组自评，小组互评方式进行团体评价。

（三）探究教学评价的开放性与多元化还体现在评价标准上

评价标准作为一种事先确定好的规则是必要的，但是在评价学生时不能千篇一律，应该要随着学生探究活动的发展变化而变化，学生的学习建构性的形成，使得评价准标不得不考虑到学生建构知识时的个体差异，运用多层次的评价标准来衡量不同学生的学习，给学生以弹性化、人性化的发展空间。

第三节　探究教学的教学价值和发展价值

一、探究教学的教学价值

探究教学作为课程改革中一项新的教学方式，在教学中具有较高的价值，主要表现在：

（一）将教学作为帮助学生建构知识的动态过程

课程专家施瓦布指出，知识包括科学在内，并非是真理的集合，而是有待于证明和改进的假设的集合而已；知识也决不是稳定的体系，而是随着证据的增多而不断被修正的系统，因此，把教学作为学生以自己的已有经验、心理结构和信念为基础，进行探究并建构自己的知识结构和能力结构的过程，教师不再是知识权威者，允许学生提出质疑和探究，学生是学习的主人，在主动合作交流探究中谋求自身发展。

（二）在教学过程中谋求科学世界与生活世界的整合

教学不仅是学生获取基础知识与基本技能的过程，更是学生获取生活体验与生存能力的过程。在教学中，强调学生在学习过程中学会认知、学会做事、学会共同生活、学会生存。

（三）探究教学使教学与课程走向融合

现代教学理论认为，教学中充分发挥学生的主体性，展开对课题的共同探讨。师生的交互活动成了教学的主要特征，课程与教学的融合，成了师生共同建构的一种过程。社会出现生动活泼的教学局面，学生必须主动参与，主动探究，师生关系走向和谐民主。①课程与教学的融合有利于学生以主体性为核心的整体素质的发展。首先，它降低教材权威，减少固定知识在教学中的比例，使非确定性知识扩大，开阔学生视野。其次，减少教的行为，增加学的行为。再次，使教学贴近生活。②课程与教学的融合有利于从课程教学的复合进行探究教学。

（四）探究教学更加关注学生的个体差异

满足学生不同的学习需要，使每个学生都能得到充分、自主的发展。在教学中注重个体差异转变，以培养学生的自主性、创造性，引导学生质疑、调查、探究。

从以上可见，探究教学要求教学方式由注重教师"教"向注重学生"学"的转变，由注重学习系统化知识向注重学习生活化、整合化的知识转变，由注重知识强制授受向注重学生对知识的主动探究与建构转变。

二、探究教学的发展价值

（一）有利于学生主体性的发展

探究教学是实现学生主体性发展的教学策略。首先，主体性是探究性的基础，其次，探究性是主体性的重要表现形式。探究教学是把学生作为主体，充分尊重他们的主体性和自主性。再次，探究性是对主体性的升华，主要表现在：

1.它是教学方式视角的转换，从学的角度考虑学生主体性的培养。

2.它是对主体性教育目标更为凝练的表征，探究性包含自主性、能动性与创造性。

（二）有利于学生跨越式地接受现代教学观念，掌握现代教学方法

长期以来，我国的实验教学只从教师的教学角度和实验报告的修改上研究，而未从学生学的角度去研究教学问题，设计教学程序和策略。近年来，受西方的教学思想的影响，特别注重学生的主体参与与主动探究。要实现学生的主体性发展必须做到：

1.转变教育观念；

2.实现以教师为主体向以学生为主体的转变；

3.改变传统的教学形式；

4.改变传统的教学内容。

（三）有利于培养学生可持续发展的能力

学生是否具有可持续发展的能力要看以下的因素：

1.是否会学习

探究教学是在教师指导下，让学生进行探究性学习。通过学习，学会选题，学会制定计划，学会收集资料。学会利用信息，学会自我评价，学会自我制作等，只有具备了学习能力，才能在学校或社会上自主自觉地学习。

2.是否具有健康的社会情感

探究是人类的本性。在探究教学中学生探究的欲望得到充分满足，他们对于这种探究性实践性学习活动产生兴趣，由此会形成对科学、对社会、对自己的积极情感。

3.是否具有创造性精神

探究教学最大功能是培养学生的创造性精神。创造性精神的培养需要在问题情境中进行，而探究教学的核心是"问题"，即学生在发现问题之后，再带着问题去寻求解决问题的策略，这种以问题为中心的探究活动，符合学生认识心理发展的规律。在物理实验教学中，运用"问题"设计实验情境，达到在实验中制造矛盾提出质疑，主动联想，借以激发学生思考，促使学生的思维从疑问开始，在联想中活跃，在寻找答案中发展。

（四）有利于培养学生的严谨学风和科学态度

在高中物理实验教学中进行探究教学，要求学生实事求是，从现实生活中出发进行学习与探究。在观察物理实验现象时，要认真仔细，不得想当然，要尊重客观事实，在处理实验数据时，决不能弄虚作假。在物理学史中我们知道，爱迪生通过上千次实验终于发明电灯，法拉第通过十多年的实验研究寻找出电磁感应规律。因而在探究学习中，需要认真思考观察，解决问题的过程需要智慧，也需要恒心。

第四节 探究教学的理论依据

一、布鲁纳的发现学习理论

布鲁纳（J·S·Brunet）是美国当代认知心理学的主要代表人物，他的发现学习理论认为：学习是认知结构的组织与重新组织，是将新知识与学生原有的认知结构联系起来，通过新旧知识的交互作用，使新知识在学习者头脑中获得新意义的过程，这就是学习中的发现。由于不同个体认知结构的层次水平是有差异的，所以教学中教学内容的设计和组织既要合乎逻辑，又要与学生头脑中的认知结构相适应，以便于学生掌握和发现科学的新概念，培养科学探究能力。发现学习就是以培养探究性思维的方法为目标，以基本教材为内容，使学生通过再发现的形式所进行的独立的、有意义的学习，要求学生积极主动地探索知识，获得智慧的一种学习方式。从上述定义中可以看出发现学习有以下几个基本特点：

（一）从学习者要达到的目标来看

从学习者要达到的目标来看，发现学习的重要目标是使学生通过体验所学的概念、原理的形式过程，来发展其归纳、推理的思维能力以及掌握探究思维的方法。

（二）从学生要掌握的客体来说

从学生要掌握的客体来说，发现学习的内容是学科的基本结构，要求把学科的基本概念原理以及该学科特有的研究方法纳入特定的教材。

（三）从学习者掌握知识的方法上看

从学习者掌握知识的方法上看，发现学习是学习者自己主动发现问题和解决问题的学习。

（四）从学生学习的过程来说

从学生学习的过程来说，发现学习不是只重教师的讲授，而是更加重视学生的独立发现。发现学习不仅是学生自行发现的学习，同时也是有意义的学习。他提出有意义的发现学习有四大好处：一是能提高学生的智慧，发挥学生的潜力；二是能使学生产生学习的内在动机，增加信心；三是能使学生学会发现，培养学生提出问题，解决问题的能力和创造发明的能力；四是由于学生把知识系统化、结构化，所以能较好地理解和巩固学习的内容，并能更好运用它。发现学习的理论为物理实验教学中实施探究教学提供了理论依据。在物理实验教学中，要培养学生的问题意识，培养学生发现新问题、提出新问题、解决新问题的能力。

二、罗杰斯的人本主义学习观

人本主义的学习理论以罗杰斯（Garl Rogers）的"以学习者为中心"的学说作为代表。他主张学生要充分发挥自己的潜在能力，能够愉快地、创造性地学习。罗杰斯认为，学习是个人潜能、人格和自我的充分发展，是一种学习者自行选择学习材料，自行安排适合于自己学习情境的一种自主自决，自我实现和自我发展的过程。这种理论的主要观点是：①学习者要参与（参与既包括认知参与，也包括情感参与）到学习中去，意义或经验的学习是重要的学习；②由学习者自我发起，其内在动力在学习中起主要作用，学习是愉快的事，即不应有过重的学习负担；③学生必须懂得怎样学习，知道自己想学什么，自己学到了什么，教师在其中只是一个学习的促进者；④学习由学习者自我评价，即学生分析自己的学习历程与学习水平，而不是和别人比较；⑤学生自己引导，即学生自己决定学什么并自己发动学习活动；⑥情感在学习中的重要作用，即要发展学生的积极情感使学生以饱满的热情投入学习。该理论中强调：学习者感觉到学习内容与自己目的有关时，意义学习发生；大多数意义学习是从做中学的；现代社会最有用的学习是学习过程的学习。有意义学习理论认为，有意义学习就是新知识与学习者认知结构已有的适当观念建立起非人为的和实质性的联系。在有意义学习过程中，主体表现为学习者认知结构中已有的适当概念，客体表现为要学习的新知识，知识的获得就是主客体在不断相互作用的过程中积极建构意义的过程。这个过程是一个动态过程，是新知识在认知结构中建构同化的过程。这一理论成为人本主义心理学家教育观的核心和基础。他冲破传统教育模式和美国现有教育制度的束缚，把尊重人、理解人、相信人，提到了教育的首位。在突出学生学习主体的地位与作用，提倡学会适应变化和学会学习的思想，倡导内在学习与意义的理论，弘扬情感等非智力因素的动力功能，注意创造力的培养，建立民主平等的师生关系，创造最佳的教学心理氛围等多方面做出了贡献。

因此，在高中物理实验的探究教学中，作为教师应该根据不同的物理实验内容设计课堂教学的程序，创设学习条件，调控教学进程，从而促进学生进行有意义的学习。教师的任务是为学生创设一种学习的环境，建立并维持能促进学习的心理气氛。

三、建构主义学习观

建构主义认为，世界是客观存在的，但对世界的理解和赋予意义却是由每个人自己决定的，人们是以自己的经验为基础来建构现实或解释现实。更关注如何以原有的经验、心理结构和信念为基础来建构知识。强调学习的主动性、社会性和情境性。对学习和教学提出许多见解。关于学习方法，建构主义提倡在教师指导下的以学习者为中心的学习。也就是说，既强调学习者的认知主体作用，又不忽视教师的指导作用，教师是意义建构的帮助者、促进者，而不是知识的传授者与灌输者。学生是信息加工的主体、是意义的主动建构者，而不是外部刺激被动接受者和被灌输的对象。学生对知识的"接受"只能靠自己的建构来完成。教师的作用只是促进学生自己建构知识，学生的学习不仅是对新知识的理解，而且是对新知识的分析、检验和批判。学生学习知识不能满足于教条式的掌握，而是要不断深化，把握知识在具体情境中的复杂变化。

建构主义强调，教学不是知识的传递而是知识的处理和转换，教师不单是呈现和传授知识，更应该重视学生自身对各种现象的理解，并引导他们对自己的理解进一步丰富和调整，教学要增进师生之间和学生之间的合作，主张采取"合作学习（Cooperative Leaning）"和"交互式学习（Reciprocal Teaching）"的方法。重视学习活动中学生的主体性，重视学生面对具体情境进行意义建构，重视学习活动中师生之间和学生之间的"协作""会话"和"反思"，从而建立一个民主、宽松的教学环境，它强调"情境性教学"。这些观点为当今探究教学提供一定理论依据。

四、萨其曼的探究教学理论

萨其曼认为，儿童生来具有一种好奇的倾向和强烈的探索精神，遇到问题就会激起一个人解决问题的欲望，就会促使他探索如何能使问题得到解决的方法与策略。对于教师来说应该帮助学生养成对问题进行探究的良好习惯，最好方法就是有针对性进行训练，促使学生对"为什么会出现这样的问题"产生疑问并进行探究，从而形成以"探究"和"训练"为体系的教学形式。萨其曼认为实施探究教学必须满足三个条件：①有一个集中学生注意的焦点，最好是一个能引起学生惊奇的事件或现象；②学生具有探索求异的自由；③有一个能激励思维活跃的环境氛围。一般由一个惊异事件或现象开始教学，接着让学生对他们所观察到的现象提出"是"或"不是"之类问题，当学生对观察结果做出推测性解释后，他们进一步提出问题，检验自己假设。他提出了探究训练的四条基本原则：①只有学生感到疑难时才会去探究。②在探究中学会分析和改进思维策略。③新的思维策略对学生原有的策略有补充作用。④一切知识都具有尝试性。

萨其曼的探究教学理论为高中物理实验教学提供了理论依据。他的观念认为：①人有一种天性"好奇心"倾向，这种倾向促使人所面对陌生事物或现象尽力找到其发生的原因。但这种"好奇心"以一种原始方式保存着。这是一种进行科学研究的可贵的动力和心理资源。在高中物理实验探究教学中，教师首先要激发学生的好奇心，并积极引导学生进行探究的欲望。②要求在实验教学中通过学习内容找出所要解决的问题，然后提出假设、搜集资料、验证假设、得出结论或合理的解释。这种训练法中更注重过程，因为在这一过程中学生不仅仅是找到了对某一问题或未知现象的解释，更重要的是使学生了解如何对一陌生的现象进行科学探究，提高其假设、推理、判断等探究能力，培养其探究精神。③要求运用观察、探索活动的方式去进行实验教学的探究，即要遵循"问题—假设—验证—结论"的基本程序，这种探究方式基本程序可分为四个阶段：

A.展示问题。要求教师向学生呈现一个令人困惑的问题情境，一是问题情境要激发学生强烈的好奇心，使他本能地有想知道"怎么回事"的冲动；二是要这种问题情境最终必然是可以解决的。

例：在进行课外活动时，有这样一个情境：向一个倒放的漏斗细口吹气，乒乓球是如何运动？（学生可能不假思索回答，向下运动）

B.假设和收集资料。教师指导学生收集有关飞机的机翼构造及飞行中的有关知识，向机械师或飞行员了解情况，然后对教师提出的问题进行假设。

C.验证。对上述问题的疑惑，通过收集材料后，只是从理论上有一些感性认识（应用伯努利方程气压与流速的关系得出向上运动），但还是产生怀疑（因为往往物体在重力作用下运动，更何况还向下吹气呢），因此，学生急切想通过实验来验证一下。

D.实验论证，归纳结论。对事物重新认识。通过实验验证后，使学生认识到一切事物不能只看表面现象，而要从本质去分析。教师要求学生分析探究训练过程的得失原因，对于学生逐步训练思维能力、提高探究能力具有很大的帮助。

综合上述几种心理学理论，不难看出布鲁纳的发现学习理论对在高中物理实验教学中实施探究教学提供了探究的机制。该理论的特点在于运用不同方式促进学生意义学习的认知发展，提出了学生自己探究，自己发现，自己创造的原则。重视学生创造力的发展，重视学生主体性发展。人本主义学习理论为在实验教学中实施探究教学的指导思想提供理论依据，它突出学生学习主体的地位和作用，提倡学会适应变化和学会学习的思想，倡导内在学习与意义的理论，弘扬情感等非智力因素的动力功能，注意创造力的培养，建立民主平等的师生关系，创设最佳的教育心理氛围。建构主义学习理论为在实验教学中实施探究教学中提供方法论，它强调真正的意义建构。学生通过个人或小组形式之间的合作学习，使意义建构的效率更高。而萨其曼的探究教学理论为实施探究教学提供了探究的程序或途径。这四种理论都没有忽视教师的主导作用，教师要充分利用各种方法为学生提供一个良好的学习环境，发挥学生主动性，激发学生学习的热情和学习动机。使学生主动探究，提高学生学习的效率。

在高中物理实验教学中如何实施探究教学？我们不能盲目地去进行教学，而是需要在先进理论的指导之下，了解我国当前的物理实验教学现状，以及与国外的实验教学状况进行比较分析，从而提出更有效的实施原则和教学设计方案。

第三章　高中物理实验教学现状分析

第一节　学生的学习现状分析

一、学生按部就班实验，没有探究可言

传统的物理实验教学，是在教师的讲解过程中让学生按部就班地一步步操作，完成整个实验过程。然后学生把实验中的数据处理及问题留在实验报告中去完成。整个实验过程中，学生都是控制在教师手中，谈不上有什么探究可言。

二、学生态度不端正，注意力不集中

教师介绍仪器时，效果不明显，学生注意力不集中，学生看不清教师手中仪器，但看得清自己手中仪器，信息相互干扰，使学生只顾自己玩弄仪器。如教师在讲解《练习使用打点计时器》时，有的学生在玩打点计时器，有的学生在穿纸带，有的学生调电源电压，等到教师提出问题时，学生无从回答。学生从教师那里得到实验信息很少，待教师讲完，让学生自己动手做，却无从下手。

三、学生操作素养普遍偏低

教师介绍实验原理时，教师的静态示意及板书与具体实验脱节，造成学生不感兴趣。学生的仪器安装及实验过程中，问题百出，有的电源正负或电表正负接线柱接反，有的电源电压调得过高等。这些原因多半是学生在教师讲解时不专心所致。

四、部分学生对实验课没有兴趣，实验时缺乏沟通，实验混时间

在学生处理分析数据阶段，由于教师与学生之间缺乏沟通，不能及时反馈，错过纠正不正确操作的机会，致使学生在做实验报告时互相抄数据对答案。有些学生对实验课没有产生浓厚兴趣，因此，在教学中出现学生做实验混时间。实验做完后不知道所做实验需要掌握什么技能，培养什么能力，如在《测玻璃砖折射率》实验中，不少学生感兴趣的是用玻璃砖观察物体，而对测定折射率问题不感兴趣，造成实验课时间的浪费，课堂教学效率低下。

五、学生在实验中不遵守实验操作规则

学生在实验中不遵守实验操作规则。如有的学生在进行《测玻璃砖折射率》实

验中，用玻璃砖当锤子钉钉子，打坏玻璃砖。在电学实验中有时会出现触电、短路等安全事故。

总之，我们针对学生学习的现状，对学生学习物理实验的情况分析其原因：

①学生实验目的不明确及思想认识不够，对实验不感兴趣是造成实验效率低下的主要原因。②由于长期教师"传授式"教学的影响，学生过分依赖于教师，没有养成独立思考的习惯，使学生的主动学习、自主探究的能力没有得到培养。③由于实验仪器的不足，造成实验中几人一组，只有少数人能动手，其他的学生只能看实验的现象，使一些学生的实验操作能力得不到培养等等。

第二节　教师教学现状分析

一、教师教学观念陈旧

许多实验中教师只要求学生按实验报告上内容与步骤重复"放映"一遍，要求学生实验过程形式化，实验结果唯一化。这种僵化的实验教学，使学生学习的积极性和探究精神受到压抑，学生的创新精神和探究能力得不到培养。

二、教师对实验教学的作用认识不足

对于演示实验，教师要求学生仅仅观察一下，在课堂上教师自己完整演示一遍就行，而不利用质疑、提问的形式加强实验的探究。对于学生实验，只要求学生按照实验报告上的步骤会动手操作就行，而没有让学生把实验内容与物理知识联系起来，做到一个仪器多种用途，多种设计思路等演练。没有使实验课成为学生主动探究的阵地，这样会使学生的探索精神和应变能力受到压抑。因此在高中物理实验中开展探究教学，对培养学生探究能力、提高学生科学素质、促进学生全面发展具有独特作用。但各地升学的压力和利用考试分数评价教师的实验教学的现实情况，又把教师教学拉到教实验步骤、教实验题，学生背实验步骤、背实验题的轨道上来。

总之，升学的压力和利用考实验题的分数评价教师的实验教学质量好坏是影响教师开展实验教学的主要原因。教师的教学观念及自身素质也是影响实验教学开展的重要因素。因此，中华人民共和国教育部于2019年11月20日在《关于加强和改进中小学实验教学的意见》中强调：要健全实验教学评价机制，把实验教学情况纳入教育质量评价监测体系，强化对学校实验室建设与管理、实验教学开展情况和实验教学质量等方面的评价。把学生实验操作情况和能力表现纳入综合素质评价；2023年前要将实验操作纳入初中学业水平考试，考试成绩纳入高中阶段学校招生录取依据；在普通高中学业水平考试中，有条件的地区可将理化生实验操作纳入省级统一

考试。笔者认为，这将是中学物理实验探究教学的"春风"，将对实验探究教学的落地起到巨大的推动作用。

第三节　课标的现状分析

从实行高考制度以来，大纲对实验教学的要求逐步提高，从早期按大纲规定的演示实验及学生实验到2003年新课程标准中提出的科学探究及对物理实验能力的要求，再到2017年版《普通高中物理课程标准》，都说明实验教学在物理教学中占有相当的比例，2017年版课标对教师的教学提出了更高要求，要求运用探究教学去完成新课程标准中规定的教学任务。同时对学生的学习方式提出新的要求。下列比较三种不同大纲及课程标准对实验的不同要求如下：

一、20世纪80年代大纲对实验的要求

20世纪80年代大纲对实验的要求如表3-1所示。

表3-1　20世纪80年代大纲对实验的要求表

实验类型	对物理实验能力的要求
演示实验	● 切实保证完成大纲所规定的106个演示实验。 ● 演示时注意一定引导对实验的认真观察，并能正确表述。 ● 充分发挥创造性，利用现有器材，自行设计一些简单的演示实验。
学生实验	● 完成大纲规定的27个必做实验、8个演示实验。 ● 学生应初步具有实验能力。主要是学会正确使用仪器进行观察，测量和读数，会分析实验数据并得出正确的结论；了解误差，会写实验报告。 ● 有条件的学校应适当增加探究性实验的数目。

二、2000年大纲对实验的要求

2000年大纲对实验的要求如表3-2所示。

表3-2　2000年大纲对实验的要求表

实验类型	对物理实验能力的要求
演示实验	● 加强演示实验，培养学生的观察和实验能力，培养实事求是的科学态度。 ● 充分发挥计算机等现代化教学手段的作用。
学生实验	● 明确实验目的，理解实验原理和方法，学会正确使用实验仪器进行观察和测量。 ● 会控制实验条件和排除实验故障。 ● 会分析处理实验数据并得出正确结论，了解误差和有效数字概念，会独立写出简要的实验报告。 ● 充分发挥学生主动性和积极性，既要独立操作，又要与人合作。

实验类型	对物理实验能力的要求
课题研究	● 全面培养学生综合运用所学知识的能力、收集和处理信息的能力、分析与解决问题的能力、语言文字表达能力及交流与合作能力。 ● 培养学生独立思考的习惯，激发学生创新意识。 ● 教师对课题研究进行指导，但应避免给出具体步骤方法，鼓励学生采用不同方法，提出不同见解，课题研究应课内外结合形式进行。 ● 大纲规定每个课题划出4课时，应有两课时用于学生间汇报交流。

三、新课程标准对物理实验能力的要求

新课程标准对物理实验能力的要求如表3-3所示。

表3-3　新课程标准对物理实验能力的要求表

科学探究要素	对科学探究及物理实验能力的基本要求
1.提出问题	● 能发现与物理学有关的问题。 ● 从物理学的角度较明确地表述这些问题。 ● 认识发现问题和提出问题的意义。
2.猜想与假设	● 对解决问题的方式和问题的答案提出假设。 ● 对物理实验结果进行预测。 ● 认识猜想与假设的重要性。
3.制定计划与设计实验	● 知道实验目的和已有条件，制定实验方案。 ● 尝试选择实验方法及所需要的装置与器材。 ● 考虑实验的变量及其控制方法。 ● 认识制定计划的作用。
4.进行实验与收集证据	● 用多种方式收集数据。 ● 按说明书进行实验操作，会使用基本的实验仪器。 ● 如实记录实验数据，知道重复收集实验数据的意义。 ● 具有安全操作的意识。 ● 认识科学收集实验数据的重要性。
5.分析与论证	● 对实验数据进行分析处理。 ● 尝试根据实验现象和数据得出结论。 ● 对实验结果进行解释和描述。 ● 认识在实验中进行分析论证是很重要的。
6.评估	● 尝试分析假设与实验结果间的差异。 ● 注意探究活动中未解决的矛盾，发现新的问题。 ● 吸取经验教训，改进探究方案。 ● 认识评估的意义。
7.交流与合作	● 能写出实验探究报告。 ● 在合作中注意既坚持原则又尊重他人。 ● 有合作精神。 ● 认识交流与合作的重要性。

从大纲到新课程标准对物理实验教学能力要求的变化可看出，在进行物理实验教学中，要充分发挥学生自行设计实验方案、主动探究、发现新问题的能力。这就要求教师在教学中运用探究教学的方式，学生运用探究性学习的方式。

再从课程和教材看：由于现行高考制度的影响，当考试结果被当作人才选拔依据的时候，教材依仗教参提出了一种新的对教学的指导性方法，大大减少了教师和学生对教学内容、方法的自由选择。"因材施教"在相当大的范围内成了"因教材施教"。通过对教学内容严格规定和列入诊断性测验来保证学习，教材逐渐形成重认知轻情意的倾向。综合上述学生、教师及教材三方面的因素，现阶段实验教学必须改革。不仅要从教师的教学方式上改革，而且要从学生学习的方式上改革。近几年，随着主体性教育的发展，人们认识到：学生主体性的发展是学生发展的核心，为了在教学中实现学生的主体性发展，人们开始思考从学生学的角度来思考教的问题。这种研究角度的转变，体现了新时期我国教学对学生的人文关怀，是"学生是教学的主体"的教学观念在教育中的体现。从学生学习的角度思考教学问题，这也正是主体性教育发展的结果，探究教学正是从学生学习的角度设计的。

第四节 国内外高中物理实验教学的比较

一、国内外高中物理实验教学的特点比较

（一）国外高中物理实验教学特点

1.学生亲自动手做实验机会多。世界上发达国家中，学生实验数量及时间普遍较多，英国中学低年级每节课平均有2-3个实验。低年级中学生实验占课时70%-80%，高年级中学生实验占25%-50%。

2.实验类型丰富多彩。如日本高中现行教材《物理I》中，除演示、学生实验外。还有观察实验、课题实验、制作实验、课题研究、讨论题目、观赏实验等。

3.十分重视运用实验探究活动培养学生的科学探究能力和态度，进行科学方法教育。一是增大探索性实验研究，二是运用实验课题研究（Investing ation或Projest work）教学方式。

4.注意渗透STS教育（科学、技术、社会三方面的教育）。

5.适当引进了较新的实验手段（多媒体技术及网络技术等）。

（二）我国高中物理实验教学特点

1.较重视演示实验。教师在教学中侧重于把实验作为传授科学知识和训练实验技能的工具，因而其演示实验数目多。近年来，在演示实验教学中，教师开展了比较系统与深入地研究，在改进或开发新演示实验方面取得了不少成果，但同时让学

生自己动手的机会少多了。

2.实验教学类型较为固定规范，且偏重于验证性实验。目前主要有：验证性实验、探索性实验、演示实验、兴趣实验、课外实验等。但是长期由教师"包办代替"的思想和作法及其"演绎型"教育思想的影响只重视用实验来检验、巩固已学的理论知识，只为了适应中考、高考实验的考试要求，这其中多数为验证性实验，而探究性的不多。

3.实验技能教学要求较为明确，并逐渐重视对其考核评价。我国实验教学中注重培养学生的实验技能，对具体实验操作技能有明文规定。

4.侧重实验在理科教学中的认识功能和动机功能。即注重发挥实验在使学生形成科学要领、获得科学理论以及激发学生学习兴趣方面的作用，但对于如何发挥实验的方法论功能、德育功能和美育功能等方面则较为忽视。

5.实验内容取材多重于概念、理论等科学知识方面，实验手段比较传统。但联系生产、生活、社会实际和具有实用价值的内容偏少，引进现代先进实验手段的内容则更少。

二、国内外高中物理实验教学目的的比较

（一）国外实验教学的目的

1.非常重视通过实验来对学生进行科学方法教育，尤其是实验方法教育；

2.加强对学生实验过程技能和能力的培养，且项目具体全面、体现了探索性和创造性教育思想；

3.注意培养学生的科学自然观。

（二）我国实验教学目的

1.非常重视通过实验来帮助学生形成基本学概念和原理、定律等科学知识；

2.加强了实验操作技能的训练；

3.注意对学生的实验能力、观察能力以及科学态度的培养。

现阶段颁布的《普通高中物理课程标准》中开设"课题研究""物理实验"模块的目的是：①目的是使学生较为深入地学习物理实验的有关理论、方法和技能；②进一步提高学生的实验素养，激发学生实验探究的兴趣；③增加学生的创新意识；④培养学生实事求是、严谨认真的科学态度；⑤养成交流与合作的良好习惯；⑥发展学生的实践能力。

通过上述国内外实验教学特点及目的的比较，反映了我国实验教学中比较重视演示实验和验证实验教学；而对探究性实验不太重视。

从学生、教师、教材三方面的现状的分析：从心理学的角度上讲，学生都有发

展自我的主体意识。但是，学生的学习意志和行为在相当大的程度上受教材和教师左右。比较普遍的情况是：学生因长期被动接受认知任务和所处的被评价地位，创造兴趣减少。自我实现的目标日趋遥远，现实的考虑是必须完成作业和应付考试。这样，就由学习的主体异化为学习的奴隶。我们认为，解决当前问题的前提是改变"教材—教师—学生"这一教学结构关系的陈旧思想。

因此，在实验教学中要整合传承性教学与探究教学，使重知识、重传授、重间接经验（结论性知识）的传统教学与重能力、重探究、重个性直接经验（过程性知识）的现代探究教学得到有机结合，从而发挥实验教学的最佳功能，以有利于培养学生的实验探究能力。因此，在高中物理教学中实施探究教学是必要的。

高中物理教学中实施探究教学将切实改变课堂教学的上述现状，促进教学方式的根本改变，从而给课堂教学带来新的活力。①探究教学将改变教师的职业观。教师和学生之间不再是对立的关系两是平等的"你一我"关系，教学不只是传授知识，更重要的是建构师生双双的主体性。②探究教学将改变教学的方式。探究教学强调以学生为中心，以探究为主的教学方式，提倡学生主动参与、探究发现、交流合作的学习方式。③探究教学将改变以往的学校观，把学校变成一个科学探究的中心。

第四章　高中物理实验探究教学
实施原则和设计策略

第一节　高中物理实验探究教学的指导思想

一、尊重学生的主体性

高中物理实验中实施探究教学有利于构建学生的主体发展，有利于学生主体结构和人格结构的统一，有利于学生自主学习的实现。三个方面都是从尊重学生的主体性出发的。

（一）探究教学是构建学生主体性发展的教学过程

在这一过程中教师应积极创设条件和机会，发挥学生的自主性和创造性，培养自我学习的能力。在高中物理实验教学中，加强探究教学即就是发展学生的主体性的教学活动。如在进行《闭合电路欧姆定律》教学过程中，不是教师去亲自演示实验过程，而是大胆地让学生主动去做实验，提出质疑，收集实验信息，正确处理信息，得出内电压、外电压间关系以及电源电动势与内外电压间关系，从而得出闭合电路的欧姆定律，整个教学过程是学生的主体参与和自主活动，在实验操作中，充分激发和调动学生的能动性、自主性和创造性。

（二）探究教学是理性教育与非理性教育相统一的一种教学过程

学生的主体结构分为认知结构和人格结构两个层面。认知结构构成了主体的理性图景，人格结构构成了主体的非理性图景。学生的学习过程是一个理性因素和非理性因素的相互作用，统一发展的过程。传统的教学中，过分强调感知觉，概念判断等理性因素作用，而忽视了情感、直觉、信念等非理性因素的存在，导致智力与人格的脱离，不利于学生主体性的培养。在教学中，要注重理性因素和非理性因素的相互影响，相互渗透，从两个方面来促进学生主体性的和谐发展。在实验教学中不仅要培养学生的认识能力，而且要培养学生的情感、兴趣、信念。使学生在实验中不怕挫折和失败，能象科学家那样发扬坚韧不拔的刻苦精神。

（三）探究教学是教师引导下的学生独立学习和自主活动的教学过程

从哲学角度看，活动是个体主体性发展的决定因素。在活动中，个体对活动客体和活动手段、方式的选择，对活动目的步骤，计划的确定，对活动过程的控制等，都离不开学生自主性、能动性和创造性的参与。因此，在实验教学中，要有效地促进主体性发展，就要重视学生在教学过程中的各种活动。"教育学离开了活动问题，就不可能解决任何一项教育、教学发展的任务"。这就要求开展有利于学生主体性发展的各种教学活动，并加以有效的规范，科学组织和正确引导，从而为学生主体性的发展提供机会，创造条件。

二、发展学生的探究性、实践性

在探究教学中，学生不是被动地记忆、理解教师传授的知识，而是敏锐地发现问题，主动提出问题，积极地要求解决问题的方法和探求结论。探求的结论不是通过教师传授或从书本上直接得到的，而是学生以类似科学研究的方法，查资料，做实验，通过假设求证，最终得出结论，这个过程就是探究的过程。

探究教学是建构主义的创新学习，强调以学生为中心，以探究为主的教学。倡导学生主动参与、探究发现、交流合作的方式，注重学生的学习经验与学习兴趣，改变教学过程中过分依赖教材、死记硬背、机械训练的现象，突出知识的社会建构以及教学方法的导引性和支撑性。改变知识传授型的教学，用创新性学习取代维持性学习，从而把课堂变成一个探究学习的场所。同时要让学生参加社会实践，开拓他们视野，增长他们社会经验，保护学生的探索精神、创新思维，营造崇尚真知、追求真理的氛围，为学生的天赋和潜力的开发创造一种宽松环境。

总之，探究教学所强调的学生自主探索、问题解决、发现学习、科学精神等必将为学生的探究学习开拓新路径。

第二节　高中物理实验中实施探究教学应遵循的原则

一、科学性、教育性、艺术性相结合原则

科学性、教育性、艺术性相结合的原则是指在教学中，教师要用科学的方法分析教材，选择和补充教学内容，反映现代科学成果，通过巧妙而富有艺术的手段传授给学生知识和方法。

教学的教育性、科学性及艺术性是相互联系的，在传授科学知识的同时，也对学生进行科学思想教育。如在进行"物体的振动和声波的传播"教学中，让学生去探讨有物体的振动是否一定有声音？并从中分析振动和波之间的联系（辩证唯物主义观点），在教学中没有提到辩证唯物主义的概念，但对学生进行了辩证唯物主义世界观教育。实验教学的艺术性，也是激发学生学习物理兴趣的重要方法之一。富

有艺术的教学给人以美的享受；幽默与朴实的语言能刺激学生大脑，使之处于兴奋状态；富有艺术的语言，使人耳目一新。实验教学的艺术性具有激发动机和引起兴趣的功能，减少失误和提高教学的功能，开发智力和培养能力的功能，创造氛围和组织管理的功能，进行美育和净化心理的功能。

二、诱发性原则

诱发性原则是指教师在教学过程中，创设具有诱发性的问题情境，激发学生自身固有的好奇心，培养兴趣，增强求知欲，使学生接受知识的过程，是一个满足好奇心、兴趣需要和适应求知欲望的主动过程。

探究教学的特征是发挥学生的主体作用。学生的自主探究和主体参与的前提条件是学生具有内在动机。而学生对探究内容的兴趣是学生进行探究活动的动力源泉。因此对探究内容有具体要求：①能够满足学生现实需要的内容能够引起学生兴趣。②对于超越常规，但又在情理之中的问题内容。学生也会感兴趣，因为这样的问题能够激发学生了解的欲望。③对于具有一定难度的问题学生感兴趣，学生有一种天生的好奇心，喜欢探索未知世界，喜欢探究问题的答案。随着问题的解决，学生的好奇心得到满足，也同时具有成就感。例如在闭合电路欧姆定律中，让学生从实验中得出 $E = u + u'$ 的结论，从而导出 I=E/(R+r)，学生自始至终处于积极思维状态，将对实验的探索变成探究学习的动力。

三、探索性原则

探索性原则是指教师从激发学生探求欲望的目的出发，根据学生现有的知识能力，把要传授的知识信息精心组织成使人疑惑的关键点，重要的信息就隐藏在这些疑问中，让学生在好奇心驱使下，自己尝试解开"疑问"，通过亲自探索来获取信息。

"疑"是人类心理活动的内驱力，它是引导思维、启迪智慧的重要心理因素。学生的探索活动是以"疑"为基础的，"疑"作为教师精心设计的教学情境，是一种诱发性刺激，它会打破学生心理上的平衡，引起学生动机、注意力和情感态度的及时更变，并重新组成认知行为的心理动力系统，以保证认识探索活动的顺利进行。如在进行测电池电动势和内电阻的实验时，不仅摆出伏安法测定所需要的器材，还摆出电阻箱、定值电阻等。实验的结果让学生充分讨论，相互补充、纠正，共同寻求实验的结论。本实验中摆出的电阻箱和定值电阻是个"疑"，教师把这个"疑"作为教学设计的情境——电阻箱或定值电阻作用是什么？本实验能否用其他方法测电动势和内电阻？学生会尝试去解开"疑问"，自主探索获取新信息。

四、适应性原则

适应性原则是指问题的难度、问题的提出方式等必须适应学生的心智发展水平（包括身心发展水平，尤其是心理发展水平和现有的知识经验和技能）。心智的发展具有顺序性、阶段性和连续性等特征。

心智发展的顺序性要求在教学中要根据心智发展的不同水平创设相应难度问题，心智发展的阶段性要求在问题的难度和采用的教学方法上，必须区分为适应不同发展阶段的不同层次，心智发展的连续性则是"最近发展区"理论的客观基础，它向我们揭示了适应"最近发展区"的超前教育的可能性。探索和执行心智发展的适应性原则，其目的要使问题的难度、教法的选择与学生心智发展的顺序协调起来，有效促进学生探究能力的发展。

五、主体性原则

主体性原则是指教师在实验教学过程中，充分发挥学生自主思考、自主创新的能力，保证整个探究过程中对学生的开放性，给学生提供自主探索，自主创造的机会。探究教学的理论依据之一是发展学生主体性。发挥学生主体性原则要求在进行教学设计时，要充分考虑如何激发学生对问题情境或探究内容的兴趣和探究动机。

第三节　高中物理实验探究教学的设计策略

一、高中物理实验中探究教学的特点

高中物理实验中探究教学是在教师指导下，学生围绕某个问题独自进行实验，观察现象，分析结果。从中发现科学概念或原理，以获得知识，培养探究能力的一种教学方法。在新课程标准中强调：激发学生实验探究的兴趣，增强学生的创新意识。培养学生观察能力，收集和处理信息的能力和主动探究能力是一项重要任务。高中物理实验中探究教学最大特点就是充分发挥学生主动探究、主体参与，培养学生观察能力，发展学生的思维能力及创造力。高中物理实验中探究教学有利于培养学生创造性地运用知识解决实际问题的本领，在教学中，不是学生只按照教师设计好的步骤，去照葫芦画瓢，而是引导他们独立思考，运用已有知识创造性地去获取新知识。

（一）实验过程中突出学生的主体性

在探究教学过程中，教师只是提出问题或创设条件，对问题进行假设论证或利用教师创设的条件，通过实验探索作出发现是学生自己的事。传统的学科教学中，主要让学生重复课本中的实验内容（包括操作，仪器选用，实验数据的处理），主要是机械模仿，谈不上主动探索。而探索性实验目的不仅是让学生学习实验的方法和过程，更重要的是通过实验培养学生探索和发现的能力。具体地说，就是把实验作为学生探索和发现的方法，学生针对教师所提出的问题提出假设，如何证明这个假设的真伪，主要通过实验寻找答案，这时实验过程成为学生主动探究的途径。

（二）以培养过程技能为主要目的

高中物理实验中探究教学的目的，重在培养学生的过程技能，如获取信息技能、组织信息技能、创造技能、操作技能等。开展探究性实验教学就是让学生在教师指导下，对事物现象的起因及相关因素进行分析提出假设，并设计实验、展开论证或通过开放性实验激发学生运用已有知识技能，进行合理想象，从中发现新知识，解决新问题的积极性，培养学生提出问题，解决问题的能力。

（三）教师引导而不是控制实验过程

在高中物理实验中探究教学的作用主要是教师通过课堂巡视，及时发现和指导学生中出现的问题（如提出假设设计的实验是否合理、实验过程是否科学等），学生在整个实验过程中处于主体地位，由学生自己设计并验证结论的正确性，教师只起一个引导作用，但不控制实验过程。

二、高中物理实验中探究教学设计原则及程序要求

（一）高中物理实验中探究教学设计遵循两点原则：①鼓励学生大胆提出设想，充分运用学到的知识技能，进行发散性思维，激活其创新意识。②引导学生仔细验证假设，培养他们严密的逻辑推理能力和抽象思维能力。

（二）高中物理实验中探究教学设计程序：一种是"引入—探索的发现—发展"；一种是"启发质疑—引导探索—巩固开拓"。

对于实验中探究问题的确定，探索活动的开展及探究结论的确定有一定的要求：①对探究问题的确定要注意学生的已有知识与经验符合"最近发展区"，问题的提出与生活联系密切，具有现实性。②探究活动中教师引导要注意两点：一是鼓励学生发挥想象力，提出假设；二是指导学生做好假设的验证。在进行中学生可能出现一些错误，教师要及时纠正。③探究结论的处理，教师一定要求学生规范详细纪录的描述，实事求是地、严密科学地、合乎逻辑地分析结论。

三、高中物理实验中探究教学设计的意义

（一）对实验方法与器材进行发散思考，可大大拓宽学生思路，加深对实验原理的理解。如《测玻璃折射率》实验中，对测量工具（如用圆规作单位圆后，用刻度尺替代量角器）进行发散性思考，对玻璃砖进行发散思考，用半圆形玻璃砖及其他形状玻璃砖代替平行玻璃砖。如用水波作干涉实验，能否用声波作干涉实验进行

发散探究等等。

（二）对教学中疑难问题进行针对性探索，有利于加深对所研究问题的理解，有利于化解难点。如在平面镜的成像中，镜面高度对成像是否有影响？镜高对观察范围（用眼看物体的像）是否有影响？教师可以引导学生通过实验探究，使学生对问题的认识更加深刻。

（三）在学生实验中，利用身边实验器材进行多方面实验探究，这不仅增加学生的实验兴趣，优化了学生的知识结构，还激发了学生进一步学习与探索的热情。如玻璃砖可测折射率，也可作棱镜成像观察，也可作为色散现象（光谱的观察）的实验；如变阻器可以作为分流电阻、限流电阻、分压作用、粗细调作用等等。

四、高中物理实验中探究教学的设计策略

探究教学设计是教师运用一定的基础理论，采用探究的方法对教学活动进行系统分析和规划，以求达到一定教学目标的过程。因此探究教学设计是对教学环境中的探究活动所涉及的各种因素（目标、教学策略、手段等）进行系统分析的基础上，对探究教学活动进行合理规划的活动过程。

科学探究与探究教学不同之处在于：①科学探究中探究者不知探究结果，而探究教学中，探究者大多明确探究结果。②科学探究面临问题情境远比探究教学的情境复杂。③科学探究活动以结论得出而告终，而探究教学过程未完结，须引导学生由一定反馈对探究过程作出反思。

科学探究的一般步骤是：确定问题—提出假设—验证结论。而探究教学是借用科学探究活动的方法、方式进行，其步骤为：确定问题情境—提出解决问题的假设—设计方案—验证假设—分析数据—做出结论—反馈和反思，其框图如图4-1所示。

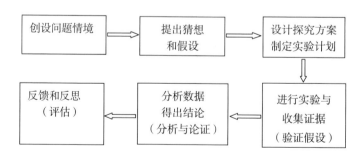

图4-1 探究教学实施基本步骤

第四节　中学物理实验探究式教学的价值

中学物理实验探究式教学的重要意义在于它对素质教育、创新教育以及科教兴国战略的实施具有重要的促进作用。对高中物理实验进行重新定位和认识，可以解决的主要问题是提高学生的动手能力，培养学生对本学科的兴趣，可以较深入地达到对知识技能的理解与掌握，更有利于创新思维与创新能力的形成与发展，学生在学习过程中的主体性得到体现，使学生做到乐于探究、勇于实验、勤奋思考、积极参与，为我国创新型人才培养提供了可靠的保障。有利于素质教育和创新教育的实施；有利于激发学生学习物理的兴趣和动机；有利培养学生的科学探究能力；有利于培养学生的创造思维能力；物理实验探究式教学有利于学生的科学素养和可持续发展能力的培养。通过实验探索，去发现问题、解决问题，从而使学生获得新的收获和体验，进而发展学生的能力。因而它可弥补传统教育教学中过分分科学习、人为地进行知识条块分割的弊端，促进学生科学素质全面提高。随着现代知识激增，物理学科不断自身分化越来越细，而且还表现为学科之间的交叉融合。在解决实际生活问题时往往需要综合思维、综合性知识、多种能力，单一知识和能力很难解决。只有实现各学科知识的有机整合，培养具有高素质、全面发展的人才，才能满足21世纪社会发展的需要。

实验探究式教学的目的主要在于给学生学习物理创造一个良好的环境，培养学生学习物理的兴趣，激发学生的求知欲，进而掌握知识，发展能力。这种教学方式根据实验具有真实、直观、形象、生动的特点，在学生原认知基础上，在教师引导下，通过创设问题情境、引发问题、提出假设、设计实验、探究实验、分析总结、评估交流等一系列具体实践活动，调动学生学习积极性，吸引学生注意力，唤起他们直接兴趣，实现知识和技能的掌握、巩固和迁移。在解决实际生活问题时往往需要综合思维、综合性知识、多种能力，单一知识和能力很难解决。虽然实际实验教学中我们所研究的问题可能侧重于物理学科，但也需要学生综合运用已有的知识进行问题的研究。探究式物理实验教学对知识、课程的这种整合作用是由其综合性、探索性、实践性的特点决定的。通过实验探索，去发现问题、解决问题，从而使学生获得新的收获和体验，进而发展学生的能力。因而它可弥补传统教育教学中过分分科学习、人为地进行知识条块分割的弊端，促进学生科学素质全面提高。只有实现各学科知识的有机整合，培养具有高素质、全面发展的人才，才能满足21世纪社会发展的需要。

从物理实验探究性教学的特点和类型出发，立足于中学物理实验教学的实际，提出中学物理实验探究性教学的必要性和可行性。揭示了实验探究式教学是物理学科中实施素质教育，促进学生全面发展的重要途径和方法，是培养创造性人才的重要手段。在中学物理实验探究性教学中，注重学生实验的探究性教学，同时，将探究性教学的思想贯穿到演示实验中进行演示实验的探索性教学，以此培养学生逐步提升探究性学习的能力。中学物理实验探究式教学还可以引导多样化的探究，不仅重视实验探究，把物理实验贯穿探究式教学始终，也重视利用现代信息技术手段辅助实验探究，从而满足不同能力层次、不同认知结构学生的需要，进而面向全体学生教学。中学物理实验探究式教学以教师的引导和丰富的课程资源为基础，让学生在探究性学习中提出问题，主动探究和运用创新，从而达到培养全体学生的科学素养，提高学生的自主创新能力的作用。

第五章　高中物理创新实验资源开发策略

第一节　创新是教学的灵魂，也是教学的最高境界

我国正处在社会转型与经济结构变革时期，不仅要求培养的人才具有很强的社会适应能力，具有知识创新能力，而且要求大力提高全民族的科学素养，加快推进经济建设转移到依靠科技进步和提高劳动者素质的轨道上来。因此，以人的素质提高、生存方式和文化模式转型为主要内涵的人自身的现代化，尤其是青少年儿童创新能力的发展、科学素养的提高，已成为21世纪教育改革的重要问题。

教学是一门科学，也是一门艺术，应该具有创造性。创新是教学的灵魂，也是教学的最高境界。教师在教学中应认真研究教法，利用一切可利用的资源，创造一切有利的条件，有目的、有步骤的发挥实验探究在教学中的作用，给学生以充分想象和独立思考的空间，使学生主动地去探究科学知识，手脑并用地参与活动，体验自我设计获得成功的喜悦，让学生的个性、独立性、创造性、协作精神得到充分的发展和展示，这才是真正意义上的创新教育。只有这样学生的创新精神、创新意识、创新思维等创新素质才能够得到实质性的具体的培养。学生的创造能力不断提高，既体现了物理本身研究、学习的特征，更是学生可持续发展的需要。

诺贝尔医学奖费希尔给中国学生提出的最大忠告竟然是"少学习、多思考"。他认为科学的本质和艺术是一样的，需要直觉和想象力。而把太多信息塞入大脑，会让学生没有时间放松，没有时间发展想象力。牛顿本来是一个没有什么特别之处的学生，但在剑桥大学休学的两年里，他静下心来充分发展想象力，于是产生了伟大的发现。爱因斯坦认为"想象力比知识更重要，因为知识是有限的，而想象力概括着世界的一切，推动着进步，并且是知识进化的源泉"。在他的一个著名的有关思维的实验中，他问道："如果我能以光速运行，世界将会怎样？"

创新设计理论体系框架如图5-1所示。

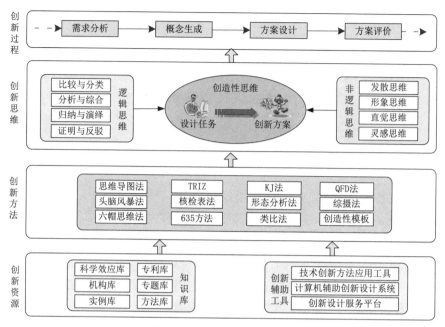

图5-1 创新设计理论体系框架

什么样的课深受学生欢迎？什么样的课具有高效益？什么样的课能获得同行的好评或专家的认可？答案就是两个字——创新！中国现代画家徐悲鸿曾经说过："道在日新，艺亦须日新，新者生机也：不新则死。"这几句话精辟地阐述了"创新"的重要性。徐悲鸿的画之所以能登上世界画坛的顶峰，"致力创新"是其成功的法宝。教学也是一种艺术，教学艺术的生命就在于教学创新。课题教学是课程教学的主要模式，而课题教学的效果关键在于课前的教学设计。对于具体的课题教学，教学设计应如何创新？或者说，哪些内容或环节是课题教学设计中的创新点？基于核心素养导向的高中物理创新实验资源开发的策略是什么？是我们这一章将要深入研究的问题。

第二节　探究性物理实验教学

随着现代科技的迅速发展和课程改革的不断深入，人们对物理以及物理教育有了新认识。过去，人们通常认为物理是由有关自然的现象、概念以及规律等构成的知识体系，并建立了以传授知识、强调运用知识解决实际问题的物理课程体系。随着科学技术的发展，人们认识到，物理教学更应该重视人类探究认识世界的过程。物理教学更重要的是培养学生的科学探究能力。

新课程标准明确提出：对物理问题的探究既是学生学习物理的目标，同时又是学习物理的一种重要方法。新课程标准对教师在实验教学中的要求：①转变观念，加强学习，提高教师实验教学水平；②充分发挥实验课堂及课外的主阵地作用；③利用实验拓宽教学阵地。新课程标准中增设"课题研究""物理实验专题"模块，其目的是使学生较为深入地学习物理实验的有关理论、方法和技能；进一步地提高学生的实验素质，激发学生实验探究的兴趣，增强学生的创新意识，培养学生实事求是、严谨认真的科学态度，养成交流与合作的良好习惯，发展学生的实验能力。

探究性实验是指根据高中物理教材特点，结合教学实际情况，在学生已有的知识和实验技能的条件下，由教师给出课题，提供实验器材，由学生拟定实验方案，制订实验步骤，通过观测和分析去探索研究，发现物理现象，并解释实验现象，总结出规律的实验。一般包括"提出问题—提出假说—设计实验—探究实验—得出实验结论—评价实验"六个阶段。

探究性实验教学是指学生在教师指导下，用实验手段以类似科学研究的方式去获取知识、培养能力、养成科学态度、价值观的教学方式，探究性实验教学目标在于培养学生的科学素养和创新能力等。

一、实验探究型物理课堂概念

"实验探究型"课堂指：教师通过操作或演示实验，讲解、分析实验原理，演示实验操作步骤，得出实验结论，评估实验等过程，引导学生进行科学探究；或者放手由学生自主设计、自主制作、自主探究，进而培养学生科学探究能力的物理探究课堂资源。

实验探究具有如下特点：①原理性，此实验基于什么科学原理，采用的什么科学方法；②可操作性，学生学习后不但要懂实验原理、步骤、方法，还要能动手操作；③探究性，对于基础教育阶段学生来说，某个实验设计得好不好、做得好不好，并不是进行实验的终极目的，在实验过程中培养探究能力，教给学生科学思维和科学方法，这才是实验最重要的意义所在。

二、实验探究型物理课堂设计的原则

实验探究型物理课堂的设计，从总体上必须首先要遵循建构主义教学设计的基本理念和原则。但探究创新课堂的设计与传统教学设计又有性质上的不同，自身特点鲜明。并且实验探究课程不同于讲授、解题、答疑课，实验本身也具有鲜明的特点。因此教师必须要遵循一定原则，针对待解决的问题设计实验探究型物理课。

笔者结合物理课的特点、高中物理探究型实验教学现状及特点，粗浅得出高中物理实验探究课程设计的原则，如下：

（一）以学生为中心原则

人本主义心理学家提倡意义学习，提倡教学要让学习者通过内在驱动力来投入学习活动，所以在设计中，必须明确突出学生的主体地位，分析学生的学习特征，了解学生的学习需求，并在此基础上选择教学的内容和形式，选择出的内容和形式都要以学生为中心，为学生的学习服务。并且，在学习资源的组织上，也要始终以学生为主体，合理安排知识呈现的内容和顺序，使探究课能充分调动学生的学习积极性、主动性，从而起到激发学生学习兴趣保持学习动机的作用。

这就要求教师：①在设计前，充分了解、分析学生的学习情况；②在内容选择上，必须充分考虑学生的学习需求；③在设置问题时，符合"最近发展区"理论的要求，既能激发学生对知识的探索欲望，又能让学生感受进步，获得成功的喜悦；④在实施时，必须要用最合适的教学口吻、姿态等，充分调动学生学习的积极性，真正参与其中思考。

（二）实验的真实性、可视性原则

学生在课堂学习中非常关注演示实验，但是对传统课堂教学中的演示实验的可视性满意度不高。因此教师应在设计课时一定要注意演示实验的真实性和可视性。教师在设计中，要尽可能亲自演示实验，避免采用网络上传统的视频，更不要采用模拟动画播放，保证实验的真实性。

（三）启发思考原则

在实验设计中，要尽可能让学生在教师的引导下，发现问题、主动质疑、分析思考、解决问题。所以，实验课的设计要注重启发性，避免让学生被动地接受，打开学生的思维，拓展学生的能力。

（四）交互性原则

建构主义强调"协作"与"会话"，强调学生、师生之间的沟通交流，如果教师从头到尾只有纯文字的讲解，会让学生感觉枯燥、乏味，从而导致对该课失去兴趣。"学习风格理论"指出，大多数学生对文字的记忆远小于对图片的记忆，当用图文组合一起呈现内容时，比纯文字效果更好，学生兴趣也易保持。所以，设计时，应加入图片等元素，增强学生与图片、动画的互动。在设计中如果不注重交互性原则，会使教师的存在感逐渐减弱，学生学习积极性下降。在设计时，要注意通过巧妙地设计活动环节或思考问题来引导学生，减小学生的情感距离，提高教学效果。

总的来说，实验探究型物理课设计的通用原则就是值得学、想要学、容易学。"值得学"指的是课内容对于生来说"有用"，值得付出时间去学。"想要学"指的是课要有趣，要有吸引力。语言幽默会让学习更轻松，会让说教更舒服，利用问题吸引、利用情景吸引更能抓住学生注意力。"容易学"指的是教师懂得如何设计，将问题处理得透彻明白。

第三节 开发物理创新实验资源的策略

一、中学物理实验创新的意义、内容及要求

（一）实验创新的意义与功能

物理学是一门建立在实验基础上的科学，在教学中要充分体现实验的教学功能，就必须要加强实验探究教学，并根据教学实践进行实验创新。实验创新除了实验本身的价值之外，教师在实验创新活动中所体现的创造思想和行为对学生创造力的培养产生的潜移默化的作用是不可估量的，这也是实验创新的独特教育功能。

（二）实验创新的内容与要求

实验创新具有丰富的内涵，从设计思想到实验展示手段，从设备组装到自制教具，从实验步骤到实验展示技巧，从实验数据收集到信息技术处理技巧，从实验结论的误差分析到实验设计系统的整体优化，从实验成果的应用和科技预期的前瞻……在实验的每一个环节都包含创新的内容。实验创新要以提高学生能力、核心素养，提高教学效率为宗旨，以突出教学重点、突破教学难点为目的，以原有实验不足或教学过程中出现的新问题为突破口，实验创新更要求教师有良好的实验素质，要有思维的灵活性，在解决问题时打破常规，多方位思考，大胆提出各种创造性设想。

（三）物理实验创新可分为三个层次

一是实验局部改进；二是实验思想更新；三是实验内容创新。

二、中学物理实验创新的原则

（一）直观性原则

研究表明：中学生形象思维能力高于逻辑思维能力。因此，演示实验要求直观，可视效果要好，让每一位学生都能看得清，看得明白，演示的效果明显，通过明显的实验现象引发学生思考、探索。因此物理实验改进与创新必须将直观性放在首位，要求实验操作过程简单明了，实验现象明显，能见度大，直观性强。

（二）趣味性原则

大物理学家爱因斯坦说过："兴趣是最好的教师"。利用演示实验创设情境的核心是激发学生的学习兴趣，从而调动学生学习的积极性，激发学生的思维，激活课堂教学的重要方法。因此，在改进和创新实验时，应考虑中学生的年龄特点和心理

特点，使演示实验要尽可能的生活化和趣味化。这样学生感到亲切、新鲜、有趣。因此设计演示实验要突出惊奇，使学生惊之一心、动之以情、思之有趣、品之有味，激发起学生的疑惑感、矛盾感、好奇心，形成探究的动机。

（三）规范性原则

科学实验要严谨、求实、一丝不苟，教师的演示实验可以为学生的实验操作起到示范作用，对学生起到潜移默化的作用，学生从中学习到实验技能、方法和严谨的科学态度。因此，在改进和创新实验时，实验原理、实验器材、实验操作方法都要规范、严谨。在实验过程中如实地记录实验中观察到的各种现象，甚至一个数据，一个标点符号，做到严格地把实验事实和自己对事实的解释区别开来，坚持实事求是的科学态度。这不仅是提高物理实验质量的要求，也是增强学生的科学素养，培养创造型人才的需要。

（四）科学性原则

众所周知，物理是一门以实验为基础的研究物质结构和相互作用及其运动基本规律的学科，因此科学性是物理实验改进与创新的灵魂，是实验教学最高原则。虽然物理实验的改革与创新的意义多元而重大，但是绝对不能违背科学性的原则，应依据物理科学原理进行改进与创新，并且经过实际检验。物理实验教具改进与创新的本意是为了丰富课程资源，使学生能够认识多姿多彩的物理现象从而获得物理真知。在改进与创新的过程中实验必须有一定的理论基础，一旦物理实验违背了科学性的原则，就会使中学生对物理学科知识体系的严密性、连贯性产生怀疑，进而对物理课堂产生怀疑，最终的教学效果就会与原有的教学目的背道而驰。物理的本质是追求科学本质、崇尚科学精神，因此在物理实验教学中必须注意培养学生科学态度和科学素养，使得教育的内涵丰富，并完成课程目标的达成，这就要求我们在改进与创新的道路上必须将科学性放在首要的位置上。

（五）实用性原则

演示实验可以使用实验室所配备的器材，也可以自备自制教具，甚至可以使用我们日常生活中的现有物品和废旧物品，用学生身边的物品做实验。

（六）简单性原则

越是简单的现象越能揭示事物的本质，越是简单的现象越能产生深刻的印象。为了突出直观性，实验原理应尽可能简单，便于学生理解；实验器材应尽可能简化，便于突出观察点。能用简单仪器演示的实验不要用复杂的实验仪器。

（七）安全性原则

以人为本，全面发展，一切为了学生的发展，这是学校教育教学工作的宗旨，物理课堂教学也是如此。因此，在做探究实验时，一定要注意安全，安全第一。安全性是任何工作的前提，在物理实验设计中，教师及学生规范地操作是实验安全性的重要保障。特别是电学实验我们更加应该注意安全性原则，一定要规范地操作，否则发生事故后悔莫及。其次还要注意：用火安全、使用玻璃器材安全、实验试剂安全、尖锐实验工具安全等等。

三、开发物理创新实验资源的策略

（一）发掘实验的新用途

对于原有的实验，要尽可能考虑它有没有其他用途，尽最大可能挖掘出创新的实验功能。例如水平放置台式测力计能测试正常状态的放置其上的苹果的重力，大小就等于对托盘的压力；若把台式测力计倾斜，则其示数小于苹果的重力大小，可以更好地区分重力与压力的不同；若把苹果放在台式测力计上，整体从空中静止释放，则其示数为零，又成功演示了完全失重状态。

（二）通过模仿、类比达到创新

对于已有的实验或现象，可以考虑有无与我们需要设计的实验相似的东西，诸如相似的目的、手段、过程、结果等等，从而进行模仿、类比，实现创新。例如，从场源电荷周围不同位置的试探电荷的受力测试的问题的研究，最终定义了电场强度。然后类比研究磁场中的通电导线所受的安培力问题的研究，从而可以定义磁感应强度等等。

（三）改变实验的某个方面达到创新

对于已有的实验，可以考虑改变它的颜色、运动、声音、形态，改变显示信息的方式等等，使原来的实验产生更好的效果，也可以演变为新的实验。例如伽利略的理想斜面实验、落体规律的研究实验，都进行了改变实验探究条件，合理外推，并成功得出了创新实验成果，远远比同时代的其他科学家高明，成就了伽利略的伟大。

（四）扩大实验内容

从正反方面分析原有实验，使原有实验的内容进一步丰富，从而达到实验创新。

（五）缩小实验内容

对于一个实验，可以考虑能否缩小它的内容，从而实现创新。比如取消某些元件，使形状变小、质量变轻、厚度变薄、长度缩短，消除某些现象，压缩步骤、减小阻力等等，内容的减少并不意味着实验功能的减少，却可导致新实验的产生。

（六）通过代用实现创新

对于一个实验，可以考虑能否设计其他的实验来代用而达到同样的目的，甚至产生更好的效果；或者考虑能否以其他材料、方法、元件、工艺、动力等来代替，从而形成新的实验。

（七）通过转换实现创新

"转换"是一种大胆的思维方式，包括改变布局、改变顺序、改变因果、改变进程等等，通过转换可以实现创新。比如：在探究加速度与力、小车质量的关系的实验中，保持合外力一定，探究加速度与质量关系时，一般不去作a-m的图像，而去作a-1/m的图像，这就是通过转换的方式实现创新，从而使问题的研究另辟蹊径，绝处逢生。

（八）通过颠倒实现创新

对事物的颠倒是一种反常规的思维方式。通过颠倒有时会获得意想不到的效果。颠倒的方式很多，可以考虑位置颠倒、顺序颠倒、方向颠倒、时间颠倒、目的颠倒、意义颠倒等等。

（九）通过组合实现创新

每个实验都难以尽善尽美，如果采用组合的方法，用其他实验中的优点取代该实验的不足；或将原来分步完成的实验装置组合一步完成，便于学生对比观察，从而实现创新。组合的方式包括元件组合、形状组合、功能组合、方法组合、目的组合等等。例如在《自由落体运动》一节中的"牛顿管"实验中，我自制的创新教具如图5-2所示。

图5-2（a） 自制创新牛顿管演示教具　　图5-2（b） 自制牛顿管演示教具操作展示

自制改进的牛顿管演示仪如图5-2（a）所示。两个牛顿管并行竖立便于进行对比观察，顶部等高，黄色衬板便于观察白色羽毛和铁片，顶上的小磁铁吸住了铁片，同时铁片压住了羽毛。

探究操作：用抽气机抽气3min，然后关闭牛顿管下端的铜制阀门，确保右侧管抽成近似真空，双手同时迅速移去顶部的磁铁，确保两管中羽毛和铁片同时释放，找一位学生用手机慢动作录像。实验后首先完成手机与电脑与液晶显示屏同步，当堂回放慢动作录像如图5-2（b）所示：右侧管抽成近似真空，管中的白色羽毛和铁片没有分离，一起下落；左侧空气管中的铁片在下，羽毛在上，已经分离了。而且右侧管中的羽毛和铁片整体下落得快一些，慢动作回放，一目了然，更便于观察许多直接观察不到的细节。

改进的牛顿管演示仪，把两根牛顿管进行组合，整体观察，一步完成。对比明显，效果清晰，慢动作回放，一目了然。学生观察时屏气凝神，兴趣倍增，达到了较好的演示效果。

（十）通过现代教育技术创新

现代教育技术手段（如多媒体、传感器、电子白板、摄像机、智能手机、互联网等），能很好地扩大实验的能见度，提高实验室的准确度，使定性实验变为定量实验。因此，利用现代教育技术手段是实验创新的又一新途径。例如在《自由落体运动》一节中一个案例——创新做法"用手机测重力加速度"。

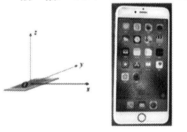

图5-3（a）用手机测重力加速度的原理示意图　图5-3（b）用手机测重力加速度的演示操作

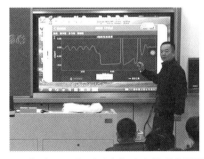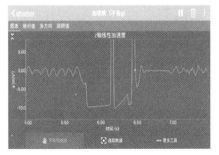

图5-3（c）用手机测重力加速度的观摩课展示　图5-3（d）z轴方向的加速度-时间图像

教师介绍：现代手机都有一个较为先进的功能，它内置了一个传感器，下载一个名为"phyphox"的手机app，便可以完成测试。首先完成手机与电脑同步，手机屏幕显示可以直接通过大液晶屏展示，达到了现场直播的演示效果，演示探究操作如图5-3（a）（b）（c），十分震撼。

原理：该传感器能测试直角坐标系x、y、z轴方向的加速度，我们可以让手机只显示z轴方向的。显示的效果如图5-3（d）所示，我们略去前端的干扰信号，当手机做自由落体运动时，加速度恒定，稳定在$-9.80m/s^2$这一数值（取竖直向上为正方向）。稳定了多长时间？大家可以从手机显示屏中观察得出，大约（300～400）ms左右，精确度还是比较高的。

这个探究实验可以培养学生较强的动手能力、观察能力、分析综合能力。如果有条件，可让学生回家动手自主探究，在玩中学，在愉快中感悟，在浓厚的兴趣中提升，亲身感受，可以提高学生的科学思维和创新能力，较好地提升学生的核心素养，在实践观察中学习物理知识，使物理学变得更加亲切。

第六章 基于核心素养导向的开发创新实验资源的实践研究

基于核心素养导向的创新实验资源开发的探究式教学是物理科学探究教学的重要组成部分，也是落实课程目标，全面提高学生物理核心素养的重要途径。物理实验的开发和利用有利于提高物理教育质量和全面实现物理课程目标。这就迫切要求中学教师要善于吸收教育科学及所教学科的最新成果，拓宽自己的知识面，挖掘出教材所蕴含的探究性因素，精心设计相应的探究性课题，创新实验资源，把学生置于开放、多元的学习环境中，确立起学生在学习中的主体地位，增进独立思考能力，启迪创新思维，以更好地培养学生的科学探究能力，使其逐步形成科学态度与科学精神。下面把本人基于核心素养导向的开发创新实验资源研究的实践案例介绍给大家，以求能抛砖引玉。

第一节 间歇泉成因和贮水圆筒浮子奇特运动探究

一、间歇泉成因的探究

创设情境，引出问题：

同学们一定知道天然喷泉的物理成因吧！

学生积极回答：

天然喷泉利用的是连通器的原理。在液体静止时，各连通的同种液体其通大气的液面相平齐。

继续启迪思考：

闻名世界的美国黄石公园的"老忠实泉"，每隔70min就喷发一次，间歇喷出温水，称为间歇泉，已有近百年历史，你们知道这又是为什么吗？又运用到什么物理知识呢？

学生积极思考，分析猜想：（陷入了困惑之中）

引导设计创新实验，启迪创新思维：

取一个圆柱形大水槽，里面装入三分之二容器的水，找一个玻璃漏斗，口朝下置于水槽内，这时漏斗嘴处液面内外相平齐。再取一个乳胶管，一端开口处置于漏

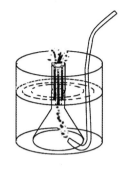

图6-1 间歇泉成因演示仪

斗口下面，另一端拉至水槽外，如图6-1所示。然后从乳胶管的上端开口处吹气，不停地吹，大家做实验并仔细观察现象。

学生实施自主探究：

学生去实验室进行实验，鼓足气吹乳胶管，不一会儿，一股水流从漏斗嘴喷射出来。又过了一会儿，又有一股水流喷射出来，实现了间歇喷水。这究竟是为什么呢？

引导分析，启迪思维：

通过乳胶管向漏斗里面吹气时，空气会变成气泡上升。随着气泡往上冒，漏斗里的圆锥容器的上端气压增大。随着吹气的进行，当气压增大到一定程度，即$P_{内气} > P_0 + \rho gh$，h是圆锥容器的上端到液面处的深度，此时圆锥容器上方的水就会被快速往上推，从而冲出水面形成喷泉。喷水后，漏斗里的圆锥容器的上端气压骤降，短时间停止喷水。随着继续吹气的进行，当气压再次增大到刚才的程度，又有一股水流喷射出来，实现了间歇喷水。前述间歇泉就运用了这个物理道理。间歇泉就是一种能呈喷发状态的温泉，而且这种喷发是断断续续的，因此叫间歇泉。在有间歇泉的地方，往往也是火山地区。间歇泉是地下水流经管状的地下缝隙而形成的。地下水被高热岩浆加热后，水蒸气的气泡上升。当这些气泡上升到漏斗形状的狭窄地方时，形成的巨大压力会把那里的水也往上推，从而冲出水面形成喷泉，这就形成了间歇泉。在这个探究实验中，只要不停地吹气，水就会不停地喷射出来。而间歇泉则不是这样，它要在水蒸气的压力足够大时才会喷发。当这股高温水流的"脾气"发作完了，它的温度和压力也就下降了，于是喷发也就停止了。下次再发"脾气"的时间要看管子的深浅、大小、地下水与岩浆的作用程度和距离等等。

点评：这个实验非常有趣，可以培养学生较强的观察能力、分析综合能力。如果学校有条件，可带着学生到实验室，实施自我探究，亲身感受一下，在观察实践中学习物理知识，将使物理学变得更加亲切。

二、对贮水圆筒浮子运动的奇特现象探究

创设情境，引出问题：

一贮水圆筒的水面上漂着两个浮子——木塞A和B，木塞上各钉有一铁钉，铁钉有一部分伸出木塞，A的钉头向上，B的钉头向下，如图6-2所示。当贮水筒绕其中心轴线（图6-2中的点画线）旋转时，请大家思考一下，A和B将如何运

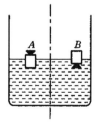

图6-2 贮水圆筒双浮子演示仪

动？（控制好A和B，使二者均不发生翻倒）

学生积极思考，分析猜想：

当贮水筒绕其中心轴线旋转时，根据离心运动知识，A和B将远离转轴，被甩向筒壁。究竟是不是这样的呢？

课外实验，实施探究：

学生找来家用塑料小水桶，在桶鋬子上拴一粗绳，取两个相同的软木塞，上面各钉入一根铁钉，按图6-2方式置入水面上。先把粗绳拧数圈，然后通过粗绳上端快速拎起小水桶，这时桶便在粗绳扭转力矩的作用下绕中轴线飞转，仔细观察软木塞的运动。

实验探究结果：（出乎意料）软木塞A向筒心靠拢，B向筒壁靠拢。

与猜想结果不相符合，激发起学生更加强烈的好奇心和探究欲望：为什么是这样的呢？

引导分析，启迪思维：

当贮水筒旋转时，由于摩擦的作用，筒内的水和木塞都将随筒一起转动，则筒内水面将弯曲成中央低四周高的形状，如图6-3所示。现取木塞A为研究对象来考察，此时A也排开了一部分水，类似于静止平衡时的情况，这部分水的质量等于木塞A与其上面所钉铁钉质量之和。现假设将木塞A取去，将水内缘由木塞A占据的空间用等质量的水块来填满，并设这部分水的重心位于C_1，则这部分填入的水将随整筒水做圆周运动（可以近似地看作匀速圆周运动），在随筒一起匀速转动的过程中，

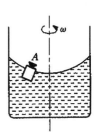

图6-3 贮水圆筒单浮子演示

显然这部分水相对于筒将不发生运动，这部分水做圆周运动的向心力为该部分周围的水对它的压力的合力的水平分量，也就是木塞A位于图6-4（a）所示的位置时，其周围的水对它的压力的合力的水平分量。设木塞和铁钉整体的重心位于C_2，由图6-3的木塞的倾斜情况和物体质心分布可知，C_1到转动轴线的距离r_1将大于C_2到转动轴线的距离r_2，如图6-4（b）所示。由向心力公式$F=m\omega^2 r$可知，同样的质量位于C_1和位于C_2处做题述的圆周运动所需的向心力不等——位于C_2时所需的向心力要小些，而两种情况下周围的水对它的压力的合力的水平分量相同。这样，位于图6-3所示位置的木塞A在运动中，周围水对它的压力的合力的水平分量便大于它做圆周运动所需的向心力。因此，木塞A将向筒心靠拢并最后浮于水筒的中央。

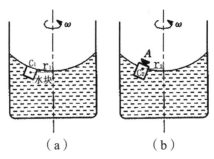

图6-4　贮水圆筒浮子演示仪原理示意图

同上分析可以得到木塞B在运动中，其重心C_4到转动轴线的距离r_4将大于填入水块重心C_3到转动轴线的距离r_3，周围的水对木塞B的压力的合力的水平分量将小于它做圆周运动所需要的向心力，如图6-5（a）（b）所示。因此，B将做离心运动而向筒壁靠拢，最后它将紧靠筒壁而随筒一起转动。

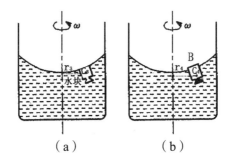

图6-5　贮水圆筒浮子演示仪原理示意图

点评：根据生活经验的主观猜想，往往是不可靠的，需要通过实践来检验。实验探究能够给学生提供一实践的机会，从而培养学生较强的观察能力、动手能力、分析综合能力、团结协作能力、自主创新能力等等。

第二节　地转偏向力和电磁炉点亮灯泡的奇特现象探究

一、对地转偏向力的探究

创设情境，引出问题：

不知道大家思考过没有？我国有许多沿长江、黄河的大城市，如上海、南京、开封、芜湖等，为什么它们都建在江河的南岸？是纯属巧合，还是另有原因呢？能否运用物理知识解释这种现象呢？

学生积极思考，分析猜想：

异口同声地回答：纯属巧合。究竟是不是这样的呢？

引导设计实验，实施探究：

实验设计一：剪一个圆形硬纸板，用一削尖的铅笔从正中央穿过，并卡在硬纸板中央，如图6-6所示。取一个滴管吸入适量红墨水，置于硬纸板的右上方。然后以铅笔为转轴加速旋转硬纸板，同时从竖直上方轻轻滴下红墨水，观察滴落的红墨水在硬纸板上的运动径迹。

实验设计二：

取一个乒乓球，用一根烧红的长直铁钉从其中心穿过，并与铁钉紧固，如图6-7所示。用手加速旋转铁钉，使乒乓球以铁钉为转轴，随之同步加速旋转，此时从右上方用稍细一些的滴管滴液，观察滴下的红墨水在乒乓球上的运动径迹。

图6-6　铅笔硬纸板演示仪

家庭实验，实施探究：

在实验过程中要确保铅笔与硬纸板，长直铁钉与乒乓球要固定紧，防止打滑，以免影响实验效果。

实验探究结论：（出乎意料）滴在纸片上的墨水滴，会被旋转的纸片向外甩。乒乓球上的也是如此。如图6-6、图6-7所示。

图6-7　长铁钉乒乓球演示仪

引导分析，启迪创新思维：

滴在纸片上的墨水滴，会被旋转的纸片向外甩。乒乓球上的也是如此。地球就跟这个实验中旋转的纸片或乒乓球一样，当地球自转时，空气和水由于跟不上地球的自转速度，所以运动的方向会发生改变。在北半球，由于惯性，风和水流的方向会向右偏转，从上向下观察，按顺时针方向运动，类比图6-6、图6-7所示；而在南半球，风和水流的方向则按逆时针方向运动。一位名叫科里奥利的法国科学家在1835年最先描述了这种效应，人们为了纪念他，把这种由于地球自转而使物体的运动方向发生偏移的现象叫作"科里奥利效应"，通常把其中表现出来的力称为地转偏向力，它发生在任何旋转的平台上，地球就是在扮演着旋转平台的角色。

应用与拓展：

（一）应用：北半球沿江河多数大城市建在南岸的原因

地球科学领域中的地转偏向力就是科里奥利力在沿地球表面方向的一个分力。正是由于科里奥利效应，使得北半球东西走向的河流，河道南岸冲刷得更厉害，故南岸水深。古时大批量运输以航运为主，南岸水深，吃水深的大船航行、靠岸比较方便。长此以往，北半球的大多数沿江河大城市都建在南岸。

（二）拓展：战场上的"懊恼"

环绕地表的远距离运动会受到地转偏向力的影响。在第一次世界大战期间，德军用他们引以为豪的射程为113Km的大炮轰击巴黎时，懊恼地发现炮弹总是向右偏离目标，这其实就是地转偏向力的影响。但是对于近距离的运动，科里奥利力影响要小得多。研究发现，从场地一边篮球架下把篮球抛向另一边篮球架下的运动员，考虑到地转偏向力的影响而需要调整自己抛球的偏移量为1.3cm。

点评：联系生活实践的问题往往是学生特别感兴趣的问题，能激发起学生更加强烈的好奇心和求知欲，通过对问题的自主探究，可以使学生品尝探究的乐趣，从而激发学生对物理学的热爱，使他们义无反顾地投入到物理学科的探究学习中去，更有利于学生素质的全面提高。

二、对电磁炉点亮灯泡的奇特现象探究

创设情境，引出问题：

大家知道，在日常生活中电磁炉是烧水做饭用的，那么，请大家思考一个问题：电磁炉还有没有其他用途？它能不能用来点亮灯泡呢？

学生积极思考，分析猜想：还可以用来炒菜、炖肉。因为电磁炉不冒火光，当然不能用来点灯。

引导设计实验，启迪创新思维：

取直径为1.5mm粗的漆包线，密密缠绕成口径为15cm左右的铜线圈，匝数为（60～80）匝，缠绕均匀，松紧适度。然后把它嵌入两个相同口径的金属铸铁环之间，外面用电胶布缠紧，其中铜线圈接头用蓝黑两种导线引出，如图6-8所示。为了使铜线圈远离电磁炉加热板面，再在整体的下面捆绑一个相同口径的金属铸铁环。最后把引出的蓝黑导线与"220V，60W"的白炽灯的灯头线相连接，所有接头处都用电胶布缠好，这样多匝铜线圈便与白炽灯组成了一个闭合电路。

 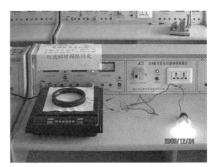

图6-8 电磁炉点亮灯泡演示仪　　　图6-9 电磁炉点亮灯泡演示仪原理

学生分组实验，实施探究：

学生分五人一组，分别从家中带来电磁炉去实验室进行实验。首先他们相互配合，相互协作，按要求缠好大约（60～80）匝铜漆包线，制成松紧适度的线圈，然

后再与"220V，60W"的白炽灯的灯头线相连接，为了安全起见，强调并要求学生一定要把导线的接头处用电胶布包好。最后把金属铸铁环轻轻放于电磁炉的加热板面上，压住其圆形标示图案，镶嵌铜线圈的两铸铁环朝上。检查好电路后，统一在教师的指导下开启电磁炉电源按钮，最好把功能开关中的烧水状态打开，使电磁炉处于高功率加热状态。

实验探究结果：

（出乎意料）神奇地发现："220V，60W"的白炽灯泡耀眼闪亮，而且越来越亮，如图6-9所示。

注意：用多用电表测试发现，该实验铜线圈中输出电压可达（200～230）V，所以在打开电磁炉开关后，手应远离电磁炉加热板面，以防发生危险事故。

与猜想结果不相符合，激发起学生更加强烈的好奇心和探究欲望：为什么是这样的呢？

引导分析：

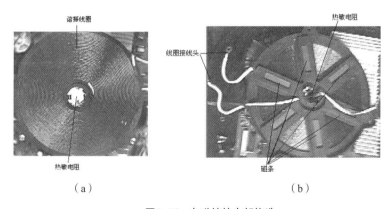

（a）　　　　　　　　　　　　　（b）

图6-10　电磁炉的内部构造

电磁炉的核心部件是内置的一个高功率励磁线圈。接通电源后，励磁线圈产生高频率变化的磁场，通过炉底屏蔽，并通过多根磁铁棒会聚后垂直于加热板面向上发射，遇到置于板面上的铁锅（或不锈钢锅）等铁磁性制品，使铁锅高效率地产生涡流，如图6-10（a）（b）所示。我们知道，铁磁性材料具有良好的导磁性，可以有效防

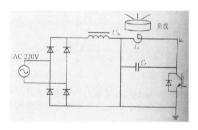

图6-11　电磁炉的电路原理图

止磁泄露。高频变化的涡流使铁锅产生大量的热，从而煮熟食物。电磁炉的电路原理图如图6-11所示。根据电磁炉的设计及实验探究发现，当仅把缠绕的铜线圈置于加热板面上时，电磁炉发出"嘀嘀"的报警声，表明电磁炉没有工作，故需要把铜

线圈嵌入铸铁环之间进行实验。把三个重重的铸铁环紧压在电磁炉加热板面上,这样电磁炉能正常工作,励磁线圈激发的高频变化的磁场穿过铜线圈,根据法拉第电磁感应原理,顿时在线圈中感生出电动势,从而在铜线圈与白炽灯的闭合电路中产生了感生电流,瞬态灯泡耀眼闪亮,随着电磁炉输入功率地增加,强变化的磁场使白炽灯越来越亮。

注意:这里产生的电动势是感生电动势,电流是感生电流,而教材中演示的是切割磁感线的动生电动势,该探究实验与教材内容相互补充,相得益彰,显得更好。

点评:该实验是一个创新实验,十分有趣。也可以作为新课的引入实验,能使人眼前一亮,并带有震撼效果地演示了感生电动势,为研究感生电动势巧妙地埋下了伏笔。

第三节　铁链爬坡和旋转参考系中静摩擦力方向判定演示仪

一、对铁链爬坡的奇怪运动探究

创设情境,引出问题:

大家看过战争老片中计时用的怀表吧,对它那精致的铁链仍记忆犹新,请大家思考并回答:如果给你一串金属铁链,能否用它来爬坡呢?

学生积极思考,分析猜想:

环环铁链相扣,整条链子非常柔软,不可能爬上斜坡,爬斜坡面要用铁环,故异口同声地回答:不能用来爬坡。

引导设计实验,启迪创新思维:

找一个台式电风扇,把网罩和扇叶都卸下,从废旧铁圆凳上卸下一胶木圆板面(或找来一薄木板,自制一个圆板面)。从圆心处锥出一适当口径的小孔,紧固于电风扇的转轴上。然后把铁链子接头处接好,使其构成一个封闭的圆,小心翼翼地把铁链紧扣在胶木转盘上,如图6-12、图6-13所示。最后用一长塑料泡沫板制成斜面。

学生分组实验,实施探究:

学生分八人一组,分别从家中带来原始材料去实验室进行制作。该实验制作难度稍大一些,可在教师的指导下学生制作完成。实验时,首先让几个学生托起塑料泡沫板,形成一个坡度较小的斜面。然后小心翼翼地把铁链子紧扣在胶木转盘上。随后开启电风扇调速器,使铁链随转盘在高速挡位下快速旋转,最后手持尖嘴钳轻轻拨动高速旋转的铁链,努力将其拨下。

图6-12 铁链爬坡演示仪正视图　图6-13 铁链爬坡演示仪侧视图

实验探究结果：（出乎意料）神奇地观察到：铁链被拨下后，快速沿斜面滚了上去，如图6-14所示。

注意：实验中高速旋转的胶木转盘带动铁链高速转动，有一定的危险性，可以教师先演示，学生再模仿探究。

图6-14 铁链爬坡创新实验操作展示图

与猜想结果不相符合，激发起学生更加强烈的好奇心和探究欲望：为什么是这样的呢？

引导分析：

当开启电风扇的调速器后，铁链随转盘在高速挡位下快速旋转，铁链被拨下瞬间，由于惯性，仍以原来的角速度快速旋转，高速旋转的铁链具有较强的离心趋势，虽然受到较坡斜坡的较小阻力，仍不能阻挡环形铁链快速向上滚去，故我们清楚地观察到：铁链快速爬坡，十分神奇。

点评：该创新实验可在学生课外兴趣小组中完成，可带着学生到实验室，亲手制作，实施自我探究，亲身感受一下，在观察实践中学习物理知识，将使物理学变得更加亲切。

二、创新教具"旋转参考系中静摩擦力方向的判定演示仪"

（该自制教具在"第十三届全国中学物理青年教师教学大赛"自制教具展示与评比中荣获国家一等奖）

图6-15 旋转参考系静摩擦力方向的演示仪正面图　　图6-16 旋转参考系静摩擦力方向的演示仪反面

图6-17 旋转参考系静摩擦力方向的　　　　图6-18 旋转参考系静摩擦力方
演示仪实验效果展示　　　　　　　　　　　向的演示仪操作展示

创设情境，引出问题：

匀速转动转盘上的物块随转盘一起做匀速圆周运动，它与转盘保持相对静止，那么它们之间的静摩擦力的方向该怎么判定呢？常常有些学生认为，静摩擦力的方向与物体间的运动趋势方向相反，木块随转盘一起匀速转动时，时时有沿切线方向飞出的趋势，因此静摩擦力的方向应与木块的这种运动趋势方向相反，应该沿切线方向，这是一种极其普遍的错误认识，其原因是忘记了研究运动时所相对的参考系，通常所说的做匀速圆周运动的物体有沿线速度方向飞出的趋势，是指以地面为参考系而言的。而静摩擦力的方向总是跟相对运动趋势的方向相反，应该是指相互接触的两个相关物体来说的，即是对转盘面参考系。而判定物块相对于转盘面的运动趋势，是困惑全国高中物理教师的一个大难题，最后只能从物块做匀速圆周运动必须受一个指向圆心的向心力作用，所以物块所受静摩擦力必需指向圆心，最后还是成了学生记住了这个结果，到头来还是没搞懂。到底在高中阶段能不能突破这一困扰在中学教师心中的难题呢？为此本人设计了一个创新实验以突破它。

创新实验装置：如图6-15所示，取一个手摇皮带轮传动机械，用铝塑板剪成一个大的圆盘面，铝面朝下，白色塑料面朝上，取一个可以用销钉销住不锈钢转轴的硬质塑料转柄，通过木螺丝固定于铝塑板圆盘面上，如图6-16所示。然后把用销钉螺丝栓紧的不锈钢转轴插进皮带轮传动机械的凹槽中，再用销钉螺丝栓紧，这样整个装置安装完毕。该创新实验的另一个重要环节是配制适当的滴液。取止咳糖浆20ml倒入小塑料杯，再滴入少许蓝黑色墨水，搅拌均匀即可，液滴配制不好，将会前功尽弃，本实验对溶液要求较高，其他溶液很难成功，因为本人进行了大约三百多次实验，最后找到这种溶液实验效果才比较好。

操作步骤：如图6-18所示，首先放稳皮带轮传动机械，摇动手柄，稳定后使转盘匀速转动，转盘上的某一点便做匀速圆周运动。请一位学生作为助手，手持配制好的混合液小塑料杯，立于转盘上15cm处，待转盘高速旋转稳定后，可以近似看作匀速转动，然后指导学生对准转盘半径的中点处迅速倒下混合液，细水长流形状并快速完成。为了防止带有颜色液体飞溅身上，在操作台的后面请另一位学生立起一块挡板，事先要求第一排的学生让到教室的侧面观赏。随着稳定地旋转，转盘还在匀速转动，小液滴便从盘面上飞溅开来，教师观察其飞溅完毕径迹形成后，停止摇动手柄，待转盘慢慢停下，学生屏气凝神，径迹到底是什么样的呢？本人请一位学生猜想，他脱口而出：圆形的往外甩，蜗牛壳形状的。到底是不是如此呢？这里本人吊足学生胃口，激发学生强烈的探究欲望，观摩的教师们也纷纷拿出手机准备拍摄记录下来。本人卸下转盘在投影仪上展示，令在场的师生大吃一惊，形成的径迹如图6-17所示，课后评课时教师说这个创新实验太震撼了，小液滴在匀速转动转盘上的相对运动沿半径方向向外，一目了然，事实胜于雄辩。

引导分析，解释原因：

本人自制的转盘上表面是白色亚克力塑料，比较光滑，它成功展示了圆盘匀速转动时小液滴与转盘的相对运动，说明图6-15中物块随转盘一起做匀速圆周运动时，虽说与转盘相对静止，但具有相对于转盘沿半径向外运动的趋势。我们判定相对静止的物体之间的运动趋势时，总是假想接触面光滑，再光滑，乃至于无限光滑，所以说该创新实验近似模拟了匀速圆周运动中小液滴与转盘的相对运动，突破了物块随转盘一起做匀速圆周运动时静摩擦力方向判定的难题。经过本人三百多次的琢磨探究，终于付出没有白费。本人研究发现：这个实验应确保转盘匀速转动，盘面应较光滑，转盘平面要标准平，最好能在真空中进行操作，可以有效地防止高速旋转时的空气阻力的影响，效果会更好。

第四节　"离心运动"和"隔空取物"分组探究实验设计

一、对离心运动自主探究实验的创新设计

创设情境，引出问题：

物体受到的力足够提供给物体做圆周运动的向心力，从而使物体做圆周运动，这一节通过分组实验探究，体会给物体提供指向圆心的力不足或消失时，物体的运动情况如何？从而使同学们掌握离心运动是物体失去向心力或向心力不足，而不是物体受到远离圆心的力。也为今后学生学习《万有引力》一章人造卫星的变轨问题中的离心、近心运动的研究埋下伏笔。因此这部分起到承上启下的作用，比较重

要，教材中没有探究实验，结论来得有些太快，学生印象不深刻，对离心运动自主探究实验的创新设计如下：

如图6-19所示，用细的尼龙线一端拴成一个疙瘩，然后穿过一中间有孔的小钢球，使小钢球悬挂在细绳的下端。取一个废旧用完墨汁的圆珠笔笔芯，剪去笔头的那一端。再把拴好小球的细绳的一端穿过细圆珠笔笔芯，这样自制实验装置便大功告成。

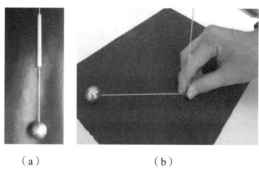

（a）　　　　　　　　　　（b）

图6-19　离心运动自主探究创新实验

操作注意事项：

1.右手握笔芯保持竖直，左手竖直向上拉细线。

2.保持竖直方向，用笔芯细杆甩动小球。

3.笔芯紧靠水平面，保证小球在水平面做匀速圆周运动。

4.用左手牵引竖直细线以改变拉力。（如图6-20所示）

图6-20　离心运动自主探究创新实验操作

请学生分组自主探究与思考：

1.当小球做匀速圆周运动时，什么力提供向心力？

2.如果拉力增大些，小球还能在原来轨道上做圆周运动吗？离圆心近些还是远些？沿直线运动吗？你观察到沿什么样的轨迹运动？

3.如果拉力减小些，小球还能在原来轨道上做圆周运动吗？离圆心近些还是远些？沿直线运动吗？你观察到沿什么样的轨迹运动？

4.如果拉力突然撤除，小球将怎样运动？为什么？

设计优点：确保水平工作台面光滑，小球光滑，尽量排除摩擦力干扰，细绳的拉力提供小球做圆周运动的向心力，小球的重力、支持力二力平衡，巧妙排除了重力的干扰，真正实验时细的尼龙线换成了钓鱼用的渔线，效果更好。圆珠笔笔芯塑料较为细腻，光滑度较好，便于渔线较好地摆动，也便于笔芯紧靠水平面，保证小球在水平面做匀速圆周运动。

探究教学实践：

通过这一系列自主探究实验，学生的兴趣大增，观察能力、动手能力、提取信息能力、交流表达能力都得到了训练，潜移默化般提高了学生的核心素养。在第3题学生的回答中，有一个探究小组回答出了"拉力减小些，他们观察到运动轨迹像蜗牛壳一样向外扩"，多形象的回答啊！令其他学生和听课教师都眼前一亮的答案。

通过生生、师生的思维碰撞，产生智慧火花，梳理总结如图6-21所示。

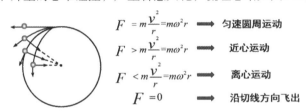

$$F = m\frac{v^2}{r} = m\omega^2 r \implies \text{匀速圆周运动}$$

$$F > m\frac{v^2}{r} = m\omega^2 r \implies \text{近心运动}$$

$$F < m\frac{v^2}{r} = m\omega^2 r \implies \text{离心运动}$$

$$F = 0 \implies \text{沿切线方向飞出}$$

图6-21　离心运动自主探究创新实验结论

最后，从实验探究中抽象物理模型上升到理论探究如下：

探究升华："供、需"是否平衡决定物体做何种运动。

通过自主实验探究，由浅入深，学生学习热情高涨，然后教师引导点拨：理论源于实践，让我们通过一个模型来理论探究一下吧。从刚才的学生自主实验探究中抽象出"细绳小球光滑水平面"模型，从"维持物体做圆周运动所需的力与运动情况有关"，到"提供物体做圆周运动的力由受力情况决定"的分析，都巧妙设计，层层铺垫，本人的探究式教学设计如下：

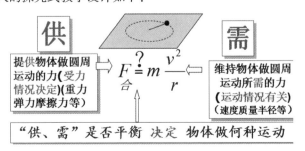

图6-22　自主探究创新实验建模

让我们抽象为一个模型来探究一下，如图6-22所示，这里有一个光滑的水平工作台面、细绳、小球，小球做匀速圆周运动，它的运动状态改变了吗？

生答：改变了。

追问：怎么改变的？

生答：速度大小不变而方向时刻改变。

追问：速度方向改变了，那速度就改变了，它就有一个 $\dfrac{\Delta v}{\Delta t}$，就会产生一个加速度，即 $a=\dfrac{\Delta v}{\Delta t}$，这个加速度的方向向哪？当小球做匀速圆周运动的时候。

生答：指向圆心。

追问：要想使小球维持这种匀速圆周运动，有指向圆心的加速度，那必然要有一个约束力的作用，这个约束力就是合外力。需要这样一个合外力，我们来看一下推理表达式：

$$F = m\dfrac{\Delta v}{\Delta t},$$

大家看：从哪能找到这个合外力呀？

学生答：找 $\dfrac{\Delta v}{\Delta t}$，还有 m.

师讲：再推导，看我的这个表述：

$$F = m\dfrac{\Delta v}{\Delta t} = ma = m\dfrac{v^2}{r} = m\omega^2 r$$

我们知道：物体做曲线运动，必须受到一个指向曲线凹侧的力的作用。于是我们发现要维持这样一个匀速圆周运动需要一个合外力作用，大家观察上述表达式，大家看它与什么因素有关啊？

生答：与线速度、轨道半径、质量、角速度等有关。

师生理论探究小结：

通过我们的理论探究，我们发现了：维持物体做圆周运动所需的力与物体的运动情况有关，即与线速度、轨道半径、质量、角速度等有关。

师启发：需要这个力，是吧，需要的时候必然有力来提供啊，谁来提供了它的向心力呢？

生答：绳的拉力。

师启发：哦，绳的拉力提供了它的向心力，那你们为什么认为是细绳的拉力提供了向心力呢？这个小球受力是什么特点啊？

生答：小球受重力、支持力、绳的拉力，它们的合力提供了小球做圆周运动的向心力。

师生理论探究小结：

刚才我们分析的需要的力，这里必须提供给它，这位学生回答得很好，提供物体做圆周运动的力是由物体的受力情况所决定的，即由物体的重力、弹力、摩擦力等决定。

师启发：回顾我们刚才的实验探究，当供需相等时，我们称为"供需平衡"，即 $F_合 = F_拉 = m\dfrac{v^2}{r}$，此时小球做匀速率圆周运动。那么什么条件下小球做近心运动、离心运动？

生答：

当供大于需时，小球做近心运动；

当供小于需时，小球做离心运动；

当提供的力突然消失时，小球沿切线方向飞出。

师生共同总结：

"供、需"是否平衡决定物体做何种运动。

最后探究结论很自然的水到渠成，即"供、需"是否平衡决定物体做何种运动，通过探究实验总结出"近心运动""离心运动""匀速圆周运动"等重要物理模型。也为今后学生学习《万有引力》一章人造卫星的变轨问题中的重难点离心、近心运动的研究埋下伏笔。这节课是本人北京市区公开课，受到专家同仁们的一致好评。

这里仅提供基于创新实验资源开发的探究式教学实践的一个片段，不足之处，恳请大家批评指正。

二、自制"隔空取物"分组探究小实验

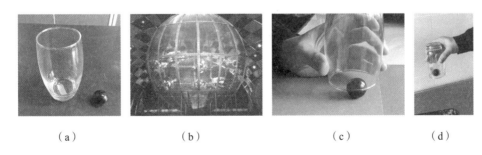

（a）　　　　　　　（b）　　　　　　　（c）　　　　　　　（d）

图6-23 "隔空取物"创新实验演示仪

创设情境，引出问题：

"隔空取物"：如图6-23（a）仅有弧形玻璃杯和塑料球，身体的任何部位不能接触球，杯壁、杯口不能着地，隔空把塑料球取走，应该怎么做？为什么可行？技巧如何？

设计实验，实施探究：

这是高中物理必修2第二章第三节《圆周运动的实例分析》之离心运动中的一个本人创新设计的学生分组探究实验。开始有的小组把玻璃杯侧着放置，杯口对着塑料球，使足浑身的气力用嘴吹气，如果杯口着地勉强可行，但要求杯口不能着地，这就难了，便无法完成。该怎么做呢？有的小组陷入了困惑，部分小组摸索出了一种方法，把杯口朝下，反扣住塑料球，保持杯口面与桌面平行并远离桌面，刚好杯口平面正对塑料球高度的一半位置处，如图6-23（c）所示，然后手握住玻璃杯快速拖动塑料球，使其做圆周运动，随着拖动晃动的加快，小球圆周运动的速度越来越大，小球便腾空而起，悬空在玻璃杯内壁做匀速圆周运动，这时小心翼翼整体移动玻璃杯，从而成功实现"隔空取物"，如图6-23（d）所示。技巧是要想使小球向上略微升高，则应该加快晃动玻璃杯的速度，从而使小球运动速度加快，使其离心向上甩，实现小球从低轨道近似匀速圆周运动向高轨道的迁移。其动力学本质如图6-24（a）（b）（c）所示。

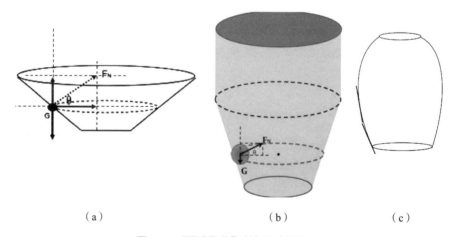

（a）　　　　　　　　　　（b）　　　　　　　（c）

图6-24　"隔空取物"创新实验原理图

引导分析，解释原因：

让我们抽象为小球、玻璃杯模型来研究一下，因为塑料球、玻璃杯壁之间摩擦很小，可以忽略不计。塑料球受力分析如图6-24（a）（b），则

$$\frac{G}{\tan\theta}=m\frac{v^2}{r} \qquad \frac{g}{\tan\theta}=\frac{v^2}{r} \qquad v=\sqrt{\frac{gr}{\tan\theta}}$$

所以小球从低轨道近似匀速圆周运动向高轨道迁移的过程中，杯壁圆弧切面越来越陡峭，支持力与水平方向的夹角 θ 角减小，小球的高轨道也近似做匀速圆周运动，其轨道半径r变大，则根据后面的计算式可知其线速度v变大，所以技巧是要想使小球向上略微升高，则应该加快晃动玻璃杯的速度，从而使小球的线速度变大。我们所看过的大型魔术"飞车走壁"，摩托车从低轨道向高轨道迁移时要加速，也是这个道理，如图6-23（b）所示。

第五节　黑球变"银球"和氢气球的奇怪运动探究

一、黑球变"银球"的奇怪现象探究

创设情境，引出问题：

用镊子夹住银白色金属钢球，放在点燃的煤油灯或者蜡烛火焰上，让烟将球完全熏黑。然后在靠窗明亮处，把冷却了的完全熏黑的钢球慢慢地浸入盛有水的无色透明薄玻璃杯中，如图6-25所示。此时，从薄玻璃杯的侧面观察，球呈现什么颜色呢？

图6-25 黑球变"银球"演示仪

学生积极思考，分析猜想：因为已被完全熏黑，所以水中钢球呈现黑色。究竟是不是这样的呢？

家庭实验，实施探究：

每位学生精心选用家庭用无色透明薄玻璃水杯，用煤油灯或者蜡烛火焰将钢球完全熏黑，冷却后用镊子把球慢慢没入靠窗明亮处的薄玻璃水杯中，从侧面仔细观察，进行多次实验探究。

实验探究结论：（出乎意料）当球完全没入水中后，金属球的颜色魔术般地由黑色变成银白色，光泽由暗淡变成银光闪闪，恰似一个磨光的银球。但是把球拿出水面，它仍旧是漆黑一团。

与猜想结果不相符合，激发起学生更加强烈的好奇心和探究欲望：为什么是这样的呢？

引导分析：

如图6-25所示，当熏黑的金属球浸没在水中时，由于水不容易浸透烟灰，就会在烟灰表面形成一层被水膜包围着的空气层。光线从水中射向空气层时，属于从光

密介质（水）射向光疏介质（空气层），光路图如图6-25所示。如果入射角大于临界角，则光在水与空气层的界面处会发生全反射，即水膜具有较强的反光性能，所以从侧面看去，人眼就会看到闪闪亮亮的"银球"了。

二、公交车上的氢气球的奇怪运动探究

创设情境，引出问题：

同学们乘坐公交车去春游（公交车车窗关闭），某女同学红红手里拿着一个氢气球，长长的细绳牵在手中，气球悬浮于车厢中。这时，红红发现了一个问题，对车上的同学说："哎！我手中的细线固定不动，怎么汽车加速时，气球往前运动呀！""是啊，确实是这样。"邻座的一位同学说。这时，汽车上坡，速度明显慢了下来，气球又向后运动。"怎么汽车减速，气球向后运动呀？"红红又发现了一个问题。汽车在向右拐弯的时候，红红又发现气球向右飘动；汽车向左拐弯的时候，气球向左飘动。这究竟是为什么呢？

引导设计实验，启迪创新思维：

找两个相同的大瓶子，内盛满清水。用细绳分别系一铁球、一泡沫塑料球置于水中，使铁球悬挂、塑料球悬浮，如图6-26（a）所示。用手猛地右移瓶子，使瓶子突然向右运动，这时瓶子具有向右的加速度，你将看到什么现象？然后突然使正在右移的大瓶子制动，你又将看到什么现象？为什么？

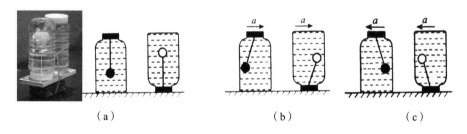

（a）　　　　　　　　　　　（b）　　　　　　　　　　　（c）

图6-26　玻璃瓶绳球实验演示仪

学生积极思考，分析猜想：瓶子突然向右加速，两球相对瓶子向左偏；瓶子突然制动，两球相对瓶子向右偏。究竟是不是这样的呢？

学生分组实验，实施探究：

学生找来两个相同的小口大瓶子，内盛满清水，细绳分别系一铁球或一泡沫塑料球通过大头针拴接于软木塞上，并置于水中，然后用软木塞塞紧瓶口，可用玻璃瓶，也可用塑料瓶，如图6-26（a）所示。完成上述实验，实施自主探究。

实验探究结果：（出乎意料）当瓶子突然向右加速时，铁球相对瓶子向左偏，泡沫塑料球相对瓶子向右偏；当瓶子突然制动时，铁球相对瓶子向右偏，泡沫塑料

球相对瓶子向左偏，如图6-26（b）（c）所示。

与猜想结果不相符合，激发起学生更加强烈的好奇心和探究欲望：为什么是这样的呢？

引导分析：

因为相同体积的水的质量与球的质量不相等，质量越大，运动状态越难以改变，故用手猛地右移瓶子，使瓶子突然向右加速时，由于铁球比相同体积的水的质量大，运动状态的改变比瓶子、瓶中的水慢，所以铁球相对瓶子向左偏；而泡沫塑料球比相同体积的水的质量小，运动状态的改变比瓶子、瓶中的水快，所以塑料球相对瓶子向右偏。同理，在向右匀速运动的瓶子突然制动时，铁球相对瓶子向右偏，泡沫塑料球相对瓶子向左偏。

刚才的氢气球用细线牵于手中的例子，可类比水中用细绳牵引悬浮的泡沫塑料球进行分析。因为在公交车上，相同体积的空气的质量与氢气球（包括氢气）的总质量不相等，质量越大，运动状态越难以改变。当汽车突然启动或加速时，由于氢气球比相同体积的空气的质量小，运动状态的改变比相同体积的空气快，所以氢气球相对空气向前运动。同理，在向前匀速运动的公交车突然减速或制动时，氢气球向后运动；汽车在向右转弯的时候，氢气球向右飘动；汽车向左转弯的时候，氢气球向左飘动。

点评：这个实验非常有趣，可以培养学生较强的观察能力、分析综合能力。如果有条件，可带着学生乘坐公交车，手牵氢气球，实施自我探究，亲身感受一下，在观察实践中学习物理知识，将使物理学变得更加亲切。

第六节　刻度圆规制作和频闪光下转动物体、飞轮识途探究

一、频闪光下转动物体的奇异运动探究

创设情境，引出问题：

你们看过电影中汽车在前进而车轮向后转；日光灯下转动的电风扇，叶片有时以缓慢的转速正向转动，有时静止不动，有时反方向转动的情形吗？思考过没有？为什么是这样的呢？请设计一个实验探究一下。上述现象是"频闪光"下转动物体的奇特现象。

积极思考，学生认真感知：

所谓"频闪光"，就是按某一频率闪烁之光。日光灯、电视机、电影放映机等都是频闪光源，它们都能发出频率一定的闪烁光。如何设计实验探究频闪光下转动物体的奇特现象呢？

引导设计实验，启迪创新思维：

取一个圆形硬纸板，用水笔在纸板上画线，将圆十六等分，然后安装在陀螺上，如图6-27。晚上在日光灯下使陀螺转动起来，立刻就可看到一种奇特的现象：硬纸板上的辐条线有时缓慢地向前转动，有时静止不动，有时向相反方向转动。为什么会产生这种现象呢？

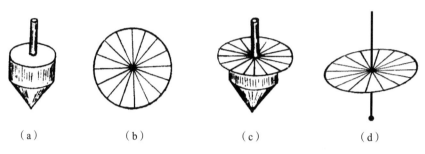

（a）　　　　　　（b）　　　　　　（c）　　　　　　（d）

图6-27　陀螺圆板频闪探测仪

学生分组实验，实施探究：

学生用剪刀剪出圆形硬纸板，用水笔在纸板上画线，将圆十六等分安装在陀螺上，如图6-27（a）（b）（c），也可按图6-27（d）制作一简易陀螺（用墨水瓶盖中的圆形泡沫塑料纸画线，然后用火柴杆穿过其中心，便制成简易陀螺）。晚上在日光灯下旋转手柄使陀螺转动起来，实施实验探究。

实验探究结果：发现确实是上述三种情况。

引导分析：

目前我国使用的交流电频率是50Hz，日光灯发光的频率是2×50Hz，即每秒闪烁100次。日光灯发出的光是不连续的频闪光，每隔一段时间，闪亮一次，如果在这段时间内陀螺刚好转过1/16圆周或其整数倍，陀螺上辐条线位置几乎没变，看上去陀螺好像静止一样；如果陀螺转过的角度略大于1/16圆周或其整数倍，这时将看到陀螺以缓慢的转速向前转动；若陀螺转过的角度略小于1/16圆周或其整数倍，将看到陀螺向反方向转动。

根据陀螺转动的三种情况，上述电影中汽车车轮的向后旋转和日光灯下电风扇叶片的三种转动情景产生的原因就不难解释了。

应用与拓展：

（一）应用

若频闪光源选用电视机，则应将其亮度调大，对比度调小，晚上在显像管荧光屏前旋转陀螺，也能观察到这种现象，只不过电视机的闪烁频率是50次/秒。而电影中看到有轮辐的车轮仿佛"倒转"或"静止不动"，也是这个道理，只是电影每秒钟放映24张静止的画面，每放映两张画面的时间间隔为（1/24）s，所以我们看到电影银幕上的车轮仿佛"静止"所要求的转速为24r/s的整数倍。

如果在白天或光源是白炽灯，将观察不到该案例中的奇特现象，因为太阳光、白炽灯光是连续光，它们不是频闪光源。

（二）拓展

1.［黄冈中学高考模拟］某同学在日光灯的照射下观察到某电扇（三叶片）在切断电源后，其转动的扇叶在停止转动前出现了两次"倒转"现象。据此，该同学估算出此电扇正常转动时的转速应不低于（　　　）［已知交流电的频率为50Hz，日光灯每秒闪光100次］。

（A）6000r/min　　（B）4000 r/min　　（C）1500 r/min　　（D）500 r/min

正确答案：B

引导分析：

日光灯的发光特点是每秒闪烁100次，由于人的视觉暂留时间约为0.1s，因此通常情况下感觉不到闪烁，但对于高速转动的物体就不同了。在日光灯两次闪烁的时间间隔内（历时0.01s），扇叶刚好转过三分之一圆周，我们的视觉效果是扇叶静止不动，此时能算出转速是（r/3）÷0.01s=(100/3)r/s，或是2000 r/min。同理，在这个0.01s内，扇叶若是刚好转过2/3圆周，我们也觉得扇叶不动，这时的转速是4000 r/min；若在这个0.01s内，扇叶刚好转过一个圆周，此时转速为6000 r/min，同样觉得扇叶不动。而在转速略小于6000 r/min或4000 r/min或2000 r/min时，我们的视觉效果是扇叶倒转。因此风扇转速在从正常态逐渐降至零的过程中，当转速降到略小于6000 r/min时，观察到一次倒转；当转速降到略小于4000 r/min时，观察到第二次倒转；当转速降到略小于2000 r/min时，观察到第三次倒转。题中该同学观察到了两次倒转，一定是发生在转速略小于4000 r/min和略小于2000 r/min时，所以电扇原来转速应不低于4000 r/min，故应选B选项。

2.［全国高中应用物理知识竞赛试题］夜晚，在只有日光灯照明的室内，电扇（三片叶片）启动后有时看起来像有六片叶片，有时看起来是静止的，有时看起来在反向转动。下列判断中正确的是（　　　）

（A）如果看到转动着的电扇好像静止，其转速可能是1500 r/min；

（B）如果看到转动着的电扇好像静止，其转速可能是2000 r/min；

（C）如果看到转动着的电扇有六片叶片，其转速可能是1000 r/min；

（D）如果看到转动着的电扇有六片叶片，其转速可能是1500 r/min。

正确答案：B、C。

引导分析：

这里着重分析C选项。因为电扇共有三叶片，相互夹角为120°，我们现在感觉叶片有六个，说明在日光灯两次闪光的时间间隔内，电扇转过的角度为60°+n·120°，其中n为非负整数。由于日光灯频闪频率为100Hz，故两次闪光的时间间隔为（1/100）s，所以电扇每秒转过的角度为（60°+n·120°）÷（1/100）=6000°+12000°n，电扇每秒转数：（6000°+12000°n）÷360°=（50/3）+（100/3）·n，由此可知电扇转速为（1000+2000n）r/min，所以当n=0时，电扇转速为1000r/min，其中选项C正确；B选项的分析见上题。

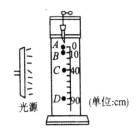

图6-28 频闪水龙头水滴探测仪

（3）某科技馆中有一个展品，如图6-28所示，在较暗处有一个不断均匀滴水的水龙头，在一种特殊的灯光照射下，可观察到一个个下落的水滴，缓缓调节水滴下落的时间间隔到适当情况，可看到一种奇特的现象，水滴似乎不再往下落，而是固定在图中A、B、C、D四个位置不动，一般要出现这种现象，照明光源应满足（g取10 m/s²）（　　　）

（A）普通光源即可；　　　　　　（B）间歇发光，间隔时间为1.4s；

（C）间歇发光，间隔时间为0.14s；（D）间歇发光，间隔时间为0.2s

正确答案：C。

引导分析：

水滴在不断地下落，照明光源应为一种间歇发光的光源，也就是频闪光源。当水龙头中每产生一个水滴时，恰好闪光一次；当光源再一次闪光时，水滴就从A点运动到了B点；第三次闪光时，水滴运动到了C点；第四次闪光时，则运动到了D点，而此时A、B、C、D各点也均有水滴；第五次闪光时，A点再滴出一个水滴的同时，最下面的那个水滴已经落入容器底部，空中依然四个水滴，生成一种动态效果。水滴运动时灯不亮，故观察者看不到，看到的只是灯亮那一瞬时在固定位置的水滴，由于做自由落体运动的物体在相等的时间间隔内的位移之比是1∶3∶5，所以观察图中各水滴处在0cm、10cm、40cm、90cm位置处可知，水滴从开始位置运动到90cm位置处所经历的时间 $t = \sqrt{\dfrac{2h}{g}} = \sqrt{2 \times \dfrac{0.9}{10}}s \approx 0.42s$。于是每段的时间间隔为 $T = t/3 = 0.14s$，故C选项正确。

二、刻度圆规的创新制作

创设情境，引出问题：

同学们学过了游标卡尺和螺旋测微器等精密测量仪器，能不能根据它们构造情况设计一些新作品？请大家积极思考，完成自主设计。

学生积极思考：学生陷入了困惑。

启迪思考：我们知道，一般游标卡尺能精确到十分之一毫米，精确度比一般的毫米刻度尺高，如果把它应用在工程绘图方面将会把精确度大大提高。如何设计绘图工具，比方说精度更高的圆规？然后指导学生设计如下。

引导设计实验，实施自主探究：

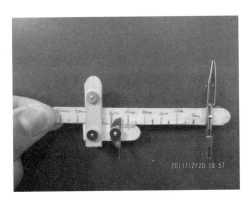

图6-29　刻度圆规

有些学生非常聪明，领悟能力特别强，他们经过努力，自主创新，设计并制作出一个极富创意的小制作——刻度圆规，如图6-29所示。用薄木片作主尺，用标准毫米刻度尺在薄木片上标示出刻度线，在薄木片的右端用锥子锥出一个小孔，装入一个圆规的规尖并固定，左端卡上可动的游标尺，在游标尺上固定圆规的规脚，最左端用双层薄木片卡住主尺，上好螺钉并旋紧螺母，不要卡得过紧，确保游标尺可以在主尺上左右移动。当我们左右移动游标尺，把圆规的规脚尖刺入绘图纸，旋转刻度圆规，就可以画出精确度较高的不同半径的圆形图案，其半径的精确值可直接从主尺、游标尺上读出。这虽然只是一个小小的创新，但如能推广，其用途将及其广泛。如果是工程技术厂家按此方式开发创新产品，定能制造出精确度很高的刻度圆规，可以精确到0.1mm、0.05mm、0.02mm，将为精密制图带来很多便利。

三、对"飞轮识途"的奇特现象探究

创设情境，设计实验，引出问题：

取一个大塑料瓶盖，再找一个比它口径略小一些的塑料瓶盖，把两瓶盖口对口嵌入合紧好，便制作好了一个旋转飞轮，如图6-30所示。然后把飞轮立于地面上，中指用力按压飞轮的右侧轮纹处，如图6-31（a），这时便观察到飞旋的飞轮向左边几乎是腾空飞出（紧贴地表面），如图6-31（b），在左边的尽头落地后，出乎

人的意料之外：飞轮径直旋转滚回，如图6-31（c），这简直是太神奇了，到底是为什么呢？（这是本人孩提时代自制的一个玩具）

图6-30 "飞轮识途"的演示仪

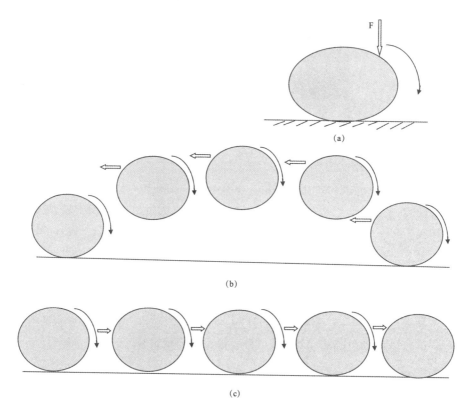

图6-31 "飞轮识途"演示仪的原理图

引导学生自制有趣的玩具，实施探究：

学生找来材料，自制飞轮玩具，个个十分投入地进行研究，探索"飞轮识途"的原因。相互交流、讨论，众说纷纭，莫衷一是，还是没人能解释这种现象。

引导分析，启迪思维：

当中指用力按压右侧轮纹处时，由于是从右侧位置（施力方向偏离飞轮圆心处）按下的，故对飞轮施加一促使其飞旋的力矩，在从右侧按压的同时，飞轮从右侧飞不出去，便从左侧快速平动挤出，运动径迹略微向左上方倾斜。由于瞬态高速挤出，我们只注意到其平动现象，但事实上，飞轮同时以极快的角速度顺时针转动，到左尽头处，在重力作用下落地，此时，由于惯性，轮子还在高速顺时针飞旋，而轮纹与地面都比较粗糙，轮子便在向回来方向的摩擦力的驱动下飞旋回来，仿佛"老马识途"，就是这个道理。该孩提时代的自制玩具玩起来十分有趣。

点评：这个实验非常有趣，可以培养学生较强的观察能力、分析综合能力。在玩中学，在愉快中感悟，在浓厚的兴趣中提升，实施自主探究，亲身感受，将使物理学变得更加亲切。

第七节　打点计时器创新制作和神秘套管、铜圈灭火探究

一、打点计时器的创新制作

创设情境，引出问题：

同学们在研究运动学中使用了打点计时器，能不能根据它的构造情况设计一些新作品？使操作更加简便，请大家积极思考，完成自主设计。

引导设计实验，实施自主探究：

能不能设计一个可视效果更好，操作一体化的便捷打点计时器？学生带着这个问题实施自主探究。

实施自主探究，汇报探究成果：

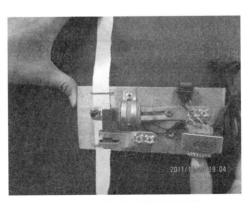

图6-32　打点计时器的创新制作

动手能力较强的小组制作出了放大版的电磁式打点计时器，如图6-32所示。用

锯子锯出一块长25cm、宽15cm的木板，首先用漆包线在长方形空心硬质塑料管上缠绕出如图6-32所示的空心线圈，每缠一层包裹一层橘黄色的纸，然后在紧靠左端10cm处用弧形铁皮把已缠好的橘黄色线圈固定在木板上，并把木螺丝上紧。再取一根有较好弹性的钢铁片，在其一端的小孔处钉入一根硬质钢钉作为打点计时器的振针，把这根钢铁片弯成恰当的弧形并从空心线圈中穿过，然后用木螺丝把钢铁片的另一端固定在木板上（如图6-32），在木板的左边上下角处钉入两根粗铁丝作为两限位孔，在橘黄色线圈的下边用木螺丝钉好上端卡有长方形磁铁的双层钢铁片；在长木板的右下方装入一个小型变压器，变压器的低压副线圈端串入一个红色按钮式开关，再连接好橘黄色线圈以形成一个闭合电路，最后用木螺丝把红色按钮式开关固定在长木板的左上端。这样可以直接把变压器的原线圈端的插头插入220V的照明电路，闭合红色按钮式开关，电路接通，变压器副线圈两端便输出6V低压交流电，打点计时器便正常工作起来。省去了教材中使用学生低压电源的繁杂连接步骤，操作方便。注意为了安全起见，小型变压器上面应固定一个绝缘电木盒子，把小型变压器完全封闭起来。

点评：该实验探究制作既是改进，又是创新。能够给学生提供一实践的机会，从而培养学生较强的观察能力、动手能力、分析综合能力、团结协作能力、自主创新能力等等。

二、对神秘套管的探究

创设情境，引出问题：

图6-33 对神秘套管的探究

在日常生活中，不管是在普通家庭中，还是在学校实验室，你都可以看到在自来水龙头下用漏斗接水时，一般在漏斗上套一个20cm左右长的橡胶套管，如图6-33所示。你们知道套管是做什么用的吗？

学生积极思考，分析猜想：大多数学生认为是防止自来水龙头的水在下落的过程中向四外溅出的。

启迪思考：

对，确实可以防止自来水溅出。但是，还有没有物理学的其他妙用呢？学生陷入了困境。

自主设计家庭实验，实施探究：

把漏斗置于自来水龙头下接水，并逐渐将水龙头拧大，直到水从漏斗上沿溢出为止。随后学生找来适当粗细的橡胶套管，截取20cm左右套在漏斗嘴上，再次把漏斗置于自来水龙头下，把水龙头拧到和上次同样大的程度，此时，水不会溢出。然后学生仔细观测，对比接入、不接入橡胶套管两种情况下的物理情景，并粗测出了水的流速。

实验探究结论：当接入橡胶管时，明显观测到水的流速变快，为什么是这样的呢？

引导分析：

根据流体力学知识可知，图6-33中的长橡胶套管具有空吸作用。若流体较重，又是向下落的，接上管子可加速流体向下流动的速度；若流体较轻，又是向上流动的，接上管子会加速流体向上流动的速度。自来水本身受重力作用，会向下落，接上管子后，就有了空吸作用，所以出水变快了，这就是神秘套管在物理学中的妙用。过去生炉子用的拔火筒也是这个道理；我国北方冬季生火炉取暖，为了防止煤气中毒，在火炉上接一根长长伸至室外的排烟管，就是运用了长管空吸作用，使煤烟快速导向室外；还有工厂里的高高烟囱也或多或少地用到了这方面知识。

三、铜圈灭火的奇特现象探究

创设情境，引出问题：

用口可以把点燃的蜡烛吹灭，用烧杯可以把烛焰焖灭，大家思考一下：用铜丝绕成的螺线圈即铜圈可不可把烛焰熄灭呢？

图6-34 铜圈灭火演示仪

学生积极思考，分析猜想：

因为用铜丝绕成的螺线圈并未使烛焰隔绝空气，故不会熄灭烛焰。究竟是不是这样的呢？

课外实验，实施探究：

取一根1m长的粗铜丝，在教师的指导下绕成一螺旋弹簧形状，螺旋线圈口要比蜡烛略粗一些，然后点燃一支蜡烛，使其竖立在水平桌面上，把铜线圈从烛焰上面向下罩，迅速把火焰罩在螺旋线圈内，如图6-34所示，多次实验，进行自主探究。

注意：在螺线圈靠近手的一端用布包好，免得烫手。

实验探究结果：（出乎意料）过不多大会儿，蜡烛熄灭了。这太神奇了！

与猜想结果不相符合，激发起学生更加强烈的好奇心和探究欲望：为什么是这样的呢？

引导分析：

铜是电的良导体，也是热的良导体。把铜丝绕成螺旋状，增大了与火焰的接触面积，蜡烛燃烧释放的热量，通过铜丝主要以传导的方式迅速传递出去，使铜线圈内部的温度降低，达不到蜡烛的着火点，从而使蜡烛熄灭。

第八节　伯努利定律作用下运动探究和电捕鼠器制作

一、对伯努利定律作用下的奇怪运动探究

创设情境，引出问题：

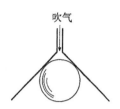

图6-35 漏斗吹乒乓球演示仪

我们都有这样的生活经验：在无风的季节里，空中静止释放一乒乓球，其必将向下运动。现给你一乒乓球，放在倒置的漏斗口中间，通过漏斗嘴向下吹乒乓球，如图6-35所示。此时，乒乓球是向下运动、静止不动、还是向上运动呢？

学生积极思考，分析猜想：

因为无风，空中静止释放的乒乓球必将竖直下落。现在通过一倒置的漏斗，对漏斗口中间的乒乓球竖直向下吹气，当然会加速其向下运动。究竟是不是这样的呢？

家庭实验，实施探究：

学生选用一家用洁净的漏斗，左手拿着漏斗，右手掌托着乒乓球，把乒乓球放在倒置漏斗的敞口处。对着漏斗嘴向下吹气，同时将托乒乓球的右手向下松开，进行多次实验，实施自我探究。

实验探究结论：（出乎意料）乒乓球不仅不下落，反而在漏斗的敞口处跳了起来。吹得越起劲，乒乓球就跳得越欢。整个过程中，乒乓球会贴在漏斗上不掉下来。

图6-36 折弯的饮料管演示仪

与猜想结果不相符合，激发起学生更加强烈的好奇心和探究欲望：为什么是这样的呢？

引导设计创新实验，启迪创新思维：

实验设计一：找一根能够折弯的饮料管，在1/3处切一个口，在切口处向下折弯，弯成一个大体呈直角形的管子，把饮料管短的一端插入玻璃水杯中，如图6-36所示。注意：切口处水面的高度不能超过饮料管短端的1/4。

最后口含着饮料管快速吹气。此时，请仔细观察从切口处喷出的是水、是气，还是水气混合物呢？

实验设计二：

选取废旧的自行车气门芯乳胶管，把它套在一注射器嘴上，再用注射器的金属针头横向刺进胶管内，注意不要穿透，同时针尖的斜口不要触及注射器嘴上的玻璃

柱。然后把注射器中灌满清水，针头的另一端没入一敞口墨水瓶的红墨水中，如图6-37所示。最后用力猛推活塞，从乳胶管喷出的水是无色的呢？还是红色的呢？

学生积极思考，分析猜想：

实验设计一：因为饮料管距水面有一定距离，又是水平吹管，当然从水平饮料管吹出的只有气体了。

实验设计二：因为压缩的是水平注射器中的清水，当然从水平乳胶管中喷出的是无色清水了。

图6-37 注射器金属针头演示仪

家庭实验，实施探究，得出结论：

实验设计一：找一个洁净的容易弯折的饮料管，在1/3处做一个切口，弯成直角，一端置于水中进行实验。注意：切口处水面的高度不能超过饮料管短端的1/4。然后用口含着饮料管快速吹气，随着"咻咻"的吹气声，神奇地观察到：水从饮料管的切口处喷出，被吹成了雾。这究竟是为什么呢？

实验设计二：选取一乳胶管，把它套在注射器嘴上，再用注射器的金属针头横刺进胶管内，同时把针头的另一端没入一敞口墨水瓶的红色墨水中。然后快速推动活塞，神奇地发现：喷出来的不是无色的清水，而是有颜色的红墨水。这究竟是为什么呢？

与猜想结果不相符合，激发起学生更加强烈的好奇心和探究欲望：为什么是这样的呢？

引导分析：

要想搞清楚上述诸多物理现象的原理，我们首先研究一下理想流体做定常流动时，流体中的压强和流速的关系。

图6-38表示一个细管，其中流体由左向右流动。在管的a_1处和a_2处用横截面截出一段流体，即取a_1处和a_2处之间的流体作为研究对象。a_1处的横截面积为S_1，流速为v_1，高度为h_1。a_1处左边的流体对研究对象的压强为p_1，方向垂直于S_1向右；a_2处的横截面

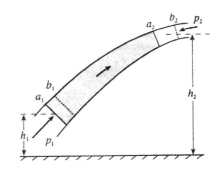

图6-38 伯努利方程的推证

积为S_2，流速为v_2，高度为h_2。a_2处右边的流体对研究对象的压强为p_2，方向垂直于S_2向左。

经过很短的时间间隔$\triangle t$，这段流体的左端S_1由a_1移到b_1，右端S_2由a_2移到b_2。两端移动的距离分别为Δl_1和Δl_2。左端流入的流体体积为$\Delta V_1 = S_1 \Delta l_1$，右端流出

的流体体积为 $\Delta V_2 = S_2 \Delta l_2$，因为理想流体不可压缩，故流入和流出的体积相等，$\Delta V_1 = \Delta V_2$，记为 ΔV。

现在考虑左右两端的力对这段流体所做的功。作用在左端的力所做的功 $W_1 = F_1 \Delta l_1 = p_1 S_1 \Delta l_1 = p_1 \Delta V$，作用在右端的力所做的功 $W_2 = -F_2 \Delta l_2 = -p_2 S_2 \Delta l_2 = -p_2 \Delta V$，所以外力所做的总功 $W = W_1 + W_2 = (p_1 - p_2) \Delta V$ ---①

外力做功使这段流体的机械能发生改变。初状态的机械能是 a_1 到 a_2 这段流体的机械能 E_1，末状态的机械能是 b_1 到 b_2 这段流体的机械能 E_2。由 b_1 到 a_2 的这一段，经过时间 Δt，虽然流体有所改变，但由于我们研究的是理想流体的定常流动，流体的密度 ρ 和各点的流速 v 没有改变，动能和重力势能都没有改变，所以这一段的机械能没有改变。这样，机械能的改变 $E_2 - E_1$ 就等于流出的那部分流体的机械能减去流入的那部分流体的机械能。

由于 $m = \rho \cdot \Delta V$，所以流入的那部分流体的动能为 $\frac{1}{2} m v_1^2 = \frac{1}{2} \rho v_1^2 \Delta V$，重力势能为 $mgh_1 = \rho g h_1 \Delta V$，流出的那部分流体的动能为 $\frac{1}{2} m v_2^2 = \frac{1}{2} \rho v_2^2 \Delta V$，重力势能为 $mgh_2 = \rho g h_2 \Delta V$。机械能的改变为 $E_2 - E_1 = \frac{1}{2} \rho (v_2^2 - v_1^2) \Delta V + \rho g (h_2 - h_1) \Delta V$ ----②，理想流体没有黏滞性，流体在流动中机械能不会转化为内能，所以这段流体两端受的力所做的总功 W 等于机械能的改变 $E_2 - E_1$，即 $W = E_2 - E_1$ ----------------------③，

将①式和②式代入③式，得 $(p_1 - p_2) \Delta V = \frac{1}{2} \rho (v_2^2 - v_1^2) \Delta V + \rho g (h_2 - h_1) \Delta V$ 整理后得 $p_1 + \frac{1}{2} \rho v_1^2 + \rho g h_1 = p_2 + \frac{1}{2} \rho v_2^2 + \rho g h_2$ ---④

a_1 和 a_2 是在流体中任意取的，所以上式可表达为：对管中流体的任意处，

$$p + \frac{1}{2} \rho v^2 + \rho g h = 常量$$ ---⑤

④式和⑤式称为伯努利方程。

流体水平流动时，或者高度差的影响不显著时（如气体的流动），伯努利方程可表达为

$$p + \frac{1}{2} \rho v^2 = 常量$$ ---⑥

从⑥式可知，在流动的流体中，压强跟流速有关，流速 v 大的地方压强 p 小，流速 v 小的地方压强 p 大。知道流速和压强的关系，就可以解释以上科学探究实验了。

实验设计一：如图6-36所示，当水平吹气时，气流急速从切口处喷出，气体流速大，致使切口处气压降低，而水杯水面处的大气压保持不变，而且数值很大。在水面上大气压的作用下，杯中的水沿着竖直饮料管上升，并随着气流喷洒出去，变成了雾。

实验设计二：当我们快速推动注射器活塞后，乳胶管中的水快速水平运动，根据伯努利方程，$p + \frac{1}{2}\rho v^2 + \rho gh =$ 常量，h不变，流速v大的地方压强p小。在横向刺入乳胶管的针尖处，水流速大，故该处的压强较小，小于敞口墨水瓶中液面处的大气压，这样，在大气压的作用下，红墨水沿着竖直针管上升，和注射器中的清水一起从乳胶管中喷射出去，故仿佛注射器中的清水把红墨水吸了上来，其实质是大气压作用的结果。前述介绍的用漏斗吹乒乓球的奇怪运动也是这个道理。当通过漏斗吹乒乓球时，乒乓球上方空气的流速大，压强小；乒乓球下方空气的流速小，压强大，乒乓球受到的合力向上，所以会贴在漏斗上快速微微跳动而不掉下来。

应用与拓展：

（一）应用

1.机翼的升力：飞机为什么能够翱翔蓝天？
（学生众说纷纭，莫衷一是）

引导分析：图6-39表示飞机向右飞行时机翼周围空气的流线分布。根据流体力学知识可知：流线密集的地方流速大，流线稀疏的地方流速小。机翼横截面的形状上下不对称，机翼上方的流线

图6-39　机翼的升力原理图

密，流速大，下方的流线疏，流速小。由伯努利方程可知，机翼上方的压强小，下方的压强大，这样就产生了压力差，作用在机翼上，从而形成了向上的升力。

2.吹不开的苹果：分别用同样长的细线吊起两个等大的苹果，并吊起同样的高度，二者间距1cm左右，对着两苹果间隙猛吹气，能不能将两苹果吹开？

家庭实验，实施探究，得出结论：

当对着苹果间隙快速吹气时，两苹果不仅不分开，反倒相互靠拢，这又是为什么呢？

引导分析：在两个苹果之间快速吹气时，间隙间气体流速很大，气压骤减，在苹果外侧大气压的作用下，苹果相互靠拢。从中间间隙吹动平行竖放的两白纸，两纸片也要靠拢，也是这个道理。在军事科学中，两架歼击轰炸机、两艘战舰并排高速航行时不能靠得太近，也是这个道理。

（二）拓展："旋转球"——乒乓球的绝技

"香蕉球"——绿茵场上的精彩

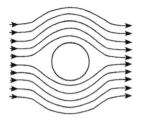 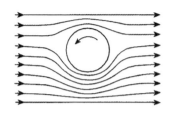

图6-40 不转球周围气流线示意图　　图6-41 旋转球周围气流线示意图

球类比赛中的"旋转球"具有很大的威力。旋转球与不转球的飞行轨迹不同，是因为球周围空气流动情况不同造成的。图6-40表示不转球水平向左运动时周围空气的流线。球的上方和下方流线对称，流速相同，上下不产生压强差。图6-41表示向左运动的旋转球，转动轴通过球心且垂直于纸面，球逆时针方向旋转时，会带动周围的空气跟着它一起旋转，致使球的下方空气的流速增大，上方流速减小，周围空气的流线如图6-41所示。球的下方流速大，压强小，上方流速小，压强大。跟不转球相比，图6-41的旋转球因为旋转而受到向下的力，飞行轨迹要向下弯曲。

1."旋转球"——乒乓球的绝技

在乒乓球比赛中，运动员在削球或拉弧圈球时，球的线路会改变。图6-42表示乒乓球的上旋球，转动轴垂直于球飞行的方向且与台面平行，球向图示方向旋转。图6-41表示的就是上旋球周围空气的流线，在相同的条件下，上旋球比不转球的飞行弧线要低，如图6-42所示；而下旋球正好相反，球向图6-42的反方向旋转，受到向上的合力，比不转球的飞行弧线要高。

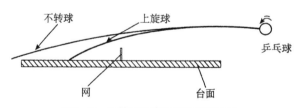

图6-42 旋转乒乓球运行轨迹的原理

2."香蕉球"——绿茵场上的精彩

如果你经常观看足球比赛的话，一定见过罚前场直接任意球。进攻方的主罚队员，起脚一记劲射，球绕过了"人墙"，眼看要偏离球门飞出，却又沿弧线拐过弯来直入球门，让守门员措手不及，眼睁睁地看着球进了大门。这就是颇为神奇的"香蕉球"。它为什么会自行拐弯呢？

踢角球的队员踢球时，运动员并不是拔脚踢中足球的中心，而是稍稍偏向一侧，同时用脚背摩擦足球，使力的作用线不通过球的重心，从而使球的球心向前飞的同时，整个球又绕重心沿图6-43中所示的逆时针方向旋转。球心向前飞进，相对于球心来说，相当于空气向后流动。同时因为球有图示方

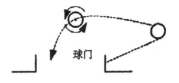

图6-43 "香蕉球"的原理

向的旋转，由于球对空气的摩擦作用，带动球表附近空气也随之逆时针旋转，从而造成相对于球向后流动的空气的流速在球的上下两侧附近不同，球的上方流速变慢，下方流速变快。根据伯努利方程，上方流速慢，气流压强大；下方流速快，气流压强小，正是这个压力差，使得球心向球门方向拐弯。

二、对电捕鼠器的探究与制作

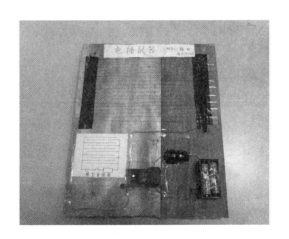

图6-44 低压电源电捕鼠器创新作品

创设情境，引出问题：

我们学校十二月份准备举办科技文化艺术节，其中科技创新大赛是重头戏。请同学们查阅资料，积极思考，勤于动手，如果有条件，可以在家长指导下制作一个探究作品，参加大赛。

学生兴趣高涨，实施自主探究：

学生们制作出很多参赛作品，其中不乏精美之作，下面略举一二。图6-44是学生在家长帮助下制作的低压电源电捕鼠器。低压电源电捕鼠器电路图，如图6-45：

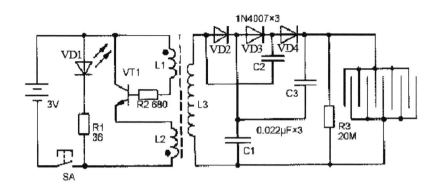

图6-45　低压电源电捕鼠器电路图

汇报成果，分析原理，启迪思维：

元器件选择：

晶体管VT选用2N5609型硅NPN中功率三极管，亦可用8050、9013型等常用三极管代替。VD1用φ3mm红色发光二极管，VD2～VD4用1N4007型硅整流二极管。R1～R3均用RTX-1/8W型碳膜电阻器。C1～C3一律用CL11-630V型涤纶电容器，SB用6mm×6mm立式微型轻触开关。G用5号干电池两节串联（配塑料电池架）而成，电压3V。高频变压器T须自制：选用2E19型铁氧体磁芯及配套塑料骨架，L1用φ0.22mm漆包线绕22匝，L2用同号线绕8匝，L3用φ0.08mm漆包线绕1400匝左右。注意图6-45中黑点为同名端，头尾顺序绕，绕组间垫一、二层薄绝缘纸。

工作原理：

当按下电源开关SA时，由三极管VT1和升压变压器T构成的高频振荡器通电工作，把3V直流电变成18kHz左右的高频交流电，经T升压到约500V，再经三支1N4007二极管、电容器C1～C3组成的三倍压整流电路升高到1500V左右，加到特制的金属网上。当小老鼠触及金属网丝时，高压就会通过小老鼠放电，将小老鼠击毙。

第九节　磁屏蔽创新实验和公道杯成因的探究

一、对磁屏蔽探究的创新实验设计

创设情境，引出问题：

同学们学过了磁屏蔽知识，觉得理解的不够透彻。怎么设计一个创新作品探究一下，提升一下对磁屏蔽知识的认识呢？请大家积极思考，完成自主设计。

学生积极思考：学生陷入了困惑。

理论引导，启迪思考：

如图6-46，一个高磁导率 μ 的铁磁材料制成的屏蔽罩与空腔可看作并联着的两个磁阻，由于空腔的磁导率 μ_0 远小于屏蔽罩的磁导率 μ，其磁阻远大于屏蔽罩的磁阻，于是来自外界的磁感线绝大部分穿过屏蔽罩而不进入空腔内，起到了磁屏蔽作用。要使屏蔽效果更好，可以使用较厚的

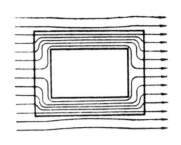

图6-46　磁屏蔽罩的原理图

屏蔽罩或采用多重屏蔽罩（一个套一个）。因此，效果良好的铁磁屏蔽罩一般都比较笨重。

实际应用中一般是用磁导率很高的材料制成容器，把产生干扰的部分（或易受干扰的部分）包起来，使磁场（磁感线）被限制在屏蔽体内和集中于磁阻很小的屏蔽体之中（或不能进入屏蔽体内）。图6-47就是用铁氧体或坡莫合金等高磁导率材料制成的壳体容器，通电线圈产生的磁场被限制在壳体内不能辐射出去，这就防止了它对外界的干扰，同时也防止了外界磁场对它的干扰。在一些电信设备中，也常用磁盒将线圈密封起来，效果更好，如图6-48所示。一般的软磁性材料如电工钢板甚至低碳钢板（俗称软铁板）等也都具有较好的导磁能力，而且成本低廉，因此有些电源变压器用厚电工钢板制成的壳体包起来进行磁屏蔽。

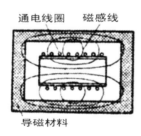

图6-47　铁氧体壳体容器

图6-48　磁盒密封线圈

设计创新实验，实施自主探究：

学生在教师的启发引导下，查阅资料，深入思考，设计的创新作品如下：

如图6-49取一个金属铁盒，四周结合致密，把顶部金属盖剪去，其内部放入一块磁铁，用透明胶带悬空"十字架"形状牵引固定在铁盒内部的正中央，然后用透明胶带把三钢尺并排粘在一起，制作出了金属屏蔽板，再选取考试专用塑料垫板剪下四分之一作为对比材料，最后取一些订书针。

取出金属铁盒，用塑料垫板盖住顶部，上面撒些订书针。然后迅速倒置过来，

细小订书针被铁盒内的磁铁所吸引，不会掉下来。此时，在薄塑料板与铁盒之间，从左侧慢慢插入金属钢尺片，当大金属片完全把铁盒密闭起来，大钢铁片下面的塑料片下刚才吸引的小订书针完全跌落下来，如图6-49所示。

图6-49　金属铁盒磁屏蔽创新实验

探究实验激发起学生更加强烈的好奇心和探究欲望：为什么是这样的呢？

引导分析，启迪思维：

开始的时候铁盒用塑料垫板盖住顶部，上面撒些订书针。然后迅速倒置过来，由于磁场能穿越塑料、木板等非铁磁性物质，细小订书针被铁盒内的磁铁所吸引，不会掉下来。此时，从左侧慢慢插入金属钢尺片，当大金属片完全把铁盒密闭起来，大钢铁片下面的塑料片下刚才吸引的小订书针完全跌落下来，这是因为该铁盒、钢铁片都是铁磁性物质，它们的磁导率很高，磁感线通过铁盒、钢铁片形成闭合回路，无法向外界泄露，从而使磁场被限制在屏蔽体内，屏蔽起来，整体外部无磁场，故小订书针跌落下来，如图6-49所示。

点评：这个实验非常有趣，属于创新实验，它成功实现了从无磁屏蔽现象缓慢过渡到有磁屏蔽现象，对比明显，矛盾冲突激化，学生印象深刻，可以培养学生较强的动手能力、观察能力、分析综合能力。整个过程创新点闪亮，从而实现学生在玩中学，在愉快中感悟，在浓厚的兴趣中提升，实施自主探究，亲身感受，将使物理学变得更加亲切。

二、公道杯成因的探究

创设情境，引出问题：

同学们见过"公道杯"吧？你们知道它为什么叫公道杯吗？为什么能产生一个公道的水位？究竟运用了什么物理原理呢？

学生积极思考，分析猜想：

有的学生说没见过，见过公道杯的学生也回答不好，他们都陷入了困惑之中。

介绍历史上的公道杯，启发学生思考：（出示一公道杯，演示之）

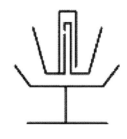

图6-50　公道杯及其结构示意图

　　公道杯，也称"公平杯"，是瓷文化中具有特殊寓意的品种，如图6-50所示。根据陶瓷专家陈德富先生所著《古陶瓷鉴赏》一书介绍，该杯始做于清中期，盛行于清晚期，主要用于娱乐。大家喝酒时，倒酒人心眼要正、要公平，如果给谁倒多了，一旦漏酒免不了要挨罚，而在罚酒时也不能过量，所以称为公平、公道、平心，是一种处世哲学的写照。难怪有诗云："基液平心位，再添漏尽空。愿君知节制，处世乐融融。"

　　引导设计创新实验，启迪创新思维：

　　找来废旧纸包装牛奶盒（包括吸管）各一个，口香糖（或橡皮泥）一块，剪刀一把。用剪刀拦腰把牛奶盒等分成两部分，使吸管从上半盒穿过牛奶盒孔，弯管处留在上半盒内，管颈伸出牛奶盒的长度刚好等于下半盒的深度。牛奶盒孔与吸管的接头处用橡皮泥（或口香糖）封紧，确保不能漏水，如图6-51所示。最后把下半盒的开口处四角边线用剪刀剪开半厘米长，并使四侧面略向外张开，这样可以确保上半盒略略插入下半盒的开口处。

　　指导学生课外实验，实施自主探究：

　　把上半盒轻轻插入下半盒的开口处，管颈刚好没入至下半盒的底部。然后小心翼翼地向上半盒的开口处兑水，水面渐渐升高。

图6-51　公道杯创新小制作

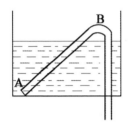

图6-52 公道杯创新小制作
原理（a）

当水面刚好淹没吸管的最高处——细弯管顶壁时，神奇地发现：水面骤然下降，直至上半盒水全部流完为止。这究竟是为什么呢？（激发起学生更加强烈的好奇心和探究欲望）

引导分析，启迪思维：

上下两半盒口朝上摞在一起，组成一连通的容器。随着向上半盒兑水的进行，上半盒液面逐渐升高，图6-52（a）细弯管处AB段液面也随之升高，细弯管的其余部分仍充满空气。

假设液面能升至细弯管B点之上某处，如图6-52（b）所示，设上液面距B点的距离 Δh 极小，取细弯管顶B处的竖立薄液片为研究对象，薄液片面积恰为细弯管的横截面积大小，则

$$p_{B左} = p_{o大气} + \rho g \Delta h \qquad p_{B右} = p_{o大气}$$

故 $p_{B左} > p_{B右}$

再设竖立薄液片的面积为S，则

$$F_{左侧对液B} = p_{B左} \cdot S > p_{B右} \cdot S = F_{右侧对液B}$$

故竖立薄液片B在两侧压力差的作用下加速右移，促使液体流过了细弯管顶部B处，形成了虹吸现象，直至上半盒液体全部流入下半盒为止。这表明：上半盒最多只能兑入至B液面处的水。假如每次兑水超过B

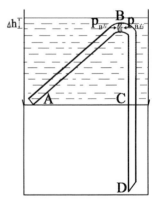

图6-52　公道杯创新小制作
原理（b）

液面，必将形成虹吸现象，上半盒的水将倾囊而出，从而可以确保这个装置的上半盒有一个公道的水位，故俗称"公道杯"。上述历史上的陶瓷公道杯也是这个道理。

第十节　"千人震"和孔明灯成因、"会爬动纸蛇"探究

一、对"千人震"实验的探究

创设情境，引出问题：

请大家思考：一节干电池能不能给人一电击的感觉？

学生积极思考，分析猜想：

不可能。因为一节干电池的电动势为1.5V，手持干电池的正负极，1.5V的电压加在人手的两端，不会对人造成伤害，故干电池绝对不可能给人一电击的感觉。

引导设计实验，启迪创新思维：

取一废旧的日光灯装置，从上面卸下一个能正常工作的镇流器或者从实验室找一个可拆卸示教变压器。找一节崭新的干电池，通过电键、导线连接到镇流器的两接线端。另外，从镇流器的两接线端分别再引出两根长导线，导线的裸露端A、B分别接入"手牵手"的多个同学的两端，这样人体与镇流器线圈并联在电池上，恒定的电流流过他们，如图6-53（a）（b），突然迅速断开电键，仔细观察学生表现。

指导学生实验，实施探究：

 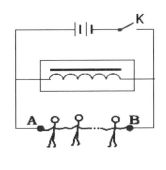

（a）　　　　　　　　　　　　　　（b）

图6-53　"千人震"实验和原理图

学生按照上述方式：人体两手先与镇流器线圈构成一个闭合回路，再通过电键与电池连接，人体与线圈并联在电池上，迅速闭合电键，人安然无恙。然后，教师迅速断开电键，神奇地发现：学生相互拉住的手突然弹开，并且脸部表情也惊恐万状，都感受到了剧烈的电击，惊跳起来（实验时电路中的电键K可以用导线点触的方式取代，当然用两节干电池进行实验，效果更为明显）。

与猜想结果不相符合，激发起学生更加强烈的好奇心和探究欲望：为什么是这

样的呢?

引导分析,启迪思维:

人体两手与镇流器线圈构成一闭合回路,再通过电键与电池连接,人体与线圈并联在电池上,迅速闭合电键,待电路稳定后,由于人体电阻比线圈电阻大得多,所以线圈中流过的电流比人体中要大得多,这时人安然无恙。然后,迅速断开电键,人体和线圈串联,仍然是一个闭合回路,这时通过线圈中的电流将由较大的数值突然变为零;线圈周围的磁场也突然变为零,磁场的骤然变化,迅速在镇流器线圈中产生自感现象,在线圈两端产生很高的电压,这个电压可高达上万伏,所以会造成强烈电击感觉。当然由于这时通过人体的电流时间很短,所以不会发生危险。

点评:根据生活经验的主观猜想,往往是不可靠的,需要通过实践来检验。实验探究能够给学生提供一实践的机会,从而培养学生较强的观察能力、动手能力、分析综合能力、团结协作能力、自主创新能力等等。

二、孔明灯成因的探究

创设情境,引出问题:

大家见过元宵节飘过夜空的孔明灯吧,你们知道孔明灯升空的物理原理吗?为什么它能非常平稳地升空呢?

学生积极思考,分析猜想:

孔明灯升空利用了气体热胀冷缩的原理,至于为什么非常平稳地升空,学生猜想不出、一片茫然。

设计探究小制作,实施自主探究:

取一大块薄绵纸,用剪刀剪下等大的四块,然后用胶水把它们粘贴拼出一个直径约60cm的圆球形大纸袋形状,用裁纸刀将竹条削到厚薄3mm以内,把竹条弯成一个圈,用棉线或502胶固定。竹子有弹性,竹圈可能会不圆,可以用小火烤一烤,使竹圈固定成圆形。然后把纸袋的口部用该圆形竹篾绷起来,纸袋口折叠半厘米把固定好的圆形竹篾粘紧,再在圆形竹篾上拴一"十"字形细铁丝支架,并在"十"字细铁丝支架中心处用细铁丝拴一块浸满麻油或酒精的布块,这样孔明灯便制作好了。每组要制作两盏孔明灯进行对比实验,其中一盏孔明灯的顶部要穿出一个1cm口径的小圆孔,另一盏灯顶部不留开孔。

分六人一组实施探究实验,其中两人从四角抬起孔明灯的顶部,一人从下面点燃浸满麻油或酒精的布块,两盏灯同时点燃,同时释放。结果神奇地发现:一盏灯非常平稳地升空,而另一盏灯却在升空过程中摇摇晃晃,很不稳定,这究竟是为什么呢?等燃料燃完,两灯都落下后仔细研究发现:顶部有小孔的孔明灯升空非常平

稳，这到底是什么原因呢？如图6-54所示。（激发起学生更加强烈的好奇心和探究欲望）

引导分析，启迪思维：

孔明灯升空，利用了气体热胀冷缩的原理。当浸满麻油或酒精的布块燃烧时，使一定质量的空气受热膨胀，从而使其密度减小，密度小的热空气立即上浮，快速充满棉纸袋，形成一个"热气球"，"热气球"的密度小于周围空气的密度，它在空中所受到的浮力大于自身重力，故冉冉向上浮起，这就是孔明灯升空的道理。而顶部开一小孔的孔明灯升空非常平稳，这又是为什么呢？

图6-54　自制的"孔明灯"

原来这利用了流体力学的知识。如果孔明灯的顶部有一个小孔，灯顶内的热空气可以由此排出，灯底燃烧生成的热空气能够及时补充，热空气慢慢从小孔竖直向上排出的时候，根据流体力学的知识，孔明灯也就可以平稳地上升了。要是灯顶上没有小孔，进入灯里的热空气会汇集在灯顶，灯中充满了热空气，空气进不来也出不去，这样孔明灯在周围某一方向吹来的风的风力作用下向一个方向倾斜，下一时刻另一方向的风吹来，灯便向另一个方向倾斜，也就不平稳了。故顶部有孔的孔明灯升空要平稳一些。所以实验探究得出：改进后的孔明灯顶部应留有开孔。另外，也可以从孔明灯的上侧壁沿切线方向倾斜等分出六个排气斜孔等方面进行改进，当灯内热空气沿切线方向排出时，产生反冲作用，形成一种扭转力，使其在上升的同时，旋转起来，可以确保孔明灯在上升过程中不再摇摇晃晃。

三、会爬动的纸蛇探究

器材：吸墨纸、剪刀、一杯水、滴液管、笔等。

制作与操作：在纸上画出一条蛇的形状，然后用剪刀沿着蛇的形状剪下来。将剪下的纸蛇折出一条条褶皱，然后平置于地上。用滴液管将一滴水滴在纸蛇的褶皱上，仔细观察，不一会儿，神奇地发现：纸蛇向前动了起来，如图6-55所示。

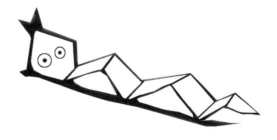

图6-55 "会爬动的纸蛇"小制作

知识链接：毛细作用和扩散现象等。

物理原理：当把水滴在纸蛇的褶皱处时，因为纸纤维的毛细作用，水很快就会向四周扩散，褶皱处跟着就会扩展开来。就这样，一个褶皱一个褶皱地传递，便会看到纸蛇在地上爬动起来。

第十一节　简单神奇的电发光现象探究

一、自制漂亮的电火花

器材：玻璃板、2根导线、几根铅笔芯、6节1.5V干电池等。

制作与操作：

图6-56　自制漂亮的电火花

将铅笔芯研磨成细碳粉，在玻璃板上铺出一条长而窄的细碳粉径迹。再把6节1.5V干电池串联成电池组，用导线将电池组的正极与细碳粉的一端相连，然后关闭室内光源，用另一根导线连接电池组的负极与细碳粉的另一端。此时细碳粉间就会产生一些跳跃的电火花，此起彼伏，十分好看，如图6-56所示。如果没有产生电火花，可能是因为电压太低，细碳粉太多，需要提升电池组电压。

知识链接：气体导电、碳粉"蒸气"、弧光放电等。

物理原理：自制漂亮的电火花，这是气体导电的结果。细碳粉通电后便产生了热量，从而迅速使细碳粉产生了"蒸气"，并布满碳粉之间。当电流通过碳蒸气时产生电弧光，就形成了跳跃的电火花。

二、发光的冰糖

（本案例稍难一点，运用的知识点较多，可在教师的启发协助下，由学生设计完成）

器材：透明厚塑胶袋、大量冰糖块、细绳、擀面杖等。

制作与操作：将冰糖放入透明厚塑料袋中，扎紧袋口。然后将冰糖袋放在桌面上，拉上房间的窗帘，形成一暗室，再用一擀面杖来回擀压冰糖袋，仔细观察，袋里的冰糖神奇地发光了。

知识链接：晶体摩擦、活跃分子、能级跃迁、释放光子等。

物理原理：晶体发生摩擦时会产生亮光。这是因为冰糖晶体在擀面杖的来回挤压下会破碎成片，碎片的表面就会释放出活跃的分子，这些微粒在擀面杖的来回挤压下获得能量，从而实现原子核外电子的能级跃迁，释放出光子，所以看起来冰糖就发光了。

三、打火机发电

创设情境，引出问题：

液体打火机是一种小巧的取火器。当你按下带有放电装置的打火机时，打火机里的放电装置就会产生电火花。同时部分液化气体跑出来，就会被点燃，形成火焰。打火机既然有放电装置，它能不能用来发电呢？

器材：一个液化气体打火机、一把螺丝刀、一盏15W的螺口白炽灯泡等。

制作与操作：用螺丝刀小心翼翼地打开打火机，取出开关部分的零件，这个零件叫作"压电素子"，如图6-57所示。然后左手握住15W的螺口白炽灯的灯泡部分，右手握着压电素子，并使压电素子的尖端部分紧贴着白炽灯接头的底端。按一下压电素子，就可以看到灯泡也会闪亮一下，如图6-58所示。

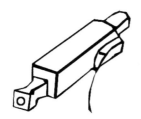 

图6-57 "压电素子"　　　　图6-58 打火机点亮灯泡

知识链接：压电素子、尖端放电等。

物理原理：压电素子中装有一个叫作压电陶瓷的放电装置，它能在瞬间产生10000V的高压。所以按动压电素子时，与它相连的灯泡会闪亮。日常生活中的燃气灶点火装置、摩托车打火装置、汽车点火的装置——火花塞，点火时也都相当于按动打火机的压电素子，都是这个道理。

四、气球摩擦日光灯发光

器材：一只气球、一根细绳、一只日光灯管、一块抹布等。

制作与操作：取一只气球吹鼓后，用细绳扎紧。用抹布将日光灯管擦净擦干，在一个暗室内将日光灯管的一端立在地板上。一只手扶住灯管，另一只手拿着气球将其按在灯管上快速地上下摩擦，观察灯管的情况，如图6-59（a）所示。结果神奇地发现：灯管开始发光，而且不管气球靠近灯管的哪个位置，灯管的那个位置就会开始发光。

知识链接：日光灯原理、电离生热、水银蒸气电离发出紫外线、摩擦起电、荧光物质发出可见光等。

物理原理：日光灯管是一根玻璃管，内壁涂有一层荧光粉（钨酸镁、钨酸钙、硅酸锌等），不同的荧光粉可发出不同颜色的光。灯管内充有稀薄的惰性气体（如氩气）和水银蒸气，灯管两端有由钨制成的灯丝，灯丝上涂有受热后易于发射电子的氧化物，如图6-59（b）所示。

图6-59（a） 气球摩擦日光灯　　　　　　图6-59（b）日光灯管的构造

日光灯的工作原理：当开关接通的时候，电源220V的电压立即通过镇流器和灯管灯丝加到启动器的两极。220V的电压立即使启动器中充入的惰性气体——氖气电离，产生辉光放电。电流通过镇流器、启动器触极和两端灯丝构成通路。灯丝很快被电流加热，发射出大量电子。辉光放电产生的热量使双金属片——动触片、静触片受热膨胀，致使两极接触。此时，由于启动器两极闭合，两极间电压为零，辉光放电骤然停止，管内温度降低；双金属片自动复位，两极断开。在两极断开的瞬间，电路电流突然切断，镇流器产生很大的自感电动势，与电源电压叠加后作用于管两端。灯丝受热时发射出来的大量电子，在灯管两端高电压作用下，以极大的速度由低电势端向高电势端运动。在加速运动的过程中，碰撞管内氩气分子，使之迅速电离。氩气电离生热，热量使水银产生蒸气，随之水银蒸气也被电离，并发出强烈的紫外线。在紫外线的激发下，管壁内的荧光物质便发出乳白色的可见光来，如图6-59（c）所示。

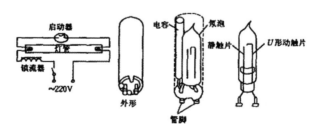

图6-59（c） 日光灯的工作原理

当开关接通的时候，照明电路中的日光灯管会接通电流，灯丝很快被电流加热，发射出大量电子，灯管两端细灯丝上的化学物质会产生电流，这种电流可以从灯管的一端传到另一端，并且每秒钟会闪烁100次电火花。电离生热，热量会使灯管里的水银产生蒸气，随后水银蒸气也会被电离，并发出强烈的紫外线。这种紫外线是人们肉眼所看不见的。在紫外线的激发下，涂在灯管内壁的荧光物质就会发出乳白色的可见光。将气球在灯管上快速摩擦，会有同样的现象发生，只不过发光的范围更小。当气球与灯管摩擦时，根据摩擦起电的原理，气球表面的电子增多，使日光灯管中的电场发生变化，从而形成灯管内的电荷重新分布，造成电荷定向移动。随着气球在灯管上快速地上下摩擦，灯管内电荷也快速上下定向移动，在定向移动过程中电荷会与水银发生作用，使水银产生蒸气，随后水银蒸气会被电离，发出微弱的紫外线，这些紫外线可以使灯管内壁上的荧光物质发出微弱的可见光来。

第十二节　不同寻常离心现象、电磁隧道和漏斗吹火探究

一、不同寻常的离心现象的探究

创设情境，引出问题：

在日常生活中，人们经常品茶，当我们用筷子在玻璃杯中央搅动茶叶茶，如图6-60所示。此时，从玻璃杯的上方观察，茶叶是靠近中央筷子，还是远离中央筷子呢？

学生积极思考，分析猜想：因为随着水面旋转的加快，离心现象明显，当然是远离中央。究竟是不是这样的呢？

家庭实验，实施探究：

每位学生精心选用家庭用无色透明薄玻璃水杯，用开水先泡好一杯茶叶茶，然后用筷子没入快速搅动，进行多次实验探究。

图6-60 筷子搅动茶叶茶

实验探究结论：（出乎意料）当用筷子没入水中快速搅动后，神奇地发现：茶叶全部靠近中央筷子。

与猜想结果不相符合，激发起学生更加强烈的好奇心和探究欲望：为什么是这样的呢？

引导设计实验，启迪创新思维：

如图6-61所示，取一个大试管，其中盛满水，并装入一个小蜡块，密封管口。用手握住A端，让试管在竖直平面内向左快速摆动，或向右快速摆动，或左右快速摆动，观察蜡块怎样运动？为什么？

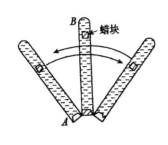

图6-61 大试管蜡块实验

学生积极思考，分析猜想：

因为蜡块的密度小于水的密度，所以蜡块应浮于其上部，将向上方运动。

学生分组实验，实施探究：

到实验室进行实验，分三人一组，相互协作，相互配合，进行操作。注意：手持试管密封端，应确保快速摆动，实施自主探究。

实验探究结论：（出乎意料）不管是向左或向右或左右快速摆动，小蜡块皆向试管的下方运动。

与猜想结果不相符，激发起学生更加强烈的好奇心和探究欲望：为什么是这样的呢？

引导分析：

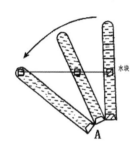

图6-62 大试管蜡块实验原理

如图6-62所示，在试管中假想一与蜡块相同体积的水块，与蜡块呈前后放置。水块在前，指向读者方向；蜡块在后，指向纸里方向。根据惯性知识可知：质量大的物体惯性较大。蜡块与相同位置、相同体积的水块相比，质量较小。故而旋转的惯性使得质量大的水块更容易沿切向飞出，做离心运动，甩向试管的顶部。同样道理，大量水块由于惯性都甩向试管顶部，从而在试管的顶部形成一液体的高压区，试管的底部形成一液体的低压区，致使液体对蜡块上、下表面的压力不同，对上表面的压力大于对下表面的压力，故将蜡块一直下压，直至压入A端。如果把小蜡块想象为一片茶叶，茶叶也必将近心运动，这就是搅动茶叶茶，茶叶不仅没有离心运动，反倒趋近中心筷子的道理。

应用与拓展：

（一）应用

取一个带有把柄的无色透明容器，如图6-63（a）所示。内底处放一小金属块，用手快速旋转底部的把柄，越转越快，你将观察到什么现象？为什么？如果没有该装置，可以自制：剪一圆形硬纸板，底部固定一木棒，上面放一硬币，快速旋转底部的把柄，如图6-63（b）所示，实施实验探究：

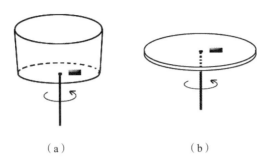

（a）　　　　　　　　　　（b）

图6-63　圆盘物块离心运动演示器

实验探究结果：

当快速旋转把柄时，小金属块向外飞去，这又是为什么呢？

引导分析：

可以类比上述蜡块、水块、试管模型进行分析。实际上透明容器中装满空气，假想与小金属块相同位置处有一等体积的空气块。根据惯性知识，质量大的金属块惯性较大，随着快速旋转的进行，质量大的金属块更容易保持原运动状态，直至离心飞出，故更容易甩出去，当然是在容器底壁对金属块的静摩擦力不足以提供其运动的向心力时。

（二）拓展：自制离心式水泵

图6-64 自制离心式水泵

找来1m长的软胶皮管，使其内部先灌满水，一端插在大水杯中，另一端垂在水杯的外边，这时管中有水流出。然后用左手抓住胶皮管，离管口20~30cm处，甩动胶皮管，使它在杯子的上空做水平转动（如图6-64所示）。你将看到什么现象呢？

家庭实验，实施探究，得出结论：

水杯中的水被源源不断地甩了出来，直至甩干，这就是自制离心式水泵。为什么是这样的呢？

引导分析：

图6-65 离心式水泵的构造示意图

在水杯的上空让胶皮管做水平转动时，管中的水因离心作用被甩出去，此时，在旋转的圆心处便产生一个低压区，在大气压的作用下，水杯中的水就会沿管道竖直地升上去，水就会源源不断地抽出来。离心式水泵的抽水原理就是如此，如图6-65所示。图6-65是离心式水泵的构造示意图。它的主要部分是泵壳和叶轮。水泵启动前，应先往泵壳里灌满水。启动后，叶轮在电动机带动下旋转，泵壳中的水则随叶轮旋转，由于惯性，水被甩到边缘。于是叶轮中心部分形成一个低于大气压的低压区，边缘部分形成一个高于大气压的高压区。所以，在大气压的作用下，水能够源源不断地通过进水管上升流入水泵。又由于出水管和高压区相连，所以叶轮边缘的水能够源源不断地通过出水管送到高处去。这就是惯性和离心现象等知识在离心式水泵中的应用。

二、穿越电磁隧道的奇怪现象探究

创设情境，引出问题：

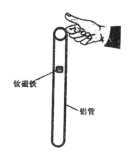

取一块小型的圆柱形钕磁铁（或一个由磁铁制成的柱状小象棋棋子），找一个相同体积的圆柱形金属块，选一根长0.6m、内径稍大于钕磁铁直径的厚铝管（或其他形状的铝合金管），注意磁铁和铝管之间没有磁场力作用。然后分别使小磁铁块、小金属块从铝合金管口处静止释放，如图6-66所示，测试下落时间，比较它们的下落时间是否相等？（最好在学习楞次定律时进行该实验探究）

图6-66 穿越电磁隧道演示仪

学生积极思考，分析猜想：

因为二者都做自由落体运动，所以下落时间相等。究竟是不是这样的呢？

学生分组实验，实施探究，得出结论：

到实验室分组实验，进行自主探究。先把一金属块放在铝管的上管口，使其从静止开始在管中下落，当金属块飞出铝管时，另一位学生测出历时0.3s。再用小磁铁块重复上述实验，出人意料，磁铁块让你慢慢等了"好久"才穿出铝管，测得在铝管中历时长达3~4s。

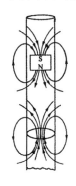

注意：铝管壁要尽可能厚些，并尽可能使铝合金管的内径略大于钕磁铁的直径。

与猜想结果不相符，激发起学生更加强烈的好奇心和探究欲望：为什么是这样的呢？

引导分析：

根据楞次定律，感应电流的磁场总是阻碍引起感应电流的磁通量的变化。当小磁铁作为落体在铝管中下落时，这根铝管就是一个闭合导体。由于电磁感应，在小磁铁入管的过程区域中，铝管中将产生感应电流，感应电流的磁场方向与磁铁产生

图6-67 穿越电磁隧道演示仪原理

的原磁场方向相反，反抗来自落体磁铁的磁场的增强，如图6-67所示，该图仅仅反映了小磁铁入管过程区域的物理情景，这就相当于对磁铁施加了一个向上的阻力，阻碍其自由下落；在出管过程区域，根据楞次定律，同样对磁铁施加一向上的阻力，阻碍其自由下落。

设铝管长h=60cm，钕磁铁的质量m=40g。若磁铁做自由落体运动，则它在铝管中的下落时间仅为$t = \sqrt{\dfrac{2h}{g}} = \sqrt{2 \times \dfrac{0.6}{10}} s \approx 0.35s$，小金属块的下落就是如此。但由于小磁铁块受到电磁阻尼作用，通过多次实验探究多次测试发现，它下落的时间延长为原来的8倍以上，即$t' = 3s$。

三、漏斗吹火的奇特现象探究

创设情境，引出问题：

在半米远的地方有一支点燃的蜡烛，你可以轻松把它吹灭。如果给你一个漏斗，让你口含漏斗嘴，正对烛焰吹去，如图6-68（a）所示，结果会怎样呢？为什么？

学生积极思考，分析猜想：

用嘴直接吹，气流散开的面积大，就能把烛焰吹灭；通过漏斗吹，气流较集中，当然更易吹灭。究竟是不是这样的呢？

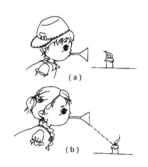

图6-68　漏斗吹火实验
演示仪

家庭实验，实施探究：

学生选用一家用洁净的漏斗，点燃一蜡烛，使漏斗嘴的中心轴线对准烛焰，用嘴含着漏斗的细管用力去吹，多次实验，进行自主探究。

实验探究结果：（出乎意料）火焰不灭。是不是离得太远？然后近距离再次用漏斗猛吹蜡烛，蜡烛火焰不但不熄灭，反而向着吹火人扑来。这太神奇了！

与猜想结果不相符合，激发起学生更加强烈的好奇心和探究欲望：为什么是这样的呢？

引导分析：

因为吹出的气体通过漏斗的细管后，并没有沿着细管的中心轴线继续前进，而是沿着漏斗的边缘向四面散开，形成一特殊的空气涡流。这样，中心轴线上的空气变得稀薄，周围的空气就会向稀薄的区域挤过来，中心轴线附近就会形成一与吹出气流方向相反的气流。如果蜡烛烛焰处在中心轴线处，反向压过来的气流反而使火焰向人扑来；如果蜡烛烛焰处在漏斗边沿的延长线上，空气涡流就会将蜡烛扑灭，如图6-68（b）所示。

第十三节 摩擦力较量、螺旋风轮和风帆逆风行舟探究

一、摩擦力较量的奇特现象探究

创设情境，引出问题：

用一根绳子，在绳子上系两个一大一小松开的结，如图6-69所示。然后双手提起绳子，沿水平方向缓慢地拉绳的两端，请大家思考：两结在收紧的过程中有无先后之分呢？

学生积极思考，分析猜想：

学生根据自己日常生活中的经验，想当然地回答：肯定有先后之分，绳上的小结先收紧，大结后收紧。究竟是不是这样的呢？

家庭实验，实施探究：

学生分别找来绳子，在绳子上系两个一大一小松开的结，然后双手提起绳子，沿水平方向缓慢地拉绳的两端，实施自主探究，多做几次以得出一般规律。

实验探究结果：（出乎意料）在探究实验中，两结总是同时被收紧。

与猜想结果不相符合，激发起学生更加强烈的好奇心和探究欲望：为什么是这样的呢？

引导分析，启迪创新思维：

在缓慢拉绳的过程中，原来较小的结中绳与绳之间的压力较大，根据最大静摩擦力与压力成正比的原理，故较小的结中绳与绳之间的最大静摩擦力也较大。若左侧的结较大，当拉绳子时，左侧结中由于绳与绳之间的压力较小，最大静摩擦力较小，随着两端拉绳的力的逐渐增大，将首先大于左侧结中的最大静摩擦力，故左侧结先收缩，而右侧的结由于最大静摩擦力较大而保持原样。一旦左侧的结收缩到小于右侧的结后，该结的最大静摩擦力将大于右侧的结，在摩擦力的作用下，该结将暂停收缩，而右侧结开始收缩。如此周而复始，最终两结将被同时被收紧。

图6-69 摩擦力较量演示仪

二、奇妙的螺旋风轮的探究

创设情境,设计实验,引出问题:

取一根竹筷,用刀子从上到下刮去一半,制成一根扁筷子,然后用小刀在竹筷上刻几排槽,槽的间隔为2cm。准备一张边长为4cm的正方形纸片,用剪刀沿对角线向中心剪,中间不要剪断。收起四边的角,拉向中心,用一根大头针从中心穿过,便制作好了一个螺旋风轮。最后把风轮固定在扁竹筷的顶端,使其能够自由转动,如图6-70所示。操作:左手拿一个螺旋风轮,右手拿一根筷子在螺旋风轮的槽口来回摩

图6-70 奇妙的螺旋风轮演示仪

擦,螺旋风轮便飞快地旋转起来;当摩擦另一边的槽口时,螺旋风轮立即反过来旋转。这简直是太神奇了,到底是为什么呢?(这是本人孩提时代自制的一个玩具)

引导学生自制有趣的玩具,实施探究:

学生找来材料,自制螺旋风轮玩具,个个十分投入地进行研究,探索"风轮奇妙旋转"的原因。相互交流、讨论,众说纷纭,莫衷一是,还是没人能准确解释这种现象。

引导分析,启迪思维:

在该探究实验中,风轮是松动地套在大头针上的,大头针不可能完全位于旋转风轮的重心上,所以当筷子摩擦时,就会使风轮的重力相对于转轴产生旋转力矩,把风轮带动起来。因为筷子是扁的,当摩擦槽口时,必然导致筷子的振动,这种振动是椭圆式振动,也会带动风轮转动。这就是"风轮奇妙旋转"的道理,该孩提时代的自制玩具玩起来十分有趣。

点评:这个实验非常有趣,可以培养学生较强的观察能力、分析综合能力。在玩中学,在愉快中感悟,在浓厚的兴趣中提升,实施自主探究,亲身感受,将使物理学变得更加亲切。

三、对风帆逆风行舟的探究

创设情境,引出问题:

我们知道,风帆能乘风破浪,顺风而行。那么,请大家思考:风帆能逆风行驶吗?

学生积极思考,分析猜想:

有的学生认为可以,因为从电影电视上看过;有的学生则认为不可能,顶着风怎么能前进呢? 众说纷纭,莫衷一是,到底该是怎样的一种情景呢?

引导设计实验，启迪思维，实施自主探究：

找一块南瓜或土豆，切成如图6-71（a）所示的直角三棱柱的形状，将其放在光滑的水平玻璃板面上，手指放在斜面上，并让手指沿斜面向下滑，使斜面受到向右下方的力的作用，如图6-71（b）所示。请大家猜想：南瓜块或土豆块将向左还是向右运动呢？如果条件允许，用冰块做该实验，效果会更好。

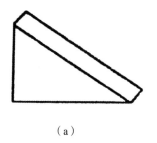 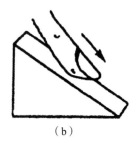

（a）   （b）

图6-71 风帆逆风行舟的探究演示仪

学生积极思考，分析猜想：

有的学生认为向左运动；有的学生则认为向右运动；有的学生却认为不动。到底是怎样的呢？

家庭实验，实施探究：

学生用冰箱冻了如图6-71（a）形状的直角三棱柱，将其放在光滑的水平玻璃板面上，手指放在斜面上，并让手指沿斜面向下滑，使斜面受到向右下方的力的作用，结果神奇地发现：虽然施力方向斜向右下方，但冰块却向左滑，这到底是为什么呢？这与逆风行舟有什么关联呢？

引导分析，启迪创新思维：

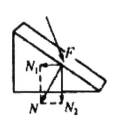

图6-72 风帆逆风行舟探究
的演示仪受力图

如图6-72所示，当手指沿斜面向下滑时，对斜面产生一个斜向右下方的力F。F力有两个分力，一个是平行于斜面的分力，由于斜面较光滑，故该力起不了多大的作用，另一个是垂直于斜面向下的力N。力N按实际效果又可分解为分力N_1和N_2，只要这南瓜块或土豆块或冰块与玻璃板间的动摩擦因数较小（实际情景），N_1便能使南瓜块或土豆块或冰块向左移动。

风帆逆风行舟的道理与上述基本相同，如图6-73（a）所示，M为风帆，要使船由起点A行至终点P，船身须偏转一角度，并使帆面M介于直线AP与AB之间。当风吹到风帆M上时，平行于风帆的风力作用可忽略，主要作用力为垂直于帆的风力F。力F可分解为沿船身把船向前推进的分力F_1和使船横向移动的分力F₂，由于船体在横向移动方向上受到水的阻力很大，所以船横向移动很小可不计；而船沿船身方向所受水的阻力较小，所以在分力F₁的作用下船沿AB方向前进。当船沿AB方向航行一段距离后，将船头掉到BC方向，同时改变风帆的方位，风力将使船沿BC方向前进。不断交替改变船头的方向，可使船沿"之"字形路线前进，最终到达目的地P，见图6-73（b）。

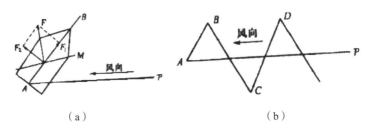

（a）   （b）

图6-73　风帆逆风行舟的原理图

学以致用，实施探究：

请学生每人做一个小帆船，用电吹风沿适当角度吹小帆船的帆面，使小帆船在水中逆风行驶。比一比，赛一赛，看谁做的小帆船既漂亮，又能在水中逆风行驶得最快。

第十四节　火苗变火球、螺母断线和杯外对流成因探究

一、火苗变火球奇特现象的探究

创设情境，引出问题：

不知道同学们注意观察过没有？燃烧蜡烛烛焰的火苗呈什么形状？

学生积极回答：

蜡烛火苗呈上尖下圆的狭长形状。

启迪创新思维：

请大家思考：会不会生成球形的火焰呢？

学生积极思考，分析猜想：

大家回忆日常生活中观察到的蜡烛火焰形状，异口同声地回答：不可能。

引导设计创新实验，实施自主探究：

找一个无色透明广口大玻璃瓶，把一段蜡烛焊接在广口瓶底中央，瓶口用细线吊起，提在手中。然后另一学生点燃蜡烛，迅速盖上瓶盖。突然松开提瓶子的手，瓶子快速落进事先准备

图6-74　火苗变火球
演示仪

好的沙盆中，安然无恙，如图6-74所示。在此过程中，请大家仔细观察广口瓶中正燃烧着的蜡烛烛焰。结果神奇地发现：在瓶子自由下落的过程中，火苗变成了火球。

学生分三人一组，实施家庭探究实验。注意做实验时，广口瓶要大一些，以防里面的空气少，影响实验效果。

与猜想结果不相符合，激发起学生更加强烈的好奇心和探究欲望：为什么是这样的呢？

引导分析，启迪思维：

日常生活中看到的火苗呈上尖下圆的狭长形状，是空气对流的结果。火焰加热后，其上边一定质量的空气受热膨胀，密度减小，迅速上浮，周围的冷空气由于受到重力作用而流过来补充，形成了冷热空气的对流，从而使火苗呈现上尖下圆的狭长形状。而松手后，忽略空气对瓶子的阻力，瓶子做自由落体运动。整个大瓶子和其内部物体都处于完全失重状态，冷热空气不对流了，火苗便缩成了火球，十分好看。时间稍久，火苗得不到氧气的供应，很快就会熄灭，故提起的瓶子离地不能太高。

二、对螺母断线的探究

创设情境，引出问题：

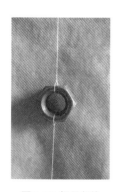

**图6-75 螺母断线
探究演示仪**

在大螺母的上下两端各系一根相同的细线，把上面的那根线拴接到铁架台上，使螺母悬垂下来。用手沿竖直方向拉直下面的细线，如图6-75所示。让同学们猜想：是上面的细线先断，还是下面的细线先断呢？

学生积极思考，分析猜想：

重重的螺母坠着上面的细线，再加下绳通过螺母传递来的拉力，故一定是上面的细绳先断。

学生课外实验，实施自主探究：

分三人一组，学生拿出从家中找来的大螺母，上下各拴一细白棉线，拴接于铁架台，悬垂下来。有的组心急手快，猛地向下一拉；有的组小心翼翼，慢慢拉下面的那根线，并逐渐增大拉力。

自主探究结论：

通过实验得出：有的组是上面的绳先断；有的组是下面的绳先断。

与猜想结果不相符合，激发起学生更加强烈的好奇心和探究欲望：为什么是这样的呢？

引导分析，启迪创新思维：

哪根线断掉，看似偶然，其实并不是这样。只要用力得当，就可以随心所欲地选择哪段线断掉。如果指定下面的线断掉，就应该快速用力拉下面的线，因为螺母质量大，惯性大，运动状态不易改变，猛地向下一顿，下面的线所受的力来不及传到上面，因此下面的线就会断掉；如果指定上面的线断掉，就应该慢慢拉下面的那根线，这样，上面的线除了承受螺母的重力，还要承受经螺母传递过来的向下的拉力，最终它会因承受不了如此大的力而断掉。

三、杯外对流成因的探究

创设情境，引出问题：

大家注意过烧开水时烧杯中剧烈的液体对流情景吧，那属于杯内对流现象。请大家思考：会不会产生杯外对流的现象呢？

学生积极思考，分析猜想：大家众说纷纭，莫衷一是。有的说可以，有的说不行。

引导设计实验，实施自主探究：

取两个相同的无色透明大玻璃杯，找两根相同的无色透明吸管，把它们弯成"∏"形状。在其中一个大玻璃杯中倒入大半杯冷水，滴入几滴红墨水，用筷子搅匀；另一杯中倒入酒精，使两杯中的液面一样高。然后把两根带直角的"∏"形弯管口朝上，长弯管灌满配制好的红色的水，短弯管灌满酒精，并用双手堵住两端开口，迅速倒转过来，插入杯中。长管的管口插入杯底，短管的管口正好接触液面，要两人操作，同时释放双手，并快速扶住弯管顶部，以防翻倒，注意观察现象，如图6-76（a）所示。结果神奇地发现：红色的水不断地从长管（下侧管）流入酒精杯底层，无色的酒精不断地从短管（上侧管）流入红色水杯顶层。最后，两只玻璃杯都变成了一半红色水一半无色酒精，红色的水在下面，无色的酒精在上面，界面十分清楚，如图6-76（b）所示。

与猜想结果不相符合，激发起学生更加强烈的好奇心和探究欲望：为什么是这样的呢？

引导分析，启迪创新思维：

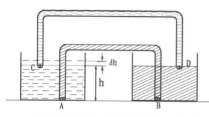

图6-76　杯外对流成因的探究（a）

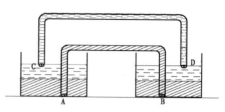

图6-76　杯外对流成因的探究（b）

当两个"∏"形弯管放入液体中时，不妨假设整个液体不流动，如图6-76（a）所示，用画斜线的阴影部分表示红色的水，用水平虚线表示酒精。取下侧管左侧底部液片A为研究对象，其面积恰为下侧管左侧底面积S。把下弯管中红色的水与右玻璃杯中的红色水看作一个整体，根据同种静止液体内部相同深度处的压强相等的原理，则 $p_A = p_B = \rho_{红水}gh + p_o$（$p_o$ 为大气压强），所以红色水对A液片向下的压力 $F_A = p_A \cdot S = (\rho_{红水}gh + p_o) \cdot S$，而左玻璃杯中酒精底部A处的压强为 $p_A' = \rho_{酒精}gh + p_o$，所以左侧杯中酒精对液片A向上的压力 $F_A' = p_A' \cdot S = (\rho_{酒精}gh + p_o) \cdot S$。

对液片A：

$$F_{A合} = F_A - F_A' = (\rho_{红水}gh + p_o) \cdot S - (\rho_{酒精}gh + p_o) \cdot S$$
$$= (\rho_{红水} - \rho_{酒精})ghS > 0 \qquad,$$

$F_{A合}$ 方向竖直向下，故在向下的合力作用下液片A下移，从而使红色的水通过下弯管流入左侧玻璃杯的底部。由于 $\rho_{红水} > \rho_{酒精}$，所以流入左杯中的红色水沉入杯的底部；由于左侧杯底红色水的沉积，造成左玻璃杯中酒精液面上升（令上升高度为 Δh）。不妨假设上侧弯管中的酒精液柱不动，再把左杯中酒精和上侧弯管中的酒精看作一个整体，同理可得：其相同深度处D、C两点压强相等，即 $p_D = p_C = \rho_{酒精}g\Delta h + p_o$。取液片D为研究对象，其面积也恰为弯管横截面积S，则 $F_{D向下} = (\rho_{酒精}g\Delta h + p_o) \cdot S$，

而右玻璃杯中液片D处向上的压力 $F_{D向上} = p_o \cdot S$，

所以

$$F_{D合} = F_{D向下} - F_{D向上} = (\rho_{酒精}g\Delta h + p_o) \cdot S - p_o \cdot S$$
$$= \rho_{酒精}g\Delta hS \qquad,$$

$F_{D合}$ 方向竖直向下，从而使酒精通过上弯管流入右玻璃杯中。由于 $\rho_{酒精} < \rho_{红水}$，所以流入右玻璃杯中的酒精漂浮于上层。这样，下侧弯管中液柱左移，上侧弯管中

液柱右移，形成了杯外对流，直至两只玻璃杯中都变成了一半红水一半酒精为止。此时每根弯管中液片A、D所受合外力为零，液柱不再流动，杯外对流停止，故最后形成整个系统液体静止。由于红色水的密度大于酒精的密度，所以两玻璃杯中皆为红色的水在下面，无色的酒精在上面，界面十分清楚，如图6-76（b）所示。

第十五节　树叶下落、浮力成因和水龙头水流柱探究

一、树叶下落运动问题的探究

创设情境，引出问题：在落体运动中，我们知道：抽成真空的牛顿管中金属片、小羽毛、小树叶的运动都自由落体运动，那么，在无风的环境中空气中的树叶下落做什么运动呢？

积极思考，合理猜想：学生根据生活观察，总结猜想：变加速直线运动。然后指导学生设计探究实验（或者学生自主设计探究实验），完成实验探究。

探究设计与器材：

由于实验需要大量的小树叶，考虑到空气阻力的影响要大致相同，需选用相同的树叶，而这样的树叶比较难找，故设计用厚度相同的厚纸片剪成同样大小的树叶形状来代替小树叶，模拟小树叶下落。因为要测试下落不同高度对应的不同时间，所以还需要用米尺和停表。

实施自主探究：在无风的环境中让小纸片从相同高度处静止释放，分别测出下落高度h为0.25m、0.50m、1.00m、1.25m、1.50m时所用时间，并标处它们在水平地面上的落点位置（如图6-77）。

图6-77　树叶下落运动的探究

通过实验，观察到它们分别做曲线运动。设计的记录表格如表6-1：

表6-1　树叶下落运动的探究记录表

下落时间\下落距离\小纸片	0.25m	0.50m	0.75m	1.00m	1.25m	1.50m
A						
B						
C						
⋮						

（学生兴趣高涨，积极进行探究）选取10000张小纸片为研究样本，引导学生分析。

（设疑）小纸片竖直方向做什么运动？水平方向做什么运动？（研究曲线运动，往往按运动的分解来简化处理）

实验探究结果：（出乎意料）

小纸片竖直方向分运动：近似匀速直线运动；

小纸片水平方向分运动：随机的杂乱无章的运动——类似布朗运动。

与猜想结果不相符合，激发起学生更加强烈的探究欲望：为什么是这样的呢？

引导分析：

竖直方向分运动：小树叶在空气中下落，受到空气阻力的作用，阻力随速度的增大而增大。可以证明：小树叶在下落极短的距离（2~3）cm内便达到收尾速度，然后在竖直方向上趋于受力平衡，故做匀速直线运动。而在刚开始较短距离（2~3）cm内由于树叶下落速度很小，阻力也很小，阻力可忽略不计，故可近似认为做自由落体运动。

水平方向分运动：由于下落过程中树叶在空间的伸展方向是随机的，它受到空气的作用力方向也是随机的，如图6-78，决定了树叶水平落点的随机性，故小树叶水平方向上做杂乱无章的"类布朗运动"。

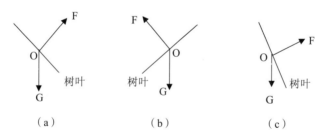

（a）　　　　　　（b）　　　　　　（c）

图6-78　下落树叶的受力图

二、浮力成因的探究

创设情境，引出问题：在探究浮力成因的演示实验中，究竟是液体浮力、还是液体浮力与气泡冲击力共同使乒乓球上浮的？

探究设计与器材：

取一个空可乐瓶，割去底部，口朝下倒置，里面放进一只乒乓球，再往瓶内灌水如图6-79（a），球不会上浮，说明小球仅上表面受液体压力，下表面没受到液体压力，没有上下表面的压力差，这种情况液体不会产生浮力。现迅速盖上瓶盖（或堵住瓶口）如图6-79（b），球迅速上浮。请设计实验探究是液体浮力、还是液体浮力与气泡冲击力共同使乒乓球上浮的？

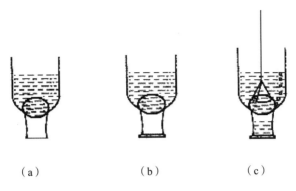

（a）　　　　　　　（b）　　　　　　　（c）

图6-79　浮力成因的创新实验

学生自主设计：

如图6-79（c），盖上瓶盖的同时，用一小棒轻轻压住乒乓球，使水慢慢沿小球与瓶壁的缝隙向下渗，此时瓶口处气泡上浮，直到乒乓球下面空间全部充满液体时再释放小球，观察小球的运动：发现小球运动比前者慢。

探究结论：

图6-79（b）实验不能说明仅仅是液体的浮力使乒乓球上浮的，而应是液体浮力与气泡冲击力共同作用的结果。实验进一步表明：气泡向上的冲击力对乒乓球上浮产生的影响还要大一些。

点评：教师做该演示实验时，应该把乒乓球下方的气泡完全排出，待小球下方充满液体时再释放小球，方可说明是液体浮力作用的结果，才能揭示浮力的成因，而教材中描述欠妥。

三、水龙头的水流柱问题探究

创设情境，引出问题：打开水龙头，水顺流而下，连续的水流柱在流下的过程中直径是怎样变化的呢？为什么？

积极思考，合理猜想：学生根据生活观察，总结猜想：在连续流下过程中，水流柱上粗下细。

探究设计与器材：（指导学生运用运动学知识设计探究实验）

从自来水厂获取学校实验室处自来水参数，获知实验室自来水龙头出口处的水速大小为1m/s。由于空气阻力很小，水流下落过程近似为匀加速直线运动。如果已知下落高度，即可求出下落到某一位置的末速度。然后根据流量相等即可判断水流柱的粗细。

学生自主设计：

用游标卡尺测出水龙头出口处的直径为1.00cm，在水龙头下方放一水盆，用

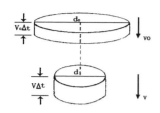

图6-80 水龙头水流柱粗细的
探究实验

米尺测出水龙头出口处离水盆的高度为75cm，运用已知参量$v_{出口处}= v_0=1m/s$（g取$10m/s^2$），可探究出水流柱落到盆中时的直径，从而判断是否与观察的相符合。

定性分析：在时间t内，流过任一水柱截面的水的体积是一定的。由于水柱顶点的水速小于下面部分的水速，故水柱的直径上面比下面大。

定量计算：如图6-80所示：$v^2-v_0^2 = 2gh$

$\therefore$ $v^2= v_0^2+2gh=16$ $\quad$ v = 4 (m/s)

取极短暂的时间Δt，则有

$\pi (d_o/2)^2 v_0 \Delta t = \pi (d/2)^2 v \Delta t$

$\therefore d = d_0\sqrt{\dfrac{V_0}{V}} = 1\times\sqrt{\dfrac{1}{4}} = 0.5(cm)$

即连续的水流柱在流下的过程中其直径是减小的。

第十六节 分子间作用力变化快慢和蜡块量筒魔术的探究

一、分子间作用力随分子间距的变化快慢问题探究

人教版《全日制普通高级中学教科书（必修加选修）物理》第二册第十一章第三节分子间的相互作用力第76面教材中描述：当分子间的距离大于r_0时，引力和斥力虽然都随着距离的增大而减小，但是斥力减小得更快。这理论正确吗？请设计理论探究方案，探讨教材中理论是否有问题，为什么？

心理学研究表明：怀疑是创新的心理动力，是思维独立性、自主性的体现。物理学大师爱因斯坦就是从怀疑牛顿的绝对时空观入手，才创立狭义相对论的。同样，诺贝尔奖得主李政道、杨振宁通过怀疑宇称守恒定律的普遍性，才着力研究弱相互作用下宇称不守恒并获得成功。"小疑小进，大疑大进"。因此，在物理教学中，教师要大力倡导学生对教师的示范探究、对书本、对以往的结论敢于怀疑的精神，鼓励学生针对要怀疑的某一课题，多方面收集资料、信息，进行探究，勇于从多角度、多层面提出自己的观点和方案。

理论探究设计：

我们知道，在物理学史上，1638年意大利物理学家伽利略在自己写的《两种新科学的对话》一书中运用巧妙的推理，否定了古希腊哲学家亚里士多德的落体观点，从而促使他深入研究创立了自己的落体学说，运用理论探究方式发现

问题，促进了科学的发展。而我们刚才提到的"斥力减小得更快"是否有问题呢？可以借助教材第75面的物理图形"分子间的作用力跟距离的关系（示意图）"来探究一下：如图6-81，实线表示的是引力和斥力的合力随分子间距变化的关系。当$r>r_0$时，$F_合=F_斥+F_引$表现为引力，分析图形可知该引力先增大而后减小。当$r=r_1$时，$F_合$为表现为引力中的最大值，

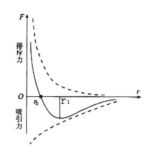

图6-81　分子间的作用力跟距离的关系（示意图）

这说明（1）在$r_0<r<r_1$时，分子斥力比分子引力随分子间距增大而减小得快，造成$F_合=F_斥+F_引$表现为引力，同时$F_合$增大；（2）在$r>r_1$时，分子斥力比分子引力随分子间距增大而减小得慢，造成$F_合=F_斥+F_引$表现为引力，同时$F_合$减小。然后启发学生：这里求的是力随距离变化得快慢，能否借助图像运用几何知识处理呢？再进一步引导学生运用类比推理，类比描述速度变化快慢的方法，如图6-82（a）：比较v-t图像中某些点切线斜率（k）的变化，进而确定速度变化的快慢——加速度即$a=\Delta v/\Delta t=k$。再观察图6-81，图中$\Delta F/\Delta r=k$故可作出一系列点的切线，切线越陡说明斜率（k）绝对值越大，进而说明力随距离变化得越快，如图6-82（b）。分析图6-82（b）可知：当$r_0<r<r_1$时，斥力曲线上切线斜率绝对值都比引力曲线上相同分子间距所对应点的切线斜率绝对值大；同理当$r>r_1$时，斥力曲线上切线斜率绝对值都比引力曲线上相同分子间距所对应点的切线斜率绝对值小，从而轻松得出上述（1）在$r_0<r<r_1$时，分子斥力比分子引力随分子间距增大而减小得快；（2）在$r>r_1$时，分子斥力比分子引力随分子间距增大而减小得慢的结论。

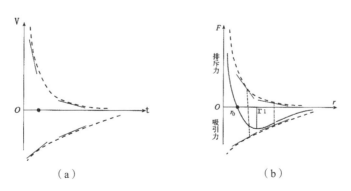

（a）　　　　　　　　　　　　　　（b）

图6-82　分子间作用力随分子间距变化快慢的理论创新

探究结论：

通过自主探究，拓宽了学生的思路，启迪了创新思维。学生一致发现教材中描述的不严密，建议教科书最好略作修改。

二、"蜡块量筒魔术"的探究

（a）　　　　　　　　　　　　（b）

图6-83　蜡块量筒创新实验

制作：取一根粗大的红色蜡烛，用美工刀削成圆柱状，刚好能放入大量筒中。取一个粗橡皮塞也用美工刀加工成如图6-83（a）形状，使其刚好能把大量筒口部塞紧。然后在自来水龙头处把大量筒注满水，轻轻放入蜡块，并用橡皮塞将其压入水中，慢慢塞入橡皮塞，注意尽量不要留有气泡。

操作：首先把整个装置倒置，指导学生观察"蜡块冉冉上浮"，然后把装置放平，使其处于水平状态，慢慢调整让蜡块处于大量筒的中间位置处，最后保持大量筒水平，两手握住量筒一端，沿水平方向把蜡块向外甩，让学生猜想：蜡块向大量筒的哪一端移动，向筒底还是筒顶？学生猜想：向外甩蜡块当然向筒底运动，如图6-83（b）所示。但结果恰恰相反，顿时产生强烈的认知冲突，这到底是为什么呢？学完本节匀速圆周运动的实例分析——离心运动，我们就来揭秘这个小魔术，一下子吊足了学生的胃口，激发起他们强烈的学习愿望。

学完离心运动后，揭示小魔术奥秘。为了效果更加震撼，本人花费好大的气力从外面借来了一台离心机，精心配制碳酸钙水溶液，兑入三个洁净的试管中，然后取两试管放入离心机，开动离心机数分钟，取出试管并与刚才的对比试管液体对比，向学生演示，一目了然，如图6-84所示。

图6-84　离心机实验探究

先向学生讲明白离心机原理：混合液在离心机内高速转动时，因为它们的密度不同，密度大的物体不能获得相应大的向心力，因而做离心运动，从而把它们分离。这里大量筒在水平方向往外甩时，为什么要在水平方向往外甩呢？这样可以防止浮力对实验的影响。当两手握住量筒一端，沿水平方向把蜡块向外甩时，其俯视图如图6-83（b）所示，在大量筒内假想几乎相同位置处存在一个与蜡块相同体积的圆柱体的

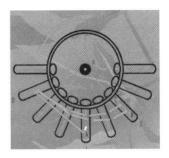

图6-85　离心机实验原理

水块，当快速旋转时，水块和蜡块中密度大的水块不能获得相应大的向心力，因而做离心运动被甩向量筒的底部，结果如图6-85灰白色直线所示，而密度较小的蜡块趁势导向大量筒的顶部，所以学生观察到蜡块向量筒顶部运动的反常情景。

第十七节　搅拌茶叶水"质量与惯性"和安培力探究实验

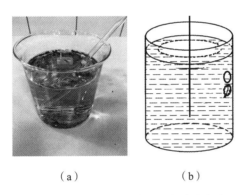

（a）　　　　　　　　　（b）

图6-86　"搅拌茶叶水"分组探究小实验

一、"搅拌茶叶水"分组探究小实验

创设情境，引出问题：如图6-86（a）所示，在学生学习了离心运动知识后，设计分组自主探究实验。取一个大烧杯，里面倒入自来水，撒入一些茶叶，每组下发一个玻璃搅拌器，让学生完成在水中央处搅拌，猜想茶叶是向中央运动，还是向四周运动？大家众说纷纭，莫衷一是。

积极探究，启迪思维：学生分组自主探究，汇报结果：观察到茶叶不是向外甩，而是向中央玻璃棒处移动，这是为什么呢？

解释原因：类比离心机原理，混合液高速转动时，密度大的物体不能获得相应大的向心力，因而做离心运动，从而把它们分离。这里假想在几乎相同位置处存在

一个与茶叶相同体积的水块，如图6-86（b）所示，当快速旋转时，水块和茶叶块中密度大的水块不能获得相应大的向心力，因而做离心运动向外甩，结果如图6-85灰白色直线所示，而密度较小的茶叶块趁势导向中央区域，所以学生观察到茶叶向中央运动的反常情景。

二、自制"磁场对电流的作用力——安培力"分组探究小实验

图6-87 磁场对电流的作用力探究实验

如图6-87所示，用钢锯截取三小块木板，其中两小块等大，取出两小块用电钻钻出四个小孔，截取两根长度为18cm的粗铜丝棒，分别穿入两竖立的小木板，然后把两小木板用鞋钉钉在水平长木板上，再截取8cm的一段光滑圆铜丝棒垂直于两根长铜丝放好。最后截取一段铁片如图6-87方式弯成U形，在下侧吸入一块方形的强磁铁块，这样整个装置便制作完毕。

操作：取四节干电池按图中方式放入电池盒，红导线接电源正极，黑导线接电源负极，然后把红、黑导线的另一端连接一个保护电阻、电键、用鳄鱼夹夹在两根长的粗铜丝末端，并把带有强磁铁块的U形铁片放入图6-87中凹形木盒之间，使光滑圆铜丝棒悬空横在铁片的U形口内，这样当闭合电键时，电源、红、黑导线、保护电阻、电键、光滑圆铜丝棒便组成一闭合回路，神奇的现象产生了，光滑圆铜丝棒迅速沿着长粗铜丝棒飞出，这是为什么呢？原来这是磁场对通电导体棒的安培力的作用。因为当时学生还没有学到这一知识，所以他们感觉非常神奇。

此外，还可以旋转U形磁铁以改变磁场方向与电流方向的夹角以探究之。

三、质量与惯性的关系探究小实验

在讲必修1第三章《牛顿第一定律》中的质量与惯性的关系时，自制了如下探究小实验：取两个完全相同的黄色乒乓球，其中一个用细钢针扎一个小孔，再用小注射器注入与乒乓球颜色一模一样的黄色颜料水，完全注满确保不留气泡，先用剪成的小圆形双面胶粘紧并密封小孔，再用透明胶带粘住棉线的下端，把它粘在密封的小孔处，从而把密封小孔遮挡起来，为了防止乒乓球滑落，再用长透明胶带粘成"十"字形从而把该乒乓球兜起来以防止其下落。另一个乒乓球不用刺破直接按上述方法粘好相同的棉线即可，这样从外部看两乒乓球一模一样。

把外表上一模一样的两个乒乓球等高地悬挂在铁架台的水平横杆上，如图6-88所示，然后把整个装置立于讲台上，按图示的左侧面正对学生，然后请出一个"大气王"学生远离两乒乓球30cm处先后各用憋足的一口气猛吹向左球、右球。奇怪

的现象产生了，一球岿然不动，而另一球却被吹得老高，这是怎么回事呢？激发起学生强烈的探究欲望，让他们充分商量交流猜想。然后教师从铁架台的横梁上撸下细线，小心翼翼地保持两球竖直方向并同时把它们放入事先已调节平衡的托盘天平的两托盘上，神奇的结果出现了，哎！怎么回事？两貌似一模一样的乒乓球却使托盘天平两托盘一高一低，原来它们的质量不一样。实验发现：那个岿然不动的乒乓球质量较大，被吹得老高的乒乓球质量较小。然后教师话锋一转，事实上物理学家早在几百年前对此进行了深入的研究，发现质量大的物体惯性较大，质量小的物体惯性较小，

图6-88 "质量与惯性的关系"探究小实验

质量的大小量度了惯性的大小，还发现质量是惯性的唯一量度。这样的实验探究一波三折，使学生产生强烈兴趣，令学生终生难忘，潜移默化间提升了学生的素养。

第十八节 自然休止角"仙女散花"和"弹弓效应"探究

一、对自然休止角的探究

创设情境，引出问题：

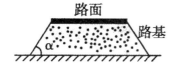

图6-89 自然休止角的探究

在工程技术中，修建铁路、公路的路堤和路堑时，允许的边坡倾角最大值叫作"自然休止角"，如图6-89所示。如果边坡倾角超过自然休止角，则会导致路基不稳，若按最大静摩擦力等于滑动摩擦力处理，自然休止角与土壤颗粒之间的动摩擦因数有没有关系？若有关，存在什么样的关系呢？

学生积极思考，分析猜想：

异口同声地回答：没有关系。到底是不是大家猜想的情景呢？

引导设计实验，实施自主探究：

取一块长木板、一个小木块和一块橡皮，要测定木块和木板间、橡皮和木板间的动摩擦因数，提供刻度尺、弹簧秤等器材，应该怎样完成这个实验？

学生思考讨论，积极回答：

有些学生回答：首先用弹簧秤测出小木块的重力，然后在水平放置的长木板上用弹簧秤钩着小木块缓慢水平拉动，观察弹簧秤的示数，最后用拉力除以小木块的重力即可求出动摩擦因数。

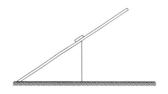

图6-90 自然休止角的探究实验

另一些学生回答：把小木块放在长木板上，将木板一端逐渐抬高，当小木块刚开始滑动时，量出小木块初始位置至长木板底端点连线该线段在水平桌面上投影的长度和初始位置时小木块离水平面的高度，则动摩擦因数就等于该高度与投影长度的比值，如图6-90所示。

教师点拨，启迪思维：

这两种方案都可行，说明大家很有创造的天赋。但在研究"自然休止角"方面，我们用哪种较方便呢？对！有的学生猜到了：第二种方案，因为其误差小一些。

引申分析，启迪思考：

在第二种方案中我们分别测出刚开始滑动时小木块至长木板底端点该线段在水平桌面上投影的长度 l 和小木块离水平面的高度 h ，由于使小木块沿斜面方向运动的分力等于 $G\sin\theta$ （ G 为小木块的重力， θ 为木板与水平面间的夹角），而小木块与木板间的最大静摩擦力约等于刚启动时的滑动摩擦力即 $f = \mu G\cos\theta$ （ μ 为待求的动摩擦因数），小木块刚启动可近似看作缓慢匀速运动，则

$G\sin\theta = \mu G\cos\theta$ 由此可得动摩擦因数 $\mu = \tan\theta = \dfrac{h}{l}$ 。

刚才探究的路堤边坡的"自然休止角"也可以用类似方法求得。只要把路堤边坡看作一个斜面，取斜面上的一土壤颗粒为研究对象即可，量取所研究土壤颗粒到边坡底角尖的长度，再用直尺和三角板量出土壤颗粒离地面的高度 h ，然后计算出土壤颗粒至边坡底角尖的线段在水平面上投影的长度 l ，最后得出自然休止角与土壤颗粒之间的动摩擦因数有关，即 $\tan\theta = \mu = \dfrac{h}{l}$ 。

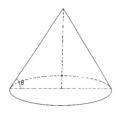

图6-91 自然休止角
的应用

运用这种方法也可以解释日常生活中达最大高度的沙堆为什么都是相同的形状？因为其圆锥母线与地面间的夹角都基本达到了自然休止角，而自然休止角仅与沙粒之间的动摩擦因数有关，而沙粒与沙粒之间的动摩擦因数相同，所以沙堆达最高时都呈现相同的形状，就是这个道理，如图6-91所示。

二、"仙女散花"的奇特现象探究

创设情境，设计实验，引出问题：

准备一只新的保鲜袋，干燥洁净的泡沫板和手帕各一块，一只带有绝缘柄的金

属盘，少许轻薄的纸屑。把保鲜袋套在泡沫塑料板外，用手帕摩擦保鲜袋使薄膜带电。另外小纸屑放在金属盘上，一只手接触金属盘的上表面，另一只手持绝缘柄将金属盘置于塑料袋上。然后将接触金属盘的手指移开，另一只手持绝缘柄迅速将金属盘提起，如图6-92所示。请大家猜想一下：会发生什么现象呢？（实验前，各用具最好在阳光下晒干燥）

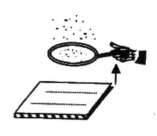

图6-92 "仙女散花"
创新实验

学生积极思考，分析猜想：

众说纷纭，莫衷一是。部分学生认为不会有什么现象发生；有些认为可能有。

家庭实验，实施探究：

学生分别从家中找来器材，实施自主探究，多做几次以得出一般规律。

实验探究结果：（出乎意料）绝大多数学生惊奇地观察到：金属盘上的小纸屑向上和四周飞散开来，犹如仙女散花；少数学生没有得到这一奇特现象。

注意：实验现象有戏剧性效果的关键是所有器具都要干燥和洁净。另外，纸屑宜轻小，最好用日光灯的废旧启辉器中很薄的电容器层间纸剪成（或用很薄的锡箔纸），因为该纸在静电高压下可看作导体。

与猜想结果不相符合，激发起学生更加强烈的好奇心和探究欲望：为什么是这样的呢？

层层设疑，激发想象：

1.为什么金属盘放在塑料袋上时纸屑不会飞起来，而等到金属盘被提起时纸屑才散开？

2.金属盘放在塑料袋上时纸屑没飞起来，而等到金属盘被提起时纸屑才散开，使纸屑散开的能量哪里来的呢？你能从能量角度来解释这个实验现象吗？

引导分析，启迪思维：

1.该奇特的探究实验现象可从电荷间相互作用的角度来解释。研究表明，手帕摩擦塑料袋，塑料袋通常带上负电。将带有绝缘柄的金属盘覆盖在带电的塑料膜上（金属盘与塑料膜间不可避免地存在空隙），如果不用手接触金属盘上表面，金属盘下表面感应出正电，上表面感应出负电，如图6-93（a）所示。手指接触一下金属盘上表面，负电荷便通过手指传给大地，如图6-93（b）所示。然后将接触金属盘的手指移开，另一只手持绝缘柄迅速将金属盘提起，电荷顿时重新分布，如图6-93（c）所示。这时，纸屑带上了同种电荷——正电荷，由于纸屑与金属盘电荷间的相互作用和纸屑与纸屑电荷间的相互作用，因此金属盘上的小纸屑向上和四周飞散开来。

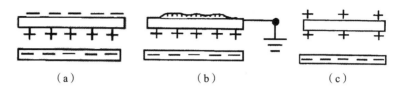

（a）　　　　　　　（b）　　　　　　　（c）

图6-93 "仙女散花"创新实验的原理

2.手帕摩擦塑料袋,塑料袋带负电。金属盘下表面感应出正电,金属盘与塑料袋之间便形成一个平行板电容器。此时一只手接触金属盘的上表面,使其上表面接地,其电势为零,静电场局限于刚才所形成的平行板电容器之间。由于两板间的间距d很小,所以电容量C很大。又因为极板上电荷量Q一定,所以电势差$U = \dfrac{Q}{C}$较小。当将接触金属盘的手指移开,另一只手持绝缘柄迅速将金属盘提起时,d增大,电容量C减小,而此时极板上电荷量Q保持不变,故两板间电势差U增大,金属盘电势由零变为正,它与地之间有了较大的电势差,金属盘上的带电纸屑便在电场力的作用下运动。金属盘与地之间电场能的获得是以人手抬起金属盘克服塑料板施加的电场力做功为代价的。纸屑运动所获得的动能则是以金属盘与地之间的电场能的减小为代价的,毕竟纸屑在飞离的同时带走了金属盘上的电荷。

三、"弹弓效应"的探究

图6-94"小球摞大球"落地反弹的奇异现象探究

创设情境,引出问题:

把一个充满气的小皮球放在一个充满气的篮球的正上方,如图6-94所示,从某一高度处自由下落,撞在硬质水平地面上,它们反弹的高度差不多一样高吗?

学生积极思考,分析猜想:

异口同声地回答:它们反弹的高度差不多一样高,因为两球开始时在一起,释放后都做自由落体运动,处于完全失重状态,仍在一起,反弹后当然还在一起,故反弹的高度差不多一样高。究竟是不是这样的呢?

家庭实验,实施探究:

学生分别找来充满气的小皮球和篮球,双手从侧面捏住,使它们处于小皮球在上、篮球在下的竖直接触状态,然后同时释放,让它们撞在硬质水平地面上,测出两球弹起高度,实施自主探究,多做几次以得出一般规律。

实验探究结果:(出乎意料)两球弹起高度大不相同,出现小皮球反弹高度比篮球反弹高度大许多的现象。

与猜想结果不相符合，激发起学生更加强烈的好奇心和探究欲望：为什么是这样的呢？

引导分析，启迪创新思维：

这个问题比较复杂，解释起来难以理解。我们先通过一个简单的模型类比一下。

假设在光滑的水平面上有两个大小相同的刚性小球，质量分别为 m_1、m_2，以 v_1 和 v_2 的速度运动并发生弹性正碰，碰后速度分别为 v_1' 和 v_2'。根据动量守恒定律，列出下列方程：

$$m_1 v_1 + m_2 v_2 = m_1 v_1' + m_2 v_2' \tag{①}$$

又由于在碰撞过程中系统没有机械能损失，即碰前的总动能等于碰后的总动能：

$$\frac{1}{2} m_1 v_1^2 + \frac{1}{2} m_2 v_2^2 = \frac{1}{2} m_1 v_1'^2 + \frac{1}{2} m_2 v_2'^2 \tag{②}$$

由①式得：$m_1(v_1 - v_1') = m_2(v_2' - v_2)$ $\tag{③}$

由②式得：$\frac{1}{2} m_1(v_1^2 - v_1'^2) = \frac{1}{2} m_2(v_2'^2 - v_2^2)$ 即 $\tag{④}$

④式除以③式，得 $v_1 + v_1' = v_2' + v_2$

即 $v_1 - v_2 = -(v_1' - v_2')$ $\tag{⑤}$

⑤式的物理含义是：两球弹性正碰前的相对速度和碰撞后的相对速度大小相等，方向相反。

利用上述结论可以解释本实验现象：设两球下落高度均为 h，忽略空气阻力的影响，篮球着地前瞬间的瞬时速度是 $v = \sqrt{2gh}$，在瞬间内，篮球与地面碰撞并改变速度方向，为了简化讨论，近似认为地面是刚性面，即充满气的篮球与地面碰撞后反弹的速度大小为 $\sqrt{2gh}$，此时小皮球速度大小也为 $\sqrt{2gh}$，但方向竖直向下，所以小皮球与篮球相向碰撞，碰前相对篮球的速度大小是 $2\sqrt{2gh}$，方向竖直向下。两充满气的球的碰撞也可以近似看作完全弹性碰撞，由⑤式可知：碰后小皮球相对篮球的速度大小仍为 $2\sqrt{2gh}$，只不过方向相反，变为竖直向上。在篮球与小皮球的碰撞过程中，因为篮球质量比小皮球质量大得多，所以可近似认为篮球在碰后速度不变，仍为 $\sqrt{2gh}$（实际上篮球碰后速度略有减小），那么小皮球相对地面的速度就变为 $3\sqrt{2gh}$，根据运动学公式可求出小皮球反弹的高度 $H = 9h$，故出现小皮球反弹高度比篮球大许多的现象。这种创新实验后来被称为"超级球实验"。

实验探究升华：

这种"超级球实验"富有佯谬性的戏剧性的结果，这种现象被称为"弹弓效应"。

现已被广泛应用在空间探测器上。空间探测器从大行星旁绕过时，由于行星的引力作用，可以使探测器的运动速率增大，这种现象被称之为"弹弓效应"。在航天技术中"弹弓效应"常常用来作为增大人造小天体运动速率的一种有效方法。

第十九节　高压屏蔽笼改进、地球自转和量雨器测雨量的探究

一、高压屏蔽笼实验改进

原理：静电屏蔽笼一般用范式起电机提供电源，但实验中发现金属球聚集的电荷量不多，放电现象不明显，电击屏蔽笼效果不好，达不到预期效果。改进后用高压电子感应圈产生高压，可达上万伏电压，使高压电子感应圈的两电极其中一电极通过导线连接屏蔽笼的顶端，另一电极闲置在空中，刚好正对屏蔽网笼。接通交流电源，电子感应圈产生万伏高压，通过电极尖端向金属鸟笼放电，"电闪雷鸣"，而笼中小鸟却安然无恙。这是因为金属网笼能把外电场挡住，使笼内不受外电场的影响，整个金属网笼处于静电平衡状态下，其内部场强处处为零，所以小鸟不会受到高压电击，从而安然无恙。

原装置：如图6-95所示，用范式起电机提供电源，静电屏蔽鸟笼作为电击对象，在静电屏蔽笼下面放置一金属圆板面。但实验中发现金属球聚集的电荷量不多，放电现象不明显，电击屏蔽笼效果不好，达不到预期效果。

图6-95　范式起电机静电鸟笼实验图　　图6-96　高压电子感应圈静电鸟笼实验

改进后的装置：如图6-96所示，用高压电子感应圈产生高压电源，静电屏蔽鸟笼作为电击对象，在静电屏蔽笼下面放置一金属圆板面。使高压电子感应圈的两电极其中一电极通过导线连接屏蔽笼的顶端，另一电极闲置在空中，刚好正对屏蔽网笼。接通交流电源，电子感应圈产生万伏高压，通过电极尖端向金属鸟笼放电，"电闪雷鸣"，而笼中小鸟却安然无恙，效果十分明显。

改进项目操作步骤：

1.使高压电子感应圈的两电极其中一电极通过导线连接屏蔽笼的顶端，另一电极闲置在空中，刚好正对屏蔽网笼；

2.在静电屏蔽笼下面放置一金属圆板面，在静电屏蔽笼网孔上插入两根细竹棍，取两只活鸟置入静电屏蔽网笼；

3.接通交流电源，电子感应圈产生万伏高压，通过电极尖端向金属鸟笼放电，"电闪雷鸣"，而笼中小鸟却安然无恙，如图6-97所示。

图6-97　高压电子感应圈静电鸟笼实验高压电击操作

二、对地球自转的感知

创设情境，引出问题：在天体物理中，人类认识了地球绕自转轴——地轴一刻不停地自转，自转一周的时间大约为24h，那么，你坐在家中，怎样才能感知地球在自转呢？请设计一个实验探究一下。

积极思考，学生尝试设计：观察立杆的影子

有日出的季节里，通过观察立杆影长一天中的变化，从而判断地球在自转。

引导设计，启迪创新思维：有没有更直接，更好的方案？

图6-98　对地球自转的探究创新小实验

取一只玻璃水杯，盛大半杯水放在水平桌面上，在水面上放一根火柴杆，杯口用一片薄玻璃板盖上，再在玻璃板上面放另一根火柴杆，从竖直正上方看去，刚好和下面的火柴杆相重合（如图6-98），间隔一段时间去观察两火柴杆的位置差异。

启发学生猜想：二者方位是否有变化？是否仍保持一致？为什么？

学生积极思考，分析猜想：由于惯性，两火柴杆的方位保持一致。究竟是不是这样的呢？

学生分组实验，实施探究：

学生找来空杯子，装大半杯水，漂浮一火柴杆，杯口盖一薄玻璃片，玻璃片上放一根火柴杆与下面的火柴杆相重合，每隔两小时去观察一次（在实验过程中一直要保持水杯的静止，不许摇动或振动桌面）。

实验探究结果：（出乎意料）二火柴杆的方位不一致。

与猜想结果不相符合，激发起学生更加强烈的好奇心和探究欲望：为什么是这样的呢？

引导分析：

经过两小时后去观察，发现上下两根火柴杆不再重合，两根火柴杆之间出现了一个约30°的夹角。玻璃片上的火柴杆随着地球转动了30°，而水面上的火柴杆则保持原来的方向。为什么是这样的呢？

因为地球自转一圈为24h，自转一圈对应的圆心角为360°，那么自转2h对应的圆心角为$360° \times \dfrac{2}{24} = 30°$，玻璃水杯、玻璃片随着地球自转而运动，故玻璃片上的火柴杆由于静摩擦作用也随着地球的自转而转过30°角，而水面上的火柴杆由于惯性保持原来的静止状态，保持原来的取向，故上下火柴杆出现了一定的夹角，从而说明地球在不停地自转着。通过亲手实验，让学生自主感知到地球的自转，比空洞的说教效果要好得多。

三、量雨器测雨量的探究

创设情境，引出问题：量雨器被认为是最古老的气象仪器，它实际上是一个盛雨的圆筒。如果筒里盛了1 mm水，这表明已降了1 mm的雨，就是如此简单。大多数标准的量雨器都有一个宽漏斗引入圆筒玻璃量杯，而且有刻度，该仪器可测量低于0.25mm的降水，如图6-99显示了该标准量雨器。假定雨相对于地面以速度v垂直落下，那么用该量雨器量雨水，在不刮风或有平行于水平地面的风的两种情况下，哪一种能较快地盛满雨水？

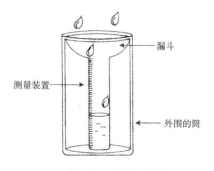

图6-99　标准量雨器

学生积极思考，分析猜想：无风时能较快地盛满雨水；有风时，雨被风吹斜了，落入量雨器的雨水少，故较慢地盛满雨水。

家庭实验，实施探究：

每位学生精心选用家庭用直玻璃水杯，分别在无风或有风下雨时进行实验，多用几个相同的杯子接雨水，仔细观察，进行多次实验探究。大多数学生统计得出"在相同时间内盛雨量相同"的结论（在误差许可的范围内）。

实验探究结论：在相同时间内，量雨器盛雨量相同。

与猜想结果不相符合，激发起学生更加强烈的好奇心和探究欲望：为什么是这样的呢？

引导分析：

量雨器筒中盛的雨水量与筒口面积S、雨水速率v以及时间t有关。在无风季节，雨速竖直向下，垂直于水平地面，如图6-100（a）所示。历时t量雨量为V=Svt。在有风季节，雨水垂直于地面的速度v一定时，刮平行于地面的风使雨相对于地面的速度$v_合$增大，$v_合=\dfrac{v}{\cos\theta}$（θ为$v_合$和竖直方向的夹角）。而筒口相对于雨速的垂直面积变小了，如图6-100（b）所示，$S'=S\cos\theta$。因此相同时间的盛雨量决定于$v_合$和S'的乘积，$v_合\cdot S'=\dfrac{v}{\cos\theta}\cdot S\cos\theta=vS$。在这两种情况下，如果下雨时间相同，则$V=v_合S't=vSt$，故所盛雨水量相同，量雨器同时盛满雨水。

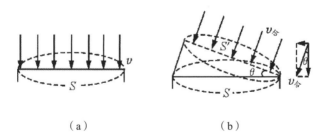

（a）　　　　　　　（b）

图6-100　对不同情况下标准量雨器量雨量的探究

第二十节　倒带、水流旋转探究和舰载机起飞器创新设计

一、磁带录音机的倒带问题探究

创设情境，引出问题：如图6-101是盒式录音机磁带盒的示意图。A、B为缠绕磁带的两个轮子，其半径为r。在放音结束时，磁带全部绕到了B轮上，磁带的外缘半径为R，且R=3r。现在进行倒带，使磁带绕到A轮上，倒带时A轮是主动轮，其角速度是恒定的，B轮是从动轮。经测定，磁带全部绕到A轮上需要的时间为t，则
（1）从开始倒带到A、B两轮的角速度相等所需要的时间是（　　　）。

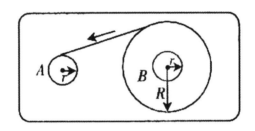

图6-101　盒式录音机磁带盒的示意图

（A）等于 $\frac{t}{2}$ ；（b）大于 $\frac{t}{2}$ ；（C）小于 $\frac{t}{2}$ ；（D）无法确定。

（2）完成理论上的探究推证。

学生积极思考，分析猜想：A、B、C、D选项各有部分学生支持，到底哪一个正确呢？

学生课外分组实验，实施探究：

学生找来一种完全透明的磁带，进行倒带，同时用电子表计时，仔细观察转速，看什么时候A、B两轮的角速度相等？

实验探究结论：

通过仔细观察，有些学生探究得出：历时等于 $\frac{t}{2}$ ；有些得出历时大于 $\frac{t}{2}$ ；有些得出历时小于 $\frac{t}{2}$ 。（该实验误差比较大，学生只能获得粗浅的感性认识，要想弄清楚来龙去脉，启发引导学生实施理论探究）

引导分析：

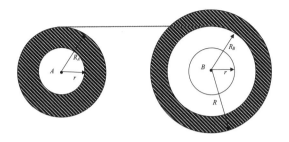

图6-102 盒式录音机磁带工作的原理图

因为A轮是倒带的主动轮，角速度ω恒定，其线速度$v=\omega R$，随着R的增大而增大，A轮、B轮之间通过一传动磁带相连，故两者轮缘瞬时线速度大小相等，B轮轮缘的线速度v_B也在增大。总之，主动轮A轮倒带角速度恒定时，随着时间的推移，两轮轮缘的线速度都在增大。故当两轮半径相等（$R_A=R_B$）时，$v_A=v_B=\omega_A R_A=\omega_B R_B$，两轮角速度才相等，即当$R_A=R_B$时，$\omega_A=\omega_B$（如图6-102所示）。又因为磁带盒中总的磁带长度是一定的，开始时磁带全部绕在B轮上，当$R_A=R_B$时，与空载相比，两轮分别缠绕的磁带量相等，此时把整盘磁带一分为二，A、B两轮各绕总带长的一半，故两轮所绕的磁带长度相等。

巧妙分析，异曲同工：（亦可类比质量问题分析，学生较好理解）

开始时全部磁带绕在B轮上，磁带总质量集中于B轮。当$R_A=R_B$时，两轮所绕的磁带量相等，故两轮磁带质量相等，即$m_A=m_B$，由于磁带本身的密度一定，则此时两轮所绕的磁带长度相等。

因为两轮轮缘的线速度逐渐增大，所以在倒完前一半长度的过程中，磁带走带线速度的平均值比后一半的小，故所需时间长，历时大于$\frac{t}{2}$。

引导学生实施理论探究：

设倒带至A、B两轮的角速度相等时，A、B两轮的半径为$R_A=R_B=R_1$，如图6-102所示。根据以上的分析可知，倒带量可看作图中阴影部分。当$\omega_A=\omega_B$时，必有两阴影部分面积相等，则$\pi R_A^2-\pi r^2=\pi R^2-\pi R_B^2$，即$\pi R_1^2-\pi r^2=\pi R^2-\pi R_1^2$ --①

又因为 $R=3r$ -------------------② 所以 $R_1=\sqrt{5}r$ --------------------③

设倒带过程中A轮磁带每增加一圈，半径增大Δd（不妨设磁带厚度均匀，质量均匀）。

又因为A轮转动的角速度恒定，故A轮转动的周期也恒定。设磁带全部倒完时，历时为t；倒带至总带长的一半时，历时为t_1。

根据倒带圈数与历时成正比，则对A轮（倒带全部倒完时，比例关系式）：

$$\frac{R-r}{\Delta d} = \frac{t}{T} \text{----------④}$$

对A轮（倒带至总带长的一半时，比例关系式）：$\dfrac{R_1-r}{\Delta d} = \dfrac{t_1}{T}$ ------------------⑤

联立②③④⑤可得：$t_1 = \dfrac{\sqrt{5}-1}{2}t = \dfrac{2.236-1}{2}t = 0.668t > \dfrac{t}{2}$

理论探究结论：从开始倒带至A、B两轮的角速度相等所需时间

$$t_1 = \frac{\sqrt{5}-1}{2}t = \frac{2.236-1}{2}t = 0.668t > \frac{t}{2}$$

二、磁悬浮舰载机短距起飞器的创新设计

创设情境，引出问题：

"辽宁舰"航母入列，不仅具有象征意义，还有着振奋士气的作用，更有维护地区和平、延伸中国海洋权益、带动海军大发展的一系列实际意义，可对学生进行爱国主义教育。也可以问："辽宁舰"舰载机歼—15是哪种起飞方式起飞的呢？

学生积极思考，查阅资料，分析回答：

使用的是滑跃起飞的方式。特别感兴趣的学生查资料回答：航母上舰载机的起飞方式有三种：弹射起飞、滑跃起飞、垂直起飞。问题的难度系数比较，一般认为弹射大于滑跃，滑跃大于垂直起飞。

1.弹射起飞：分蒸汽弹射和电磁弹射。其中电磁弹射目前还停留在理论研究阶段。

优点：效率非常高，可以短时间出动大量飞机。而且弹射的重量比较大，可以大幅度的节约飞机上的燃料，使得起飞的飞机可以携带更多弹药和燃料。保护措施严密，也非常安全。

缺点：弹射器的研制是一项非常复杂的工程，这是制约弹射器的最大技术瓶颈。而且弹射起飞也存在一些问题，如蒸汽弹射消耗不少宝贵的高纯度淡水，弹射器的操作，保养和维护都非常复杂，对人员素质要求很高。

2.滑跃起飞：辽宁号航母使用的就是这种方式。

优点：价格便宜，易于实现，结构简单。对飞行员和地勤人员要求相对很低。

缺点：浪费飞机的燃料，而且飞机不能实现全挂载起飞（就是达到最大载弹量时候，滑跃飞机很难起飞）。航母上必须专门设计弧线或者抛物线形状的起飞甲板。

3.垂直起飞：这种起飞方式只有一个国家用过。苏联的基辅级航母。由于该型

航母携带大量的导弹，所以没有地方安放可供滑跃起飞的飞行甲板，于是搭载的雅克式飞机只好垂直起飞。

优点：结构紧凑，占用甲板空间相对少一些。

缺点：专门设计的垂直起降飞机才可以完成。而且燃料消耗惊人：雅克-38起飞一次需要消耗掉飞机里的75%的燃料！飞机喷出的火焰甚至可以把甲板都烧融化了，所以必须在甲板上采取防高温的措施。

启发学生活动：同学们，能不能运用高中知识自我创新设计，制作一个"舰载机起飞"模型？

学生分组实验，实施探究：

大多数学生都设计了模型，下面略举一例。

通过模型可以模拟电磁弹射式的起飞方式。首先学生运用日常废旧物品，基于自己的高中知识设计电磁弹射式模型就是一种大胆创新，我给予了积极鼓励。他们设计的模型照片如下图6-103（a）（b）。

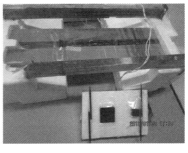

（a）　　　　　　　　　　　　　　（b）

图6-103 "磁悬浮舰载机"的短距起飞器

如图6-103（b）上部分所示，该模型设计运用的原理是利用磁悬浮减少飞行器前进中的阻力。首先锯出两条长木条，在两者之间卡入小磁铁块36块，N极向上，用宽透明胶带紧紧缠绕使之组成一个整体，然后把它嵌入一个大的塑料泡沫底座内。如图6-103（b）下部分所示，取出一个矩形塑料泡沫块，在上面刻出两个凹槽，在其中嵌入两块方形磁铁块，也是N极向上，然后用透明胶带粘好，在矩形塑料泡沫块的两端用透明胶带各粘上两根圆珠笔笔芯，作为滑翔翼，在泡沫块的后端嵌入一个带有扇叶的小马达作为推进器（扇叶由铝合金饮料罐剪成），便构成了舰载机的主体。这样，把制好的矩形塑料泡沫块反扣在36块磁铁块上，N极N极相对，实现了磁悬浮，但发现上下立不住，该怎么办呢？（学生陷入了困境）

（a）　　　　　　　　　　（b）

图6-104　"磁悬浮舰载机"短距起飞器的滑翔翼

教师点拨：能不能用一轨道辅助呢？

学生顿悟：锯出两根矩形木条，在上面通过钉钉子的方式拴上四根细铜丝，细铜丝相互平行，作为滑翔轨道，为了使轨道更光滑，在铜丝上抹上润滑油，在矩形木条内侧上贴上光滑的雪碧瓶塑料壁，再把它们嵌入塑料泡沫底座内，这样，"舰载机滑翔翼"便制成了。圆珠笔笔芯的笔尖便可在两根绷紧的铜丝间自由滑动，即可固定上下方位，又大大减小了摩擦，一举两得，如图6-104（a）（b）所示。

图6-105　"磁悬浮舰载机"整体模型

探究展示：用导线连接小马达、开关与干电池，闭合开关，在磁悬浮的作用下，使"舰载机模型"与"接触面"分离，大大减少阻力，便于"舰载机模型"快速启动，如图6-105所示。

点评：这是我校第二届科技创新大赛中荣获一等奖的一个作品。本次科技创新大赛活动给中学生在自己知识层面上提供一个自主创新设计的平台，激发他们的创新潜能，设计取材于日常废旧物品，虽然简陋，但能激发学生强烈兴趣，能激发起学生更加强烈的好奇心和求知欲，通过对问题的自主探究，遇到疑难，引发学生深入思考，可以使学生品尝探究的曲折与乐趣，从而激发学生对物理学的热爱，使他们义无反顾地投入到物理学科的探究学习中去，更有利于学生核心素养的全面提高。实验探究能够给学生提供一实践的机会，从而培养学生较强的观察能力、动手能力、分析综合能力、团队协作能力、自主创新能力等等。

三、水流旋转成因的探究

（a）　　　　　　　　　　（b）

图6-106　水流旋转成因的探究小制作

探究制作：如图6-106（a）取一个矿泉水瓶，用剪刀剪去上面部分。取一个王老吉铝合金饮料瓶，截取中间一圈，再剪出一个矩形条，用订书机把它们钉在一起，如图6-106（a）所示。然后把铝合金圈嵌入矿泉水瓶中，用带有导线的鳄鱼夹夹住矩形条，作为一个电极，如图6-106（b）所示。再取出两个大的马蹄形磁铁，把它们同名磁极相对并排用宽透明胶带缠在一起，在一个磁极的正中央吸入一个大铁钉，如图6-106（b）所示。向嵌入铝合金圈的矿泉水瓶中注入自来水（含有杂质），再用带有导线的鳄鱼夹夹住铁钉，并依次连接电池组、开关、滑动变阻器、铝合金圈，便组成了一个电路，如图6-107所示（也可以在自来水中滴入几滴红墨水，以提高可视效果）。

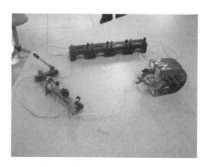

图6-107　水流旋转成因小制作的电路实物连接图

探究操作：闭合开关，请学生们猜想：将会出现什么现象呢？

学生积极思考，分析猜想：不会有什么现象。

家庭制作，实验室探究：

每位学生精心选用一个矿泉水瓶，用剪刀剪去上面部分。取一个铝合金饮料瓶，截取中间一圈，再剪出一个矩形条，用订书机把它们钉在一起，如图6-106（a）所示。然后把铝合金圈嵌入矿泉水瓶中，用带有导线的鳄鱼夹夹住矩形条，作为一个电极，如图6-106（b）所示。分别在课外活动时间去实验室进行实验，仔细观察，进行多次实验探究。学生都得出"矿泉水瓶中的红墨水旋转起来"的结论，有的顺时针旋转，有的逆时针旋转。

实验探究结论：闭合开关，矿泉水瓶中的红墨水便旋转起来。

与猜想结果不相符合，激发起学生更加强烈的好奇心和探究欲望：为什么是这样的呢？

引导分析：

图6-108 辐射状电流示意图

如图所示，当闭合开关时，由于含有杂质的水是导体，整个闭合电路中立即有电流流过，电流从电源的正极流出，流经开关、滑动变阻器、铝合金圈电极，在导电水中形成一辐射状电流汇聚到另一电极——大铁钉处，如图6-108所示，最后流入电源的负极。在辐射状电流流经两个大的马蹄形磁铁N、S极之间时，根据左手定则，每股电流便受到垂直于磁场和电流方向的作用力——安培力，使水流顺时针旋转起来；若改变电流或磁场方向，每股电流受到的安培力将反向，此时会使水流逆时针旋转起来。

第二十一节　漂浮木块运动、钓丝承受拉力和用电保安器探究

一、漂浮木块的加速运动问题探究

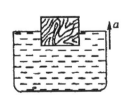

图6-109 漂浮木块的加速问题探究

创设情境，引出问题：如图6-109所示，一玻璃杯中装满水，水面浮一木块，液面刚好与杯口相平齐。现在使杯和水一起竖直向上做匀加速运动，问水是否会溢出？

积极思考，学生分析猜想：会溢出。因为水和木块静止时，木块受到的浮力F和重力G相平衡，合力为零。当水和木块向上做匀加速运动时，木块所受合力向上，浮力F必然增加，根据$F = \rho_水 gV$（V是排开水的体积），V必然增加，所以水将溢出。事实果真如此吗？

学生分组实验，实施探究：学生找来一空杯子，装满水，水面浮一木块，液面刚好与杯口相平齐。然后用手平托杯子使其竖直向上匀加速运动，绝大多数组得出一相同结论，个别组由于操作不当结果不同。

实验探究结果：（出乎意料）水没有溢出。

与猜想结果不相符合，激发起学生更加强烈的好奇心和探究欲望：为什么是这样的呢？

引导分析：

设想在水中取一块体积为V的"水块"，其质量为m，如图6-110所示，它除了受到重力，还受到周围水对它的浮力F。当杯和水以加速度a竖直向上运动时，水块将和周围水一起向上运动，相对于杯子不会有相对运动。

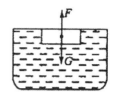

图6-110 漂浮木块的加速问题原理

则 $F - mg = ma$

$F = m(g+a) = \rho_水 V(g+a)$

现在，如果把这一"水块"换成恰好排开水的体积为V的漂浮木块$m_木$，当木块静止于液面时，$F_浮 = G_木$，即 $\rho_水 gV = m_木 g$，$\rho_水 V = m_木$；显然，当杯和水一起竖直向上以加速度a做匀加速运动时，假设玻璃杯中水不溢出，类比刚才假想的水块，木块所受到周围水对它的浮力也应是 $\rho_水 V(g+a)$，则木块的加速度为

$$a_木 = \frac{F_合}{m_木} = \frac{\rho_水 V(g+a) - m_木 g}{m_木} = \frac{m_木(g+a) - m_木 g}{m_木} = a$$

所以木块恰以加速度a向上做匀加速运动，而此时排水量仍为V，分析可知：木块、杯、水三者具有共同的加速度a，整体保持相对静止，故水不会溢出，与实验结果相一致。

巧妙分析，异曲同工：

初状态：因为木块漂浮于水面，所以$F_浮 = G_木$，即 $\rho_水 gV = m_木 g$，$\rho_水 V = m_木$

末状态：当整个装置以加速度a竖直上升时，杯中的水处于超重状态，其视重力加速度为$g' = g+a$，取木块为研究对象，假设木块排开水的体积不变，仍为V，则$F_浮 = \rho_水 g' V = \rho_水(g+a)V$

$F_合 = F_浮 - m_木 g = m_木 a_木$ 即 $\rho_水(g+a)V - m_木 g = \rho_水 V a = m_木 a_木$ $\therefore a_木 = a$

所以木块恰以加速度a向上做匀加速运动，木块、杯、水三者保持相对静止，故此时排水量仍为V，假设成立，水不会溢出。

二、尼龙钓丝承受的最大拉力探究

创设情境，引出问题：用一个质量为1Kg的砝码和一把米尺，怎样才能测出一尼龙钓丝所承受的最大拉力呢？

探究设计与实施：（本设计可由学生自主完成）

先量取尼龙钓丝的自然长度，再把钓丝的一端固定，砝码挂在钓丝中点，使钓丝端点A、C在同一水平面上，沿箭头方向移动C端逐渐增大AC的距离，量出尼龙钓丝断裂时AC的长度，如图6-111（a）。

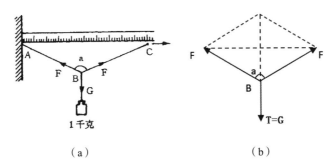

（a）   （b）

图6-111 尼龙钓丝承受的最大拉力探究实验

学生自主探究：

节点B的受力分析如图6-111（b）所示，则

$$\because G=2F\cos\frac{\alpha}{2} \qquad \therefore F=\frac{G}{2\cos\frac{\alpha}{2}}=\frac{mg}{2\sqrt{1-(\frac{AC}{2BC})^2}}$$

三、家庭用电保安器探究

创设情境，引出问题：现代家庭电气化程度越来越高，用电安全是一个十分突出的社会问题。表6-2提供了一组部分人的体电阻平均值数据：

表6-2 部分人的体电阻平均值

测量项目	完全干燥时的电阻（KΩ）	出汗或潮湿时的电阻（KΩ）
手与手之间	200	5
手与脚之间	300	8
手与塑料鞋之间	800	10

问题1：家庭电路上有规格为10A的熔丝（俗称保险丝），如图6-112所示，用电器R的功率是1500W，一个潮湿的人手脚触电，熔丝会不会熔断，能不能起到保险作用？

问题2：如图6-113所示是一种新型触电保安器，变压器A处用相线和零线双股平行绕制成线圈，然后接到用电器。B处有一个输出线圈。一旦线圈中有电流，经放大后便能推动继电器J切断电源。试说明：

①开灯会不会使保安器切断电源？为什么？

②有人"手—地"触电会不会使保安器切断电源？为什么？

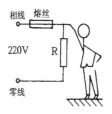 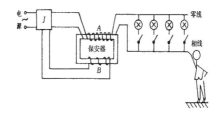

图6-112 家庭用电保安器探究小实验　　图6-113 新型触电保安器探究小实验

探究设计与实施：

学生按照上述电路图连接实物分组实验，实施自主探究。有条件的学校，务必让学生到电工实验室规范操作，利用假人（假人电阻和表中所列电阻相同）模拟该实验，因为照明电路实验有一定危险。如果学校实验条件有限，学生可以实施理论探究，自主计算，自主分析总结。

探究结论：

1.熔丝不会熔断，不能起到保险作用；

2.开灯不会使保安器切断电源（分析见后）；

3.有人"手—地"触电会使保安器切断电源（分析见后）。

引导分析：

1.依题意：$P=1500W$，$U=220V$，则通过用电器R的电流$I=P/U=1500W/220V=6.8A$；对于潮湿的人查表可知$R'=8K\Omega$，则$I'=U/R'=220V/8K\Omega=0.0275A$，所以通过熔丝的电流约为$I_总=I+I'=6.8275A<10A$，故熔丝不会熔断，不能起到保险作用；

2.变压器A线圈双股并绕，正向电流与反向电流大小相等，它们所产生的磁场相互完全抵消，多开灯、少开灯都如此，所以B线圈中无感应电流，保安器的控制开关J不工作，不会自动切断电源；

3.当人"手—地"触电时，相线中电流有一部分直接通过人体流入大地，不从A线圈中回流，造成正向电流与反向电流不再相等，保安器铁芯中有磁通量变化，B线圈有电流输出，保安器开关J工作，自动切断电源（结论和实验相吻合）。

第二十二节　曲线运动速度方向、伽利略斜面和安培力实验

一、塑料花盆底座钢球演示仪

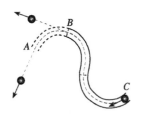

图6-114 钢球塑料管探究小实验

普通高中课程标准实验教科书（人教版）物理必修2第五章第一节《曲线运动》中这样描述："做曲线运动的物体，不同时刻的速度具有不同的方向，怎样确定做曲线运动的物体在某一时刻的速度方向？"教材中是让学生通过观察砂轮磨刀时飞溅出的火花，旋转投掷链球时链球飞出瞬间的运动情景等实例，然后给出一个演示实验，如图6-114 所示，让蘸有墨水的钢球从塑料管中通过，离开轨道后在白纸上留下痕迹进行观察，从而得出"曲线运动中质点在某一点的速度方向沿曲线该点的切线方向"的结论。虽然该操作可行，但钢球在塑料管中运动阻力较大，不太方便。下面本人设计几个演示实验，以丰富之，加深学生对曲线运动速度方向的认识，启迪思维，增强他们的创新意识。

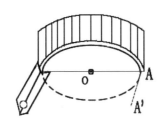

图6-115 塑料花盆底座钢球演示仪

取一个塑料花盆底座，沿某一直径截成两半，取其中一半在圆心处穿一个小孔，如图6-115，在该半圆凹槽左侧，取一个长条形硬纸板并折成直角形状，末端用细线拴接于凹槽左壁。演示时，将半圆形凹槽置于一张大白纸上，并将圆周处滴满墨水，然后把直角硬纸板斜向上托起，让钢球从上端静止释放，钢球滚下时便具有一定的速度，随后沿着半圆形凹槽边缘运动，直至从末端滚出。由于钢球上沾满墨水，便在白纸上滚出一道径迹AA′，如图6-115所示。最后以塑料盘中心处的小孔为圆心，在水平白纸上旋转凹槽，其上墨汁流下便在白纸上画出一个整圆，顿时发现径迹AA′刚好与圆相切。从而得出"曲线运动中质点在某一点的速度方向沿曲线在该点的切线方向"的结论（为了增加其可视效果，整个演示实验可放在投影仪工作台上进行）。亦可剪下3/4塑料圆盘面，重复上述实验，也会收到较明显的效果。

点评：整个装置钢球在开口的凹槽中滚动，大大减小了阻力，使钢球的运动更加顺畅，更加便于操作，更加直观，收到了较好的效果。

二、旋转锅盖演示仪

用锅盖演示仪演示曲线运动的速度方向。把一个小锅盖放在投影仪上，使圆钮

与投影仪面接触，如图6-116所示。再向锅盖内洒入少许水。一长细绳对折双线并绕在旋钮上，两引出线分别紧紧缠绕在旋钮上且互不影响，然后双手快速拉动细绳的两端，对锅盖施加一较大力偶的作用，使锅盖飞速旋转。随着锅盖的飞转，我们便观察到从锅盖

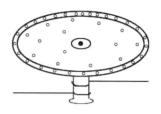

图6-116　旋转锅盖演示仪

边缘甩出小水珠的切向径迹，表明锅盖做圆周运动时，轮缘上各点的速度方向沿该点的切线方向，所以小水珠沿切向飞出。或者使锅盖上蘸上水，手持旋钮将锅盖盖到黑板上快速旋转，水被快速甩出，显示出切向径迹，这些都可以启发学生得出"曲线运动中质点在某一点的速度方向沿曲线在该点的切线方向"的结论。

三、医用输液塑料软管演示仪

取一段医用吊水瓶输液塑料软管，内部充满水，用手拎起一端点O，使另一端在竖直黑板平面内快速旋转，这时我们观察到输液塑料软管内末端的小水珠沿切向飞出，在黑板上形成的径迹刚好沿另一端点A的圆弧轨迹的切线方向，可以更形象直观地反映出"曲线运动中质点在某一点的速度方向沿曲线在该点的切线方向"（或者使塑料软管在水平放置的小黑板平面内

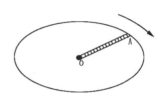

图6-117　医用输液塑料软管演示仪

快速旋转，该方式为水平面内的圆周运动，效果更好），如图6-117所示。亦可用棉线甩水演示之。该组设计更加简洁、明快，便于操作，从而可以提高课堂教学效率，达到了优化课堂教学的效果。

点评：正如我国著名物理教育家朱正元教授所说"坛坛罐罐当仪器，拼拼凑凑做实验"。上述实验设计取材容易，制作简单，操作方便，效果明显、简洁。更为重要的是，这些实验可以作为学生探究实验，让学生在课余时间自己动手完成，探寻规律，或许会碰撞出创新的火花。大发明家爱迪生的创造发明史就是从青少年时代摆弄那些瓶瓶罐罐、试管、药品，进行物理、化学小实验开始的。富有创造性的设计并探索完成一些小实验、小制作，将有助于激发学生的学习兴趣，提高动手能力和科学探究能力，从而增强他们的创新意识。

四、自制伽利略理想斜面演示仪

在高中物理必修1第三章第一节《牛顿第一定律》的教学中，伽利略的理想斜面实验以及由此所创立的科学探究思维方法是人类科学史上最伟大的成就之一，本人觉得让学生亲身经历探究过程，体验科学探究思维方法形成过程，对于中学生物

理核心素养的达成，将会起到潜移默化的作用。基于这个思想，本人在教材伽利略的理想斜面之前设计了一实验如图6-118所示。

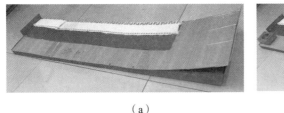 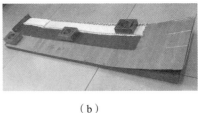

（a）   （b）

图6-118 "三轨道斜面小车"演示仪

图6-118是一个自制的教具——"三轨道斜面小车"演示仪，用宽大的三合板钉在一个木框上做成如图6-118（a）所示形状，创新之处是用一块狭长的三合板弯成弧形轨道，有效解决了右侧斜面与左侧水平面的平滑连接问题，同时弧形弯道较宽，可以使三辆相同规格的实验小车并排前行，如图6-118（b）所示。为了防止在三合板板面上滑行的小车在轨道的末端撞击反弹，我们把其末端的竖立挡板截去一小部分。在右侧斜面上用粉笔画出三轨道的边界线。当从右侧斜面顶端紧贴竖立挡板同时释放小车时，它们同时从斜面滑到水平轨道分别进入三合板、棉布、毛巾三条轨道，最后停下来的位置如图6-118（b）所示，由于三轨道并排同时呈现，对比明显，结果一目了然。实验结论：当水平轨道变得不那么粗糙的时候，小车将越行越远。

这个实验为以下伽利略理想斜面实验做了铺垫，本人在处理伽利略理想斜面实验问题时自制教具，让学生亲身经历探究过程，感受伽利略逐步形成的科学探究思想的绝妙，自制教具如图6-119所示。

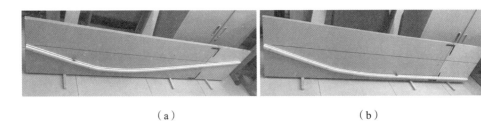

（a）   （b）

图6-119 自制"伽利略理想斜面实验"创新教具

取一根方形塑钢窗帘杆，口朝上弯成图6-119（a）所示形状，用长木螺丝固定在2.6m长的竖直高密度板上，左侧斜面处固定紧两根木螺丝，中间段和右侧段都不固定木螺丝，以便于上下搬动右侧斜面以改变其倾角，为了防止右侧斜面下垂，在右侧两块板的接口左侧竖直线位置自上而下用电钻打几个小孔，里面可以插入一个细长螺丝钉，从而可以把右侧斜面托起。当需要改变右侧斜面倾角时，从右侧小孔中拔出细长螺丝钉，然后再重新插入下一个小孔，把右侧斜面跨放在细长螺丝钉上即可。继续下插细长螺丝钉，在最低处从而可以水平托起右侧塑钢条，如图6-119（b）所示。然后在左侧释放小钢球的初始位置处，自左向右作出一条水平等高线。最后再用三根30cm的横木条做成底座钉在竖直高密度板上以便于竖立放置。这样装置制作完毕。

因为小钢球在硬质塑钢上滚下，阻力很小很小，所以当滚动到右侧斜面时几乎到达相同的高度，改变右侧斜面倾角，继续从左侧相同高度释放，到右侧还是几乎到达相同的高度。继续下插细长螺丝钉，小钢球从左侧相同高度释放，到右侧还是几乎到达相同的高度。干脆放平右侧斜面，小钢球在右侧轨道上将做匀速直线运动，永远运动下去，如果右侧塑钢可以向右无限延伸的话。这个自制实验装置操作方便，效果也比较好。本人有幸在北京市区示范课《牛顿第一运动定律》展示了该探究实验，受到了参会者的一致好评。如图6-120是本人在北京市公开课上课时的情景。

图6-120 自制"伽利略理想斜面实验"创新教具展示

五、安培力创新引课实验

图6-121 自制安培力创新实验

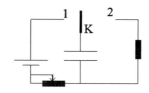

图6-122　自制安培力创新实验电路图

在高中选修教材《安培力》一节中为了激发学生的兴趣，可以设计有趣并震撼的实验引入新课。如图6-121所示，一直流学生电源连接一滑动变阻器并通过一个单刀双掷开关连接好大电容和如图6-123所示的安培力演示仪，其电路图如图6-122所示，图中右侧黑长方形代表安培力演示仪。

图6-123　自制安培力创新实验实物图

如图6-123所示为自制安培力演示仪，取一个长方形铁片，正中间剪去一个圆，然后弯成如图所示的U形，两端吸入两强磁铁块，使正对的两面为异名磁极，在U形铁片的底部圆孔的边缘处焊接上一滚动轴承，再把滚动轴承固定在一长方形木块上，这样拨动U形铁片，可以自由转动，从而可以改变两异名磁极间匀强磁场的方向。取一个圆形木块，上面并排插入两倒U形的硬铁丝，然后把圆形木块通过一木轴固定在图中木制长方形底座上。最后在两倒U形硬铁丝的顶端垂直放上一硬质锡箔纸窄条，在两倒U形硬铁丝的底部立杆上接入红、黑色的导线。

检查连接好的装置，如图6-122电路图所示，先把电键K扳向1，使直流电源给大电容充满电，然后把电键K扳向2，这样便接通如图6-123所示的红、黑色的导线、倒U形硬铁丝、硬质锡箔纸窄条电路，迅速放电，震撼的现象瞬间产生，只听"啪"的一声，硬质锡箔纸窄条腾空而起，这到底是为什么呢？肯定是受到某种力的作用，学完本节知识《安培力》，我们来揭示它的奥秘。这样震撼引课，像磁石一样吸引着学生非学下去不可，非学会不可。在上课的过程中，该实验还可以演示，当旋转U形铁片时，其上面的两异名磁极也跟着旋转，硬质锡箔纸窄条与磁感线不再垂直，腾空的高度要矮一些；继续旋转U形铁片，当硬质锡箔纸窄条与磁感线平行时，无腾空现象，说明此时硬质锡箔纸窄条不受安培力。这样此创新装置还可以演示通电导体与磁感线一般夹角时受力的大致情景，达到了事半功倍的效果。

第二十三节　桥梁中力学探究和平静对流现象感知

一、桥梁中的力学探究问题

创设情境，引出问题：

在学习了力的合成与分解的知识，让学生观察身边的桥，介绍北京颐和园的玉带桥，如图6-124。思考：为什么孔桥的弯曲度很大？

图6-124　北京颐和园的玉带桥

学生积极思考，陷入困惑：沉思不语。

设计创新实验，启迪思维：

取一根宽4cm的亚克力塑料片，截成四段，两两上端用相同的黑色电胶布缠绕，下端用木螺丝固定于长方形木底座的凹槽中，下端固定紧，形成顶角分别为60°和120°的三角形支架，如图6-125（a）（b）所示。演示材料相同，夹角不同的支架承受力压力的情况有什么不同？请一位学生用两手同时施加相同大的力下压黑色电胶布的顶角，感受哪一种容易形变？其他学生观察形变以分析之。

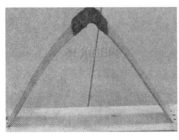

（a）　　　　　　　　　　　　　　　（b）

图6-125　三角支架的力学原理

学生感受到或明显观察到60°的三角形支架形变量小，而120°的三角形支架形变量大，说明前者耐压能力强，所以颐和园的玉带桥高拱形，使顶角减小，可以大大提高桥梁的耐压力，它们的受力分析如图6-126（a）（b）所示。

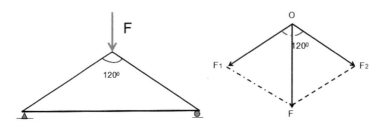

图6-126　三角支架的力学分析（a）

$$F = F_1 = F_2$$

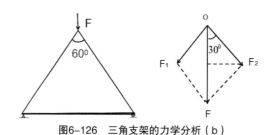

图6-126　三角支架的力学分析（b）

$$F_1 = F_2 = \frac{\frac{F}{2}}{\cos 30^0} = \frac{\sqrt{3}}{3}F$$

所以，三角支架的顶角越小，其承受的压力越小。所以颐和园的玉带桥高拱形，使顶角减小，可以大大提高桥梁的耐压力，

为了提高学生的动手能力，结合日常生活中的身边的桥的知识，设法指导学生制作了斜拉索桥模型，如图6-127所示，斜拉索桥主要由主梁、塔柱、斜拉索三部分构成。

图6-127　自制的斜拉索桥模型

斜拉索部分的力学原理，如图6-128 所示：

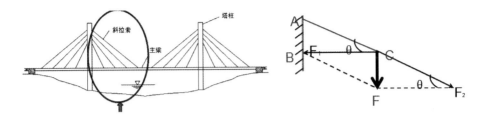

图6-128　斜拉索部分的力学原理

根据力的分解知识可得：

$F_1 = F/\tan \theta$

$F_2 = F/\sin \theta$　所以，当增加塔柱的高度时，可以增大 θ 角，从而减小 F_1、F_2 的大小，提高斜拉索的抗拉性能，延长整座桥梁的使用寿命。

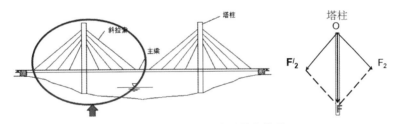

图6-129　塔柱部分的力学原理

塔柱部分的力学原理，如图6-129 所示：

根据对称性原理，塔柱左右两侧的斜拉索施加的拉力 F_2、F_2'，对称的作用于图中O点，桥梁空载（无负荷）时，两侧的斜拉索施加拉力的合力刚好沿着塔柱向下，这样建造牢固宽大的基座尤为重要，可以增加桥梁的稳定程度和安全性能，这些在图6-130中港珠澳大桥的海豚塔的构造中可见一斑。

图6-130　港珠澳大桥的海豚塔

点评：通过学生的观察生活、动手制作、自主探究，使学生对力的合成与分解知识的理解与应用能力得到较好的提升。寓教于乐，学生分组探究热情高涨，在汇报成果时充分暴露自己的迷思概念，在师生、生生融洽的讨论中逐步感悟、提升，潜移默化般培养学生的核心素养。

二、对平静对流现象的感知

创设情境，引出问题：

大家观察过液体剧烈的对流现象吗？

学生积极回答：

观察过，比如在烧杯中烧开水时，或家中用铝壶烧水沸腾时，打开壶盖进行的观察。

启迪思考：

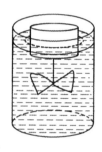

图6-131 平静对流现象的探究实验

大家有没有观察过平静的对流现象？比如给你一杯热水（水温略大于室温），把它置入室温环境中，其中有没有对流现象发生呢？

学生积极思考，分析猜想：

因为水温相差不明显，所以没有对流现象发生。难道真是这样的吗？

引导设计实验，实施自主探究：

取一个圆柱形无色透明玻璃水槽，倒入三分之二的热水。找一个较大的厚塑料泡沫圆板或软木质暖水瓶瓶塞，用一较长的缝衣钢针直接穿入瓶塞中心，钢针尖端朝下。把有色饮料瓶（如绿茶瓶等）剪成"一"字形一对螺旋桨，并放在火上烘烤，使桨面旋转一定的角度，呈倾斜状，如图6-131所示。在"一"字形螺旋桨的正中央位置，用刚才刺下的针尖钻一小孔，在针尖的露出尖端末点焊上石蜡，以防止塑料螺旋桨滑落，然后反复旋转螺旋桨，使其转动灵活自如。最后使整个装置浮于水面，如图6-131所示。学生把整个系统放在室温下的水平桌面上，静坐下来仔细观察，不一会儿，神奇地发现：螺旋桨慢慢旋转起来。

与猜想结果不相符合，激发起学生更加强烈的好奇心和探究欲望：为什么是这样的呢？

引导分析，启迪思维：

几分钟后，轻小的塑料螺旋桨会慢慢转动。这是因为杯口和贴近杯壁的水比杯中心的水凉得快，由于热水的密度比冷水的密度小，杯中心的热水会向上流动，周围温度较低的水会流过来补充，形成水的对流，于是推动螺旋桨旋转起来，这就是平静的对流现象。不过，如果不是通过螺旋桨的转动，杯中水的平静对流现象人们是无法直接看出来的。

第二十四节　研究牛顿第二定律的演示实验装置的改进

研究牛顿第二定律的实验是全日制普通高级中学教科书第一册（必修）的一个重要演示实验。通过随堂演示，探索了加速度与力和质量的关系，学生看后一目了然，不失为一个好实验。它把抽象的物理原理寓于简单的实验之中，达到了事半功倍的效果。笔者在授课过程中演示了该实验，感觉要是能稍稍改进一下，其效果将会更好。现把自己肤浅的想法介绍给大家。

一、原实验装置和操作

图6-132（a）（b）是课本上研究牛顿第二定律的实验装置。该实验的操作方法是用夹子夹住图6-132（b）中两小车尾部的细绳。打开夹子，两车同时运动。关闭夹子，试图使两车同时静止（这一点很难做到）。从图6-132（b）可知，小车尾部的绳子在夹子口处有一个拐点，小车开始运动后，尾部的两根绳子都会向夹口的外侧移动，再闭合夹子时绳子根本不在夹口的范围内，图6-132（c）。因此，做成功这个实验是比较困难的。即使能夹住绳子，由于夹子右侧的细绳向外倾斜，造成打点计时器的纸带略微向外倾斜，所打的点偏离原来位置，致使两车发生位移的测试偏差较大，如图6-132（c）。其次，由于夹子平放在木板上，使夹口处比水平绳子高度低，致使细绳略微向下凹，如图6-132（d）。当夹子张开时，此处绳子会上下振动，将影响其水平移动，也会造成实验误差。

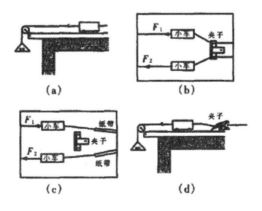

图6-132　原牛顿第二定律的演示实验装置

要想更好的演示该实验，我们不妨对设计方案略做以下修改。

二、改进实验装置和操作

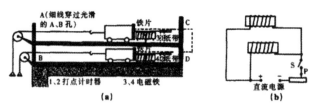

图6-133 改进后牛顿第二定律的演示实验装置原理

如图6-133（a），把装置框架做成上下放置的，改变课本上的左右并列放置。这样两小车的运动情况更便于学生观察。为了杜绝夹口与线绳的摩擦对实验造成的影响，换去大夹子，改用强电磁铁来控制小车的启动。该电磁铁用绝缘塑料夹固定在木板上，并在小车尾部卡上一铁片（或用铁盒小车），电磁铁用图6-133（b）中的直流电路控制。闭合开关S，由于电磁铁的磁性足够强，能够吸住小车，使小车静止。断开开关，电磁铁失去磁性，在左边砝码（包括砝码盘）拉力的作用下，小车向左运动。小车右边的线绳不受摩擦，它拖动纸带运动，使打点计时器所打的点较准确，从而可以减小实验误差。

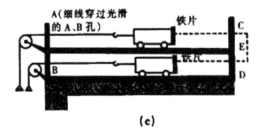

图6-133 改进后牛顿第二定律的演示实验装置

三、讨论

用电磁铁控制两小车保证了同时启动，那么，怎么保证它们同时制动呢？为此在上面小车的尾部挂上一根较光滑的细尼龙丝线，从框架CD的小圆孔穿过，拴在下面小车的尾部，如图6-133（c）中虚线所示，图6-133（a）也有，丝线与CD上的小圆孔几乎无摩擦。实验时把控制细尼龙丝线向右边拉出，把两小车都拉到电磁铁处，被通电后的电磁铁吸引而静止。电磁铁断电后，两车以不同的加速度同时向左运动，直至控制细丝线被拉直的一瞬间，两车同时停止，从而保证了运动的等时性。

为什么两小车会同时制动呢？我们来分析一下。

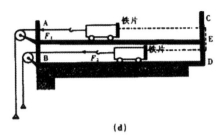

图6-133 改进后牛顿第二定律的演示实验装置原理

砝码跟小车相比质量较小，细绳对小车的拉力可以认为近似地等于砝码所受的重力。断开电磁铁的开关后，两小车在砝码拉力的作用下，以不同的加速度同时向左运动，拉动细丝线CED上下同时向左抽出。因$F_1 > F_2$，所以上面小车的加速度大，于是细丝线CED上面抽动快，上面小车所抽出的细丝线长。但是不管上下细丝线哪个抽动得快，当细丝线被顿直的一瞬间，图6-133（d），两小车同时停止，打点计时器此时在各自纸带的某一位置上累积打点，这是打点记录的最后一点。这样，两小车同时启动，同时制动，保证了实验的等时性。实验时要注意，不要使两车运动的加速度和末速度太大，否则在停止的一瞬间控制细丝线一顿，将给两车较大的冲量，使两车略微反弹回来，影响最后打点的位置，会给实验造成新的误差。

当CED细丝线拉直时，上面小车所受的拉力F_1比下面小车所受拉力F_2大，会不会使两小车系统顿直瞬间在$F_合 = F_1 - F_2$的作用下，上面小车向左，下面小车向右运动呢？实验和理论证明：在该实验中不会。因为在细丝线顿直的瞬间，根据动量定理，上下两绳中拉力急剧增大，使细丝线CED对木板CD向左的压力急剧增大，又由于木板CD外侧较粗糙，此时CD木板对CED细丝线的摩擦较大（虽说细丝线CED较光滑，但实际上也存在摩擦），故瞬间使细丝线CED停下来，而不会使上面小车向左，下面小车向右运动，从而确保两小车同时制动。

如此设计实验，用电磁铁控制小车启动，用细尼龙丝线控制其制动，既可以避免夹口的摩擦，又保证了实验的等时性，可以较好地完成牛顿第二定律的演示实验。

（该论文发表于国家级核心期刊《中学物理教学参考》，后被"人大复印"全文转载）

第二十五节 共享单车、小电扇发电和模拟式多用电表探究

一、模拟式多用电表探究

近几年高考如2007年广东物理单科卷、2006年天津卷、重庆卷、2005年北京卷、辽宁卷、2004年江苏物理卷等等都无一例外地考察了有关多用电表的问题，因此提

高学生对多用表的认识、掌握和灵活运用，对于提升学生的电学实验能力、实验推理能力和高考应试水平都起到举足轻重的作用。所以有必要研究一下多用表，以提高大家的认识。

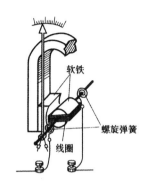

图6-134 探究模拟式多用表的内部构造

多用表是电学实验中应用最广泛的仪表。它分为模拟式和数字式两大类。模拟式仪表应用更为广泛，我们主要谈一下模拟式多用表。模拟式多用表主要有表头、功能选择开关和测量线路三部分构成，表头是由一个磁电式灵敏电流计构成，我组织课外兴趣小组拆开了一个废旧的模拟式多用电表，仔细研究，其内部构造如图6-134所示。灵敏电流计与多用表内部的部分电路接通如下图6-135（a）（b）（c），就可以构成电压表、电流表、欧姆表等多用表的功能专区。此外当接入一些复杂电路如图6-136，还可以完成三极管放大率、音频电平的测量等等，用途十分广泛，所以多用表被人们俗称为"万用表"。下面我们主要研究一下多用表的电压、电流和欧姆表功能区。

（一）电压、电流表功能区

将多用表的选择开关旋转到电压挡或电流挡，多用表内的电压表或电流表电路就被接通，如图6-135（a）（b）所示。测量电压的方法是将多用表通过表笔并联到电路中去。测量直流电压时，应将红表笔接触高电位点，黑表笔接触低电位点。如果接反，表针会向反方向冲击，时间久了指针会打弯，损伤多用表。如果事先不知道电路中某两点电压的高低，则应先用一只表笔接触其中的一点，再用另一只表笔短暂试触第二点，然后快速离开，看表针转动的方向。如果表针反向运动，则需将表笔对换一下，再正式进行测量。测量电压时选择量程很重要，量程选小了，指针强烈冲击，损伤多用表。量程选择太大，固然安全，但多用表的内阻增高，指针偏转很小，不便于读数，也会增大测量误差。如果不知被测两点电压的数值范围，应选用最大量程挡先试测一下，若指针偏转角度太小，则应换接较小量程。

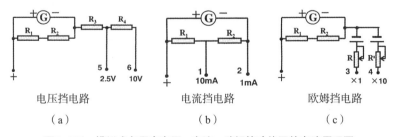

电压挡电路	电流挡电路	欧姆挡电路
（a）	（b）	（c）

图6-135 模拟式多用表电压、电流、欧姆挡功能区的电路原理图

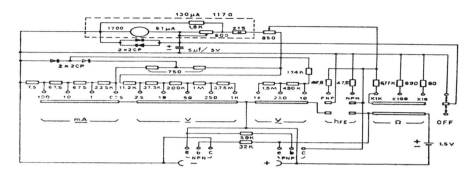

图6-136 模拟式多用表各功能区的电路原理图

测量交流电压时，一般应注意以下几点：（1）被测电压应该是正弦波，这是多用表的要求。所测电压波形与正弦波相差越大，测量误差也越大。（2）被测电压的频率应符合多用表的要求。一般在45～1000Hz范围内测量时准确度可以保证，超出此范围，测量误差增大。（3）多用表测得的交流电压数值是有效值。（4）被测电压中含有交直流成分时，若只测交流成分，就应在表笔探针上加一个耐压400V以上的0.1μF左右的电容（如图6-137）。

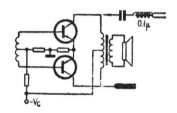

图6-137 模拟式多用表测量交直流成分中交流成分的电路图

测量电流是将多用表通过表笔串入被测电路。在事先不知被测电流大小时，也应选择最大量程，测出大概范围之后，再用适当的量程正式测量。

（二）欧姆表功能区

多用表的欧姆表功能区是最复杂最难掌握的一个专区，这几年高考频繁涉及这部分知识，造成考生失分比较严重。其结构原理图如图6-138，学生应从以下几个方面深层次把握欧姆表。

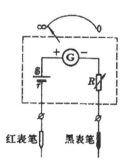

图6-138 模拟式多用表欧姆表功能区的电路图

1.欧姆表的原理：根据闭合回路的欧姆定律

$$I = \frac{E}{R_x + (R + R_g + r)} = f(R_x)$$

则 $Rx = \dfrac{E}{I} - (R + Rg + r)$（R、Rg和r均为定值电阻）

电流I与待测电阻Rx之间存在着——对应的函数关系，因此可以通过电流的测量达到测量电阻的目的。在刻度盘上直接标出与电流I对应的电阻Rx值，可以从刻度盘上直接读出被测量电阻的阻值。由于I和Rx是非线性关系，所以刻度不均匀，由于是减函数，所以刻度方向与电流挡相反。

2.欧姆表的内阻：每次更换档位后，都要进行欧姆表的调零。即红黑两表笔直接接触后，调节欧姆表调零旋钮（或滑动变阻器R），使灵敏电流计指针指向满偏，设满偏电流为Ig。此时如图6-138，闭合回路中的总电阻即为欧姆表的内阻。欧姆表的内阻$R_内$是电池内阻、滑动变阻器有效电阻和灵敏电流计内阻之和，即

$$Ig = \frac{E}{R_内} \qquad R_内 = \frac{E}{Ig} = Rg + R_{有效} + r$$

3.欧姆表表盘的中心刻度值——中值电阻：

两表笔之间接一个多大的电阻Rx，灵敏电流表指针指在刻度盘的中央？假设在某一挡位下，由闭合电路欧姆定律可得：$\frac{1}{2}Ig = \frac{E}{R_内 + Rx}$

$$Rx = \frac{E}{Ig/2} - R_内 = \frac{2E}{Ig} - R_内 = 2R_内 - R_内 = R_内$$

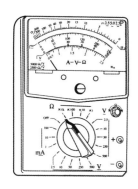

图6-139 模拟式多用表欧姆表的表盘及其他功能区

此结果具有普遍意义，欧姆表的中心刻度值即中值电阻等于它的内阻。研究欧姆表的表盘发现，如图6-139，几乎所有磁电式多用表，欧姆表的中心刻度值都指向"15"，则如果用欧姆表"×100"档，其内阻为15×100=1500（Ω）；用"×1000"档，其内阻为15×1000=15000（Ω），所以不同的欧姆挡位，欧姆表的内阻不一样，这是靠换挡调零时通过调节滑动变阻器R的有效电阻来实现的。

4.欧姆表刻度盘上刻度的特点

第一，刻度盘上的电阻刻度值从右向左由零开始逐渐增大，直至无穷大，与电流刻度值恰好相反。电流的"0"刻度对应电阻"+∞"，表笔开路，回路电流为零，指针不偏转，表明两表笔间电阻无穷大；满偏电流刻度对应电阻的"0"刻度，即表笔短接，指针满偏，表笔间待测电阻为零。

第二，对电流刻度均匀的表头灵敏电流表，其对应欧姆表的电阻刻度是不均匀的。当红黑表笔间接有未知电阻Rx时，有$I = \frac{E}{Rg + R + r + Rx}$，故每一个未知电阻都对应一个电流值I，我们在刻度盘上直接标出与I对应的Rx值，

$Rx = \dfrac{E}{I} - (R + Rg + r) = \dfrac{E}{I} - R_{内}$ ，故所测电阻值就可以从表盘刻度直接读出；分析上式发现：被测电阻与电流成非线性变化，因而电阻刻度不均匀。

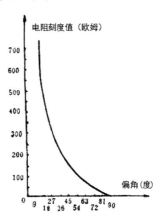

图6-140　电阻刻度值与指针偏角的关系

以图6-134所给的灵敏电流表为例，假设指针的最大偏角为90°（从起始位置算起），电阻刻度值与指针偏角的关系如图6-140所示。此图线直观地说明，刻度盘越往左，相同的刻度间隔的电阻差值越大。

仔细观察欧姆表的表盘刻度线（如图6-139），我们发现：在表盘的右侧，刻线从（0～5）的间隔长度，比表盘中央的（15～20）刻线的间隔长度要大得多，说明其电阻值的非线性分布，同时也与图6-140分析相一致。再仔细研究发现，在刻度盘（0～5）之间，均匀分布着11个小格，每格电阻增量为 $\dfrac{5}{11}$×倍率，这说明该表读数时是在小区域内取平均值，所以表盘中的刻线指示的电阻值只是粗测的电阻值，是某一电阻的粗略值，事实上该欧姆表的精度是比较低的，所以人教版教材中强调是"粗测电阻的欧姆表"。

思考与讨论：

（1）某个欧姆表的电阻刻度值是按电源电动势为1.5V标示的，表头灵敏电流计的满偏电流Ig=10mA。当电动势下降到1.2V时，测得某电阻是350Ω，问这个电阻的实际阻值是多少？

解析：每次测试前，都要对欧姆表进行"欧姆调零"，即将两表笔直接接触，调节滑动变阻器，使指针满偏。由于电源电动势的下降，欧姆表的内阻应相应变小为 $R'_{内} = \dfrac{E'}{Ig} = \dfrac{1.2}{10 \times 10^{-3}} \Omega = 120\Omega$ 。

当表内电源电动势降到1.2V时，测得某电阻是350Ω，这说明两表笔间接被测电阻后，指针指在350Ω刻度线上，350Ω刻度线对应的电流是多少呢？因表盘电阻值是根据E=1.5V刻度的，故应按E=1.5V进行计算。因为

$R_{内} = \dfrac{E}{Ig} = \dfrac{1.5}{10 \times 10^{-3}} \Omega = 150\Omega$ 　所以　$I = \dfrac{E}{R_{内} + 350} = \dfrac{1.5}{150 + 350} = 3 \times 10^{-3} A$

不管电动势是1.5V还是1.2V，只要指针指在350Ω刻度线上，通过灵敏电流表的电流总是3×10⁻³A。题目中描述电源电动势为1.2V时测得

电阻读数为350Ω，但实际阻值并不是此值，假设为R_1，则 $I = \dfrac{E'}{R'_内 + R_1}$

$$R_1 = \dfrac{E'}{I} - R'_内 = \dfrac{1.2}{3 \times 10^{-3}} - 120 = 280\Omega$$

被测电阻的真实值比测量值小，相对误差为 $\dfrac{|280-350|}{280} \times 100\% = 25\%$。

对此问的计算，有些同学很难理解，关键有以下三点：

第一，测试前必须对欧姆表进行"欧姆调零"，这就可以根据电流表的满偏电流和电源的电动势计算出一个隐含条件——欧姆表的内阻；

第二，电阻刻度值与电流值的对应关系，只能按电源电动势的设计值进行换算，而且此时欧姆表的内阻也应该用电源电动势的设计值所对应的内阻；

第三，即使电源的电动势改变了，只要指针指在刻度盘的同一位置上，通过灵敏电流计的电流都相同，这是由多用电表灵敏电流计的表头决定的，准确地说"由电流的磁效应决定"。

为了使问题解决得更透彻一些，再设一问：

（2）某个欧姆表的电阻刻度值是按电源电动势为1.5V刻度的，表头灵敏电流计的满偏电流Ig=10mA。当电源用旧，电动势下降到1.2V时，用这个欧姆表去测试一个真实值R=100Ω的电阻，问这个电阻的测量值是多少？

解析：设测量值为R'，则根据闭合电路的欧姆定律：

$$Ig = \dfrac{E'}{R'_内}; \qquad I = \dfrac{E'}{R'_内 + R};$$

$$Ig = \dfrac{E}{R_内}; \qquad I = \dfrac{E}{R_内 + R'}。$$

联立上述四个方程得：$R' = \dfrac{ER}{E'} = \dfrac{1.5 \times 100}{1.2}\Omega = 125\Omega$　　所以测量值为125Ω。

二、旋转共享单车转轴发电探究实验

创设情境，引出问题：

大家都骑过摩拜单车吧，当你用手机扫码的时候，单车具备智能开锁，甚至GPS定位功能。这些单车的核心部件电子锁要不要供电？如果需要，那么电从哪儿来呢？

学生积极回答：

有的学生回答自行车不需要用电，因为手机扫码手机有电；有的回答自行车里面安装有电源，众说纷纭，莫衷一是，到底是什么样的呢？激发强烈兴趣，使他们产生强烈的探究欲望。

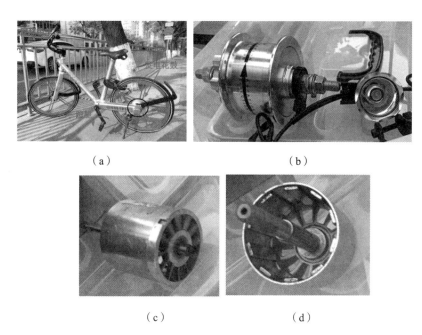

（a）　　　　　　　　　　　　（b）

（c）　　　　　　　　　　　　（d）

图6-141　摩拜单车及其零部件

启迪思考：

大家有没有想过摩拜单车内置发电机，大家课余时间去观察研究一下，看看它是怎样供电的？也可以查阅资料（学生兴趣高涨）。

引导分析，实施自主探究：

教师从摩拜单车公司找了一辆报废的摩拜自行车，让学生从家中自带工具，在教师带领下课余时间实施拆卸，并借了学校总务处机修班的一些专业工具，费了九牛二虎之力，终于大功告成，如图6-141所示。学生兴趣大增，欣喜若狂。

解释原理：

第一代摩拜单车重达25Kg，特别难骑。用的就是骑车发电的方式，全铝机身、橡胶实心车胎、封闭轴传动，其后轮有一个发电花鼓及蓄电池。当用户在骑行时，通过蹬腿带动后轮旋转，滚动的轮轴上缠绕线圈作为转子，相对内部侧壁上的强磁体模块产生相对运动发电，并给内部蓄电池充电，如图6-141（d）所示，所以有时候我们骑这种单车会比较吃力，那是因为蓄电池已经没电了，我们要通过骑行发电来给其充电，当蓄电池充好电后，我们骑行就比较轻松，拆开的发电花鼓如图6-141（c）所示。

三、旋转小电扇发电引课实验

创设情境，引出问题：

在《法拉第电磁感应定律》一节的引课环节中，设计创新小实验，可以使学生耳目一新。"旋转小电扇发电"引课分组实验，首先把输入电风扇的导线插头部分的两金属片分别接入学生的两手指之间，由另一位学生快速旋转电扇扇叶，顿时第一位学生下意识地迅速甩开两手指间的插头金属片，有触电疼痛感觉，引发学生的切肤之痛，终生难忘。这到底是为什么呢？瞬间吸引学生产生强烈的兴趣，产生"不愤不启，不悱不发"的效果。

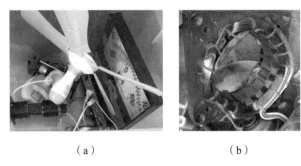

（a） （b）

图6-142 旋转小电扇发电引课实验

实验验证：

如图6-142（a）所示，从小电风扇的输入导线插头两金属片端分别引出两根导线，把它们接入灵敏电流计的正、负接线柱，迅速旋转电风扇扇叶，便观察到灵敏电流计的指针偏转，原来该装置对外输出了电流。这到底是为什么呢？

引导分析，实施自主探究：

拆开一电扇的机头部分，如图6-142（b）所示，同学们顿时恍然大悟。因为在初中他们学过法拉第电磁感应定律的初步知识，这里可以引导学生交流讨论，然后分小组汇报交流。有些小组回答较好：图6-142（b）侧壁上排放了许多小磁铁块，形成了磁场，内部转轴上缠绕线圈作为转子。当一个学生拨动电风扇扇叶使其旋转时，转子线圈便切割磁感线运动产生感应电流，所以手指有触电疼痛感觉，既回忆了旧知识，又引发了新思考，从而产生对高中新知识的强烈的探究欲望，达到较好的引课效果。

第二十六节　物理学中的屏蔽现象探究

不少人有这样的经验：在火车车厢中，如果不是靠近窗口，收音机的收听效果会大大变差。这是为什么呢？原来火车车厢相当于一个大金属容器，它能阻止车厢外部的电磁波进入车厢中去。这就是我们通常所说的屏蔽现象。此外，在钢筋水泥建筑物里收看无线电视节目一般要加室外天线，否则由于钢筋网格的屏蔽作用，将会使电视信号质量变差，这也是屏蔽有害的一面。

随着科学技术的高速发展，天然的和人为的各种电磁波干扰还会对人体造成有害的电磁辐射。为了防止电磁辐射对周围环境的有害影响，必须将电磁辐射的强度减小到容许的程度，或将有害影响限制在一定的空间范围，所以必须要采取各种屏蔽措施。屏蔽措施大体上可分为三类：电屏蔽、磁屏蔽和电磁屏蔽。下面浅谈一下它们的工作原理。

一、电屏蔽

电屏蔽是一个广义的范畴，我们介绍一种最简单的电屏蔽——静电屏蔽。如图6-143，把一个不带电的金属导体ABCD放到场强为E_0的电场中，导体内的自由电子受到电场力的作用，将向着电场的反方向做定向移动，如图6-143（a）。这样，在导体的AB面上将出现负电荷，在CD面上将出现正电荷。导体两面出现的正负电荷在导体内部产生反方向的电场E′，如图6-143（b）。该电场与外电场叠加，使导体内部的电场减弱。但是，只要导体内部的场强不为零，自由电子在电场力的作用下就继续移动，导体两面的正负电荷就继续增多，导体内部的电场就进一步减弱，直到导体内部各点的荷场强都等于零时为止。这时，导体内的自由电子不再做定向移动［如图6-143（c）］。我们把导体中（包括表面）没有电荷定向移动的状态，叫作静电平衡状态。处于静电平衡状态的导体内部场强处处为零。

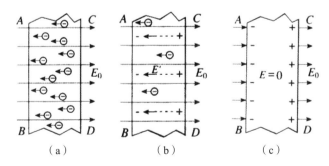

图6-143　静电屏蔽原理示意图

把一个实心导体挖空，变成一个导体壳，在静电平衡状态下，壳内的场强仍处处为零。这样，导体就可以保护它所包围的区域，使这个区域不受外部电场的影响，这种现象叫静电屏蔽。实际在物理学史上，大科学家法拉第曾做过一著名的实验，自己钻进一金属笼中，任凭电击网笼，法拉第却安然无恙，为了纪念法拉第的伟大创举，这个金属网笼被称为法拉第笼。实验说明：不光导体壳，就连金属网罩都可以起到静电屏蔽的作用。进一步的研究表明：导体壳或金属网罩不接地，只能把外部电场遮住，使其内部不受外电场的干扰；而导体壳或金属网罩接地后，既能把外部电场遮住，使其内部不受外电场的干扰，又能把内部电场遮住，使其外部不受内电场的干扰，这是内外双屏蔽现象。

静电屏蔽在实际中有重要的应用。有的电学仪器和电子设备外部套有金属罩，有的通信电缆外面包一层铅皮，有线电视的信号传输线外面包一金属网筒等等，都是用来防止外界电场的干扰，起屏蔽作用的。

二、磁屏蔽

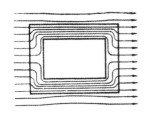

图6-144 铁磁屏蔽原理示意图

如图6-144，一个高磁导率 μ 的铁磁材料制成的屏蔽罩与空腔可看作并联着的两个磁阻，由于空腔的磁导率 μ_0 远小于屏蔽罩的磁导率 μ，其磁阻远大于屏蔽罩的磁阻，于是来自外界的磁感线绝大部分穿过屏蔽罩而不进入空腔内，起到了磁屏蔽作用。要使屏蔽效果更好，可以使用较厚的屏蔽罩或采用多重屏蔽罩（一个套一个）。因此，效果良好的铁磁屏蔽罩一般都比较笨重。

实际应用中一般是用磁导率很高的材料制成容器，把产生干扰的部分（或易受干扰的部分）包起来，使磁场（磁感线）被限制在屏蔽体内和集于磁阻很小的屏蔽体之中（或不能进入屏蔽体内）。图6-145就是用铁氧体或坡莫合金等高磁导率材料制成的壳体容器，通电线圈产生的磁场被限制在壳体内不能辐射出去，这就防止了它对外界的干扰，同时也防止了外界磁场对它的干扰。在一些电信设备中，也常用磁盒将线圈密封起来，效果更好，如图6-146所示。一般的软磁性材料如电工钢板甚至低碳钢板（俗称软铁板）等也都具有较好的导磁能力，而且成本低廉，因此有些电源变压器用厚电工钢板制成的壳体包起来进行磁屏蔽。

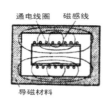

图6-145 铁氧体壳体容器　　图6-146 磁盒密封线圈

可是，磁屏蔽与电屏蔽不同，即使是用导磁金属材料做屏蔽壳，壳体接地与否也不会影响屏蔽效果。当然，这时希望金属材料的磁导率要高。此外，从屏蔽原理来看，如果用良导磁材料作变压器铁芯，使绝大部分磁感线集中于磁路之内，漏磁很少，实际上也起到了屏蔽的作用，这时就不一定非加屏蔽壳不可了。

三、电磁屏蔽

工作于高频的电路或器件周围是有交变电磁场即电磁波辐射的，而且交变电流的频率越高，幅度越大，电磁辐射就越厉害，对周围电路的影响也就越大。这常常是造成干扰的主要因素。由于这种高频电磁辐射既有变化的电场，又有变化的磁场，而且两者密不可分，所以这时采取的屏蔽措施就应该是电磁屏蔽。

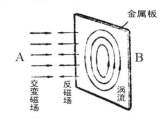

图6-147　电磁屏蔽的原理示意图

用来进行电磁屏蔽的材料都是低电阻金属材料，用这种材料制成屏蔽容器，将被屏蔽的电路或器件密封起来，利用金属材料在高频电磁场中产生涡流，从而起到屏蔽作用。例如在图6-147中，假设A处有高频电磁场（图中只画了磁场），为了减少它对B处的干扰，在AB之间加入金属板。此板与交变磁场方向垂直，则金属板上就会感应出涡流。当原交变磁场增强时，感应出的涡流会产生与原磁场方向相反的反磁场，只要金属板的电阻很小，涡流就会很大，反磁场就强。由于反磁场抵消原磁场的作用，B处的交变磁场就被大大削弱，即金属板起到了屏蔽作用。若把金属板制成壳体容器，把A或B处的电路包起来，屏蔽作用自然更好。

当原高频交变磁场减弱时，感应出的涡流产生的磁场与原磁场方向相同，阻碍原磁场减弱，但阻碍不是阻止，AB之间的合磁场会很快大幅度减弱，故不会干扰B处区域。

这里虽然是从屏蔽交变磁场的角度来说明的，但因为高频电磁辐射中的电场和磁场相互感应，所以对辐射磁场的削弱就是对电磁辐射的屏蔽作用。显然，我们并未要求屏蔽物接地，因为涡流在金属板上流通，与接地与否无关。而为了减小涡流损耗，要求金属材料的电阻率越小越好。如果再把屏蔽物接地，那就同时兼有了电屏蔽作用，所以高频电路中使用的屏蔽壳体总是接地的。

最后，我们来谈一下屏蔽壳的孔洞和缝隙问题。在无线电技术中，被屏蔽的电路或器件，有的需要调整，不需要调整的也要有引出线与其他电路连接，这就要求在屏蔽壳上开孔洞或留有缝隙。这些孔洞或缝隙是否会影响屏蔽效果呢？从电屏蔽的原理可知，不大的孔洞对电容容量的影响不大，所以不会影响电屏蔽。而磁屏蔽则不然，如果缝隙和磁感线平行，则磁感线就会外溢，如图6-148（a），破坏屏蔽作用。只有缝隙与磁感线垂直，而且缝隙较小时，才不致破坏屏蔽效果，如图6-148（b）。

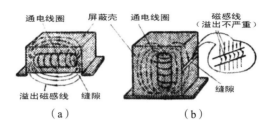

通电线圈　屏蔽壳　通电线圈　磁感线（溢出不严重）

溢出磁感线　缝隙　　　　　　缝隙

（a）　　　　　　　　（b）

图6-148　屏蔽壳的孔洞和缝隙问题

第二十七节　探究"多普勒效应"

一、探究性学习的前期准备

1.探究性学习的前期准备

先简单介绍多普勒效应源于1842年奥地利物理学家多普勒带着女儿在铁道旁散步时，听到火车汽笛声音调变化的偶然发现，启迪学生应留意生活中的物理知识，或许伟大的发现就在自己身边，从而激发学生探索的兴趣。然后让学生预习并自学本节的知识，使学生对该节物理知识具有一定的认识，同时介绍一课外小制作，完成探究性活动的准备工作。

小制作：叫蝉——民间玩具。

图6-149　叫蝉——民间玩具

叫蝉是一种用竹木制作的民间玩具，由鸣蝉（发音体）、细线和甩棒构成，如图6-149所示。转动甩棒，使细线带动鸣蝉做圆周运动，此时将会听到音调起伏变化的鸣叫声（类似蝉鸣）。而且叫蝉分别沿顺时针、逆时针或低速和高速旋转时均能发出不同的蝉鸣声。

制作方法：取一小竹筒，用烧红的细铁钉在竹筒的底部戳穿一小孔，让一细线穿孔系牢。再取一根筷子，在其粗端用刀刻一凹槽，在槽中熔入少许松香，细线的另一端套在凹槽中可以自由转动。用万能胶粘一对透明薄绢作为翅膀，稍加修饰，便制成一叫蝉。转动筷子，使叫蝉绕筷子旋转，此时叫蝉就能发出音调起伏的鸣叫声。

原因解释：声音是由于物体的振动产生的。叫蝉是由蝉体（空腔）、空腔底膜和细线组成。甩棒使叫蝉做圆周运动时，细线被拉紧，细线的一端在棒上的凹槽中转动，由于有松香细末的参与，加大了细线与棒的摩擦，从而通过细线使得竹筒底膜发生振动，膜的振动又推动竹制空腔的空气产生共鸣，便听到了声音。

布置学生课外自己制作"叫蝉"，启迪学生能不能通过设计方案来探究多普勒效应呢?

二、探究性学习实施过程

学生制作完成后,教师带着学生列队到学校操场完成探究性学习。让学生先旋转自己制作的叫蝉,使其发出"知知——"的声音。对于不发声的叫蝉,教师指导学生改进,并让学生汇报自己的探索设计方案。然后,确定探究方案(学生兴奋不已)。

将学生分成10组,选出叫声较响的10个叫蝉做实验。指导学生完成以下问题探究,研究在哪些条件下会发生多普勒效应?(或者让学生做实验并设计方案自主探索研究)

第一种情况:一人在水平面内匀速率快速旋转细线,如图6-149所示,使叫蝉发声,该组的其他同学站在原地仔细听,判断音调是否变化,是否有多普勒效应发生?探究后,学生回答:有。

第二种情况:一人在水平面内匀速率快速旋转细线,如图6-149所示,使叫蝉发声,该组的其他同学靠近或远离叫蝉,判断音调是否变化,是否有多普勒效应发生?探究后,学生回答:有。效果比第一种情况更明显。

第三种情况:一人在水平面内旋转细线,使声源(叫蝉)绕着人做匀速圆周运动,此人在转动轴心处倾听,判断音调是否变化,是否有多普勒效应发生?探究后,学生回答:有。

第四种情况:学生甲在水平面内旋转较长的细线,使叫蝉做匀速率圆周运动,另一学生乙随着叫蝉一起运动,学生乙、叫蝉和圆心始终三点共线,如图6-150所示,判断音调是否变化,是否有多普勒效应发生?探究后,学生回答:有。

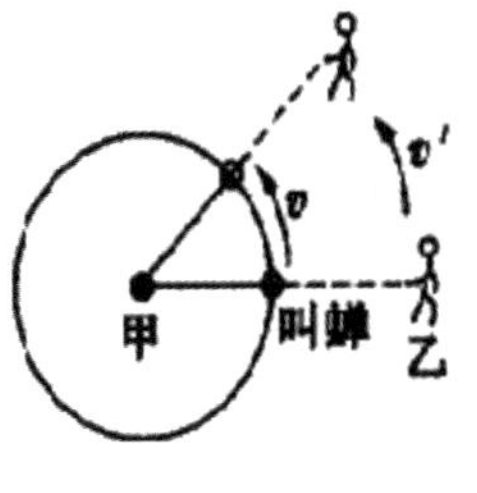

图6-150 "叫蝉"的多普勒效应创新实验

第五种情况:让每组学生拿出事先带来的小录音机,并用粉笔在操场上画出标准圆圈,录音机的喇叭口放在圆心处,使其口朝上放出某一音调的音,每个学生沿着圆圈做圆周运动,判断音调是否变化,是否有多普勒效应发生?探究后,学生回答:无。

每组学生都积极主动地进行实验,仔细感知、分析,沉浸在探究的愉悦之中,在身心愉快中进行学习。等几组实验都完成后,分别让他们汇报探究结果,从而可以培养学生的信息收集处理能力、语言交流表达能力、团队协调合作能力,等等。最后,下课铃响以后,学生们依依不舍地离开了操场。

为什么会发生这种现象呢?让我们一起来仔细探讨其中的原因:

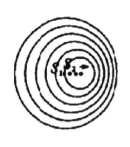

图6-151 "叫蝉"的多普勒效应创新实验原理

设观察者相对于均匀介质不动，而波源相对于均匀介质运动（就像我们站在铁道旁听驶来和驶去的火车的汽笛声），这时波源发出的波的波面如图6-151所示。当波源向右运动时，观察者不动，波源由位置S₁运动到位置S₂，波源右方的波面变得密集，波长变短，左方的波面变得稀疏，波长变长，但波在介质中的传播速度并没有改变。观察者在波源右侧时，在单位时间内接收到的完全波的个数增多，观测频率增大，音调变高；同理，观察者在波源左侧时，其观测频率减小，音调变低。

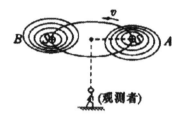

图6-152 "叫蝉"的第一种情况波面原理图

对于上述学生分组实验的几种情况，我们也可以形象地画出其波面来进行分析：

第一种情况：当观测者站着不动时，叫蝉转过去，属于远离观测者，形成的波面如图6-152所示的波面A，观察者单位时间内接收到的完全波的个数减少，观测频率小于波源频率，故音调变低；叫蝉转过来属于靠近观测者，所形成的波面如图6-152所示的波面B，观察者所感知的观测频率大于波源频率，故音调变高。

第二种情况也是如此，所形成的波面如图6-152所示，只不过观测者还在做靠近或远离波源运动，观测者单位时间内接收到的完全波的个数更多或更少，效果更为明显。

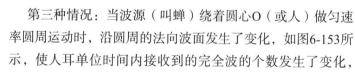

图6-153 "叫蝉"的第三种情况波面原理图

第三种情况：当波源（叫蝉）绕着圆心O（或人）做匀速率圆周运动时，沿圆周的法向波面发生了变化，如图6-153所示，使人耳单位时间内接收到的完全波的个数发生了变化，故音调发生了变化。在这种情况下，波源与观察者之间既没有靠近，也没有远离，却发生了多普勒效应。

第四种情况：人随着叫蝉沿圆周的切向一起前进，匀速率旋转的叫蝉所形成的波面如图6-154所示。在圆的法线方向，人始终与波源S的间距不变（人、叫蝉和圆心始终三点共线），沿圆的法线方向波面发生了变化，故人单位时间内接收到的完全波的个数发生了变化，即发生了多普勒效应。这又是一种人与波源既没有靠近，也没有远离，但能发生多普勒效应的实例。

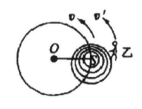

图6-154 "叫蝉"的第四种情况波面原理图

第五种情况：如图6-155所示，以波源为圆心，波在均匀介质中向四面八方均匀传播，人在其中的一个波面上绕着波源做圆周运动，人耳单位时间内接收到的完全波的个数并没有改变，故不会发生多普勒效应。虽然人与波源之间发生了相对运动，但观测频率没有变化，所以不会发生多普勒效应。

图6-155 "叫蝉"的第五
种情况波面原理图

三、探究性学习成果是对课本知识的创新

拓展创新：该探究性实验拓宽了学生的思路，启迪了学生的创新思维。教材中只描述波源与观察者相对运动中的相互靠近或远离会产生多普勒效应。通过探究性学习，同学们提出了一些新的观点：波源和观察者即使没有靠近或远离，也会有多普勒效应发生，如第三、四种情况；即使有相对运动，也不一定有多普勒效应发生，如第五种情况。所以教科书最好略做修改，适当地增加一些定性探讨的其他实例，以丰富学生对多普勒效应的认识深度。

四、探究性学习能激发学生强烈的好奇心和求知欲，使他们提出一些新的问题

学生通过实验探究，兴趣大增，思维的闸门打开，提出一系列新的问题：

例1：小时候捕捉到的真蝉，握在手中，旋转手臂，听到音调发生变化的蝉鸣，是否属于多普勒效应？

分析：蝉靠腹部的振动片振动发声，一般振动频率是一定的，即叫声频率不变。当用手在水平面内摇动它时，观测频率发生了变化，属于多普勒效应。

例2：人耳听到救护车发出的警笛声是否属于多普勒效应？

分析：老式救护车的报警系统是一个可以绕轴旋转的喇叭，置于汽车顶盖上，喇叭口朝前。当报警时，该喇叭口沿水平面绕自身的轴旋转，如图6-156所示。随着救护车的开动，使人们感知的观测频率发生改变，音调发生变化，故属于多普勒效应。

图6-156 老式救护车的报警
系统示意图

新式救护车警笛是什么样的呢？人耳听到新式救护车发出的警笛声是否属于多普勒效应？让学生开展社会实践，走访人民医院，写一篇探究性社会实践报告。如果是，分析原因；如果不是，也要分析原因。

点评：没有探究就没有科学。如果学生初次接触探究性课题，探究性学习可以在教师指导下进行；如果学生多次开展过探究性活动，探究性学习可由学生自己设计完成，以便更好地激发学生自主学习能力，启迪学生的创新思维。总之，教师在

教学过程中要尽最大可能给学生提供必要的科学探究机会，让学生通过社会调查、查阅文献进行自主思维、动手实验等，体验探究过程的曲折和乐趣，发展自身的科学探究能力，提升学生的核心素养。

第二十八节　自制"电磁感应"和"电磁阻尼二极管"演示仪

一、自制创新"法拉第电磁感应"演示仪

图6-157　"法拉第电磁感应"演示仪　　图6-158　"法拉第电磁感应"演示仪和强磁铁

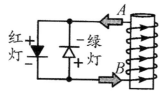

图6-159　"法拉第电磁感应"演示仪电路原理示意图

制作：取一个螺线管接出两根铜导线，把它们直接接在两端反向并联的红绿两个二极管上，取一个圆柱形强磁铁进行实验，如图6-158所示。

操作：在探究感应电流的产生条件时，本人改进了课本上的探究实验，在螺线管的两端点上用铜导线连接两组红绿发光二极管，取代了课本上接入的灵敏电流计，实物图如图6-157所示，电路图如图6-159所示。这样在实验中学生把条形磁体快速插入或拔出时对感应电流方向的判定一目了然，当红色发光二极管亮时，说明该二极管正向导通，产生图示方向的电流；当绿色发光二极管亮时，说明产生反方向的电流，如图6-159所示。该实验可做演示实验，也可以做学生分组实验。

点评：通过这种方式的改进，实验效果特别明显，学生兴趣大增，激发了学生强烈的好奇心和求知欲。通过对问题的自主探究，可以使学生品尝探究的乐趣，从而激发学生对物理学的热爱，使他们义无反顾地投入到物理学科的探究学习中去，更有利于学生核心素养的提高。

二、自制创新"电磁阻尼二极管"演示仪

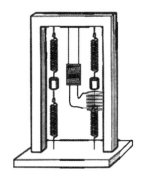

图6-160（a）"电磁阻尼二极管"演示仪　图6-160（b）"电磁阻尼二极管"结构示意图

制作：用细铜丝缠绕成厚厚的铜线圈，并用透明胶带捆扎好，把两端的铜丝线接入红黄两色的多组二极管并联的电路板接线柱上，每组二极管的连接电路图如图6-159所示，把电路板整体挂在竖立的木架上。再取相同的柱形钕磁铁用结实的透明塑料布捆扎好，其两端与两个相同的粗弹簧紧紧相连，这样便制作好了一个弹簧振子，然后把整体穿过铜线圈，并把上下端点固定在木架子上。另一根同样方法制作好的弹簧振子直接对称地固定在木架上。最后把铜线圈用透明胶带固定在右侧的木立柱上，刚好在钕磁铁下端的1cm处，确保钕磁铁上下运动自如，如图6-160（a）（b）所示。

操作：把两个弹簧振子同时向上拨离平衡位置，然后在弹簧弹力的作用下，弹簧振子便上下振动，顿时发现当右侧的振子每穿过铜线圈时，红黄二极管交替发光。对比左右两侧的弹簧振子还发现，右侧的比左侧的先停下来。

这简直太神奇了，学生陷入了困惑：这到底是为什么呢？通过这种方式引课，能调动学生强烈的好奇心和探究欲望。

解释原因：这是一种电磁阻尼现象。当柱形钕磁铁快速插入或拔出时对感应电流方向的判定一目了然，当红色发光二极管亮时，说明该红色二极管正向导通，产生图示方向的电流；当绿色发光二极管亮时，说明铜线圈中产生反方向的电流，如图6-159所示。根据楞次定律，铜线圈中产生的感应电流对柱形钕磁铁有力的作用，"来拒去留"，产生了阻碍钕磁铁和铜线圈相对运动的效果。

第二十九节　磁通量变化是闭合电路产生感应电流充分不必要条件吗

在讲授电磁学知识《电磁感应》时，人教版教材这样描述："只要穿过闭合导体回路的磁通量发生变化，闭合导体回路中就有感应电流"；而教科版教材描述

"穿过闭合电路的磁通量发生变化时，这个闭合电路中就有感应电流产生"。磁通量发生变化是闭合导体回路产生感应电流的什么条件？有些青年教师认为仅仅是闭合电路产生感应电流的充分条件，而不是必要条件，难道还有其他方式可以产生感应电流吗？听课与交流中，不少年轻教师认为：有。他们举出的案例如下：

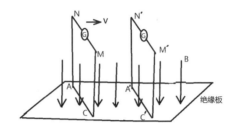

图6-161　自制探究教具

自制探究教具：案例一：自制探究教具如图6-161所示，有一个足够大的绝缘水平板面，空间存在竖直向下的有界匀强磁场，闭合金属铜框ACMN竖直放置，其上部的一半处于磁场的外部，上边框焊上一个微型灵敏电流计G，现水平迅速向右平移铜框，微型灵敏电流计G指针偏转，青年教师认为这是边框AC切割磁感线产生的感应电流，竖直铜框的磁通量没发生变化。所以"磁通量发生变化，仅仅是闭合电路产生感应电流的充分条件，而不是必要条件"，切割磁感线是产生的感应电流的另一个条件，到底是不是这样的呢？

困惑释疑：请看图6-162，由于铜边框MN在有界磁场区外部，对切割磁感线无贡献，图6-161过程可以等效为图6-162情景，边框MN不动，迅速拖动下边框AC至A′C′，则从表面上看是边框MN切割了磁感线，但本质是穿过闭合电路的磁通量发生了变化，增加了AC C′ A′的磁感线的穿过面积，从而增加了磁通量。

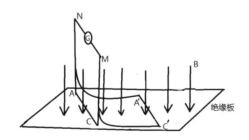

图6-162　自制探究教具原理

该情景可以按照教科书中的方式进一步简化如图6-163所示：铜边框AC在有界匀强磁场中，边框MN在磁场区外部，水平向右整体迅速拖动铜框。

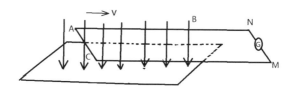

图6-163　自制探究教具原理等效

所以回路有"部分导线切割磁感线运动"时，可以从"回路磁通量是否变化"判断，也可从"部分切割的导线所产生的电动势"来判断，但根据法拉第电磁感应定律本质是穿过闭合电路的磁通量发生了变化，所以法拉第电磁感应定律广义的存在。

自制探究教具：案例二（源于真实探究实验）：如图6-164所示，有一个足够大的光滑铜板水平放置，空间存在竖直向下的匀强磁场，闭合金属铜框ACMN竖直放置，现把下边框AC剪去，仅留下上面三根边框，AC两端点与铜板良好接触，上边框焊上一个微型灵敏电流计G，现在铜板上水平迅速向右拖动铜框，保持铜框竖直并与铜板良好接触并良好接通，则微型灵敏电流计G指针偏转，青年教师认为这是边框MN切割磁感线产生的感应电流，竖直铜框的磁通量没发生变化，为什么会产生感应电流呢？难道切割磁感线是产生感应电流的另一个条件吗？

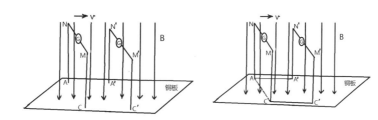

图6-164 三边框铜板实验　　图6-165 三边框铜板实验原理

困惑释疑：如图6-164所示物理情景较为复杂，看着铜框ACMN没有闭合，但实质是通过下部的水平光滑铜板组成了闭合电路，边框MN切割磁感线，哪个平面的磁通量发生变化了呢？原来初态下虚线AC参与上部铜框组成了闭合回路，如图6-165所示，运动过程中AC两端点在铜板上滑动，直至图中A′C′处，这里等效形成了AC C′A′至C′M′N′A′的折叠直角曲面，单看竖直平面ACMN和A′C′M′N′，穿过它们的磁通量都为零，仿佛初、末位置的磁通量没发生变化，但穿过等效折叠直角曲面AC C′A′至C′M′N′A′的磁通量增加了，变化的面积是AC C′A′，故在折叠直角曲面AC C′A′至C′M′N′A′中产生了逆时针方向的感应电流（俯视图），所以从本质上来讲还是穿过闭合电路的磁通量发生了变化。

案例三：在如图6-166所示的装置中，设N、S极中间的磁场是均匀的，矩形线圈H的平面与磁铁AA′面平行并向下移动。有的青年教师说："线圈的BC边切割了磁感线，闭合的矩形线圈中应该有感应电流。"另外的则说："通过线圈H的磁通量在线圈运动过程中没有发生变化，所以矩形线圈中没有感应电流。"到底哪种说法对呢？

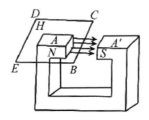

图6-166 U型磁铁与矩形线框的实验

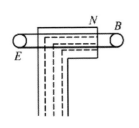

图6-167 U型磁铁与矩形
线框的实验原理

回答是第一种说法对。因为线圈的BC边作切割磁感线运动，产生了感应电动势，所以闭合电路中就有感应电流。若根据穿过闭合电路的磁通量是否有变化，来判断回路中是否有感应电流，上述结论也是对的。因为任何磁感线总是闭合的，在磁铁外部，磁感线从N极到S极；在磁铁的内部，磁感线是从S极到N极。当线圈向下移动时，穿过线圈的磁感线条数也增加了，如图6-167所示。这说明穿过线圈的磁通量发生了变化，因而线圈中产生了感应电流。说线圈下移时，通过线圈的磁通量不变，是不符合实际情况的，所以得出的结论是错误的，所以本质还是穿过闭合电路的磁通量发生了变化。

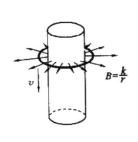

图6-168 长圆柱形磁铁
与圆形铝环的实验

案例四：如图6-168所示，一个很长的竖直放置的圆柱形磁铁，产生一个中心辐射的磁场（磁场水平向外），其大小为$B = k/r$（其中r为距离柱轴的半径）。设一个与磁铁同轴的圆形铝环，半径为r_0（大于圆柱形磁铁的半径），电阻为R，在磁场中由静止开始下落，下落过程中圆环平面始终水平。试求：圆环下落的速度v时的感应电流。

根据题意：圆环所在处在磁感应强度$B = k/r_0$，且圆环的切割速度始终与所在处的磁场垂直，所以圆环的有效切割长度为其周长，即$c = 2\pi r_0$，切割磁感线产生的电动势

E＝BLv＝2kπv，得出感应电流I＝E/R ＝2kπv/R 。

困惑：得出的结论，显然没什么问题，但如果换个角度考虑，将会产生这样的疑问：圆环下落到任何一个位置时，图中所示的磁感线均与圆环平面平行，那么下落过程中穿过它的磁通量保持不变，怎么会产生感应电流呢？难道已经深入人心的产生感应电流的条件有误？穿过圆环的磁通量真的没有变化吗？

判断圆环下落过程中有无磁通量变化，首先我们要研究这个辐向磁场是如何产生的，图中的磁感线是辐射状的，而磁感线应该是闭合曲线，那么磁场的整体分布如何呢？

北京高考理综试卷24题为我们找到了答案。题目是这样的：用密度为d、电阻率为ρ、横截面积为A的薄金属条制成边长为L的闭合正方形框abb′a′。如图6-170所示，金属方框水平放在磁极的狭缝间，方框平面与磁场方向平行。设匀强磁场仅存在于相对磁极之间，其他地方的磁场忽略不计。可认为方框的aa′和bb′边都处在磁极间，极间磁感应强度大小为B。方框从静止开始释放，其平面在下落过程中保持水平（不计空气阻力）。

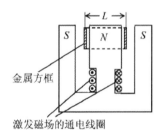

图6-169 装置纵截面示意图

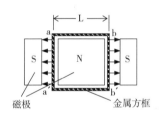

图6-170 装置俯视示意图

题目的第1问是假设磁场区域在竖直方向足够长，求方框下落的最大速度v_m。

方框下落过程中，受到重力G及安培力F的作用。二力平衡时，方框达到最大速度v_m。

这道试题给我们展示了辐射磁场产生的方式，只要我们把中间的磁极由方形变成圆柱形，两侧的磁极做成圆筒形围绕在圆柱体周围，在圆柱体和圆筒间留下缝隙，在磁极的缝隙间就可产生图6-168中所示的由中心向四周辐射的磁场。我们可以大致画出整体的磁场分布情况：

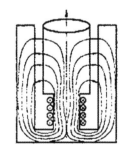

图6-171 装置纵截面磁感线示意图

由图6-171可知，狭缝间的磁感线并不是由中心为起点辐射出去的，而是在磁极内外构成闭合磁感线，由于磁极间的距离很近，磁感线可近似看作是水平的；从俯视图中看起来，这些磁感线好像都是由中心向外辐射的。当套在中心磁极上的线圈向下运动时，磁极外部的磁感线与线圈平行，没有引起磁通量的变化。但中心磁极内部的磁感线却越来越密，使穿过线圈的磁通量越来越大，引起了感应电流。所以图6-168中的感应电流也是由于穿过圆环的磁通量发生变化引起的，开始认为线圈在下落过程中没有磁通量变化，只是考虑了磁场的局部，而没有考虑磁场的整体分布情况，所以从本质上来讲还是穿过闭合电路的磁通量发生了变化。

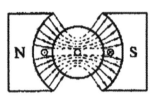

图6-172 磁电式电流表的辐向磁场分布

案例五：高中物理教学要求中，在学习磁电式电流表的工作原理时，要遇到这种特殊的辐向磁场，如图6-172所示，在两磁极间有一个圆柱形软铁，由于软铁被磁化，在磁极和软铁之间就形成了沿半径方向的辐向磁场。

其内部为均匀的辐向磁场，不管通电线圈转到什么角度，它的平面都跟磁感线平行。线圈所在处的磁感应强度的大小都相同。

困惑：若将正负接线柱用导体连接之后，用手晃动电流表。此时，线圈的两对边做切割磁感线的运动，产生感应电动势，进而产生感应电流。此过程中线圈的磁通量始终不变吗？是否可以说，在这种情况下，闭合电路的磁通量未发生改变，但产生了感应电动势？

困惑释疑：这种理解是错误的。如图6-172所示，当逆时针晃动电流表线框时，线圈两边都切割磁感线产生感应电动势（不抵消），根据右手定则，可判定从而产生如图6-172所示的感应电流。但在疑问中，闭合电路（线圈回路）的磁通量始终不变吗？答案是否定的。在这种情况下，闭合电路的磁通量时刻发生变化，所以产生了感应电动势，分析详见图6-173。

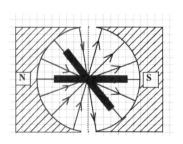

图6-173 磁电式仪表线框的磁通量分布图

为了问题的简化好理解，我们把线圈的铁芯尽可能地缩小，若考虑线圈的铁芯，它具有较好的导磁性，磁感线的规范画法如图6-172所示，这里图6-173画出了大致的情景。电流表中的磁极如图6-173中的左、右半圆所示，带箭头的线表示磁感线，显然，线圈（实心黑色矩形）在图中水平位置处穿过的磁通量为0，当线圈平面向左转或向右转时，在倾斜位置处穿过的磁通量不为0。

若线圈在竖直位置，穿过的磁通量是最大的。当线圈转动时，闭合线圈的磁通量发生变化故而产生了感应电流，所以说本质还是穿过闭合电路的磁通量发生了变化。

案例六：如图6-174所示，一个有明显圆形边界的匀强磁场，圆形边界的半径为R，磁感应强度的大小为B，方向垂直于纸面向里，磁场随时间均匀增加，B=kt (k>0)，磁场中有一个闭合三角形金属框架abc，试分析金属框中有没有感应电流？剪去边框ac、bc，只剩下水平棒ab，问ab两端有没有感应电动势？

图6-174　圆形边界的匀强磁场和金属棒

根据法拉第电磁感应定律：$E = N\dfrac{\Delta\Phi}{\Delta t} = \dfrac{B\Delta S}{\Delta t}$，故闭合

三角形金属框架abc中有感应电流，这种产生的是感生电动势，进而产生了感生电流，没有导棒切割磁感线的运动仍然能产生电磁感应现象，所以磁通量的变化才是本质。那么，有人又有疑问：剪去边框ac、bc，只剩下水平棒ab，ab两端有感应电动势，又该怎样解释呢？

英国大物理学家麦克斯韦深入研究了电磁感应现象，根据法拉第电磁感应定律和电动势的定义推导出：

$$\varepsilon = \oint_L \overrightarrow{E_{旋}} \bullet d\vec{L} = -\frac{d\Phi}{dt} = -\frac{d}{dt}\iint_S \vec{B} \bullet d\vec{S}$$

积分式中S是以闭合回路L为边界的曲面，当回路固定不变时，

$$\varepsilon = \oint_L \overrightarrow{E_{旋}} \bullet d\vec{L} = -\iint_S \frac{\partial \vec{B}}{\partial t} \bullet d\vec{S}$$

因为B即是时间的函数，又是空间变量的函数，所以这里要用偏导数。

麦克斯韦根据研究总结得出：无论有无导体或导体回路，变化的磁场都将在其周围空间产生一种电场，这种电场的电场线是闭合的，称为有旋电场或涡旋场。这里麦克斯韦假想了一个有界曲面，根据法拉第电磁感应定律，找到了穿过该曲面的磁通量随时间的变化率，最终推导出了麦克斯韦方程组中的一个重要方程，这里虽然没有了线圈实体，但某一有界曲面依然存在。这说明对应孤立的金属棒，也要构造一个面，研究穿过这个面的磁通量随时间的变化率，进而用偏导数，微积分求出

感应电动势，这也说明要想产生感应电动势，本质还是穿过闭合面的磁通量发生了变化，磁通量随时间的变化率在电磁感应现象中广义的存在。上述问题也是构造出有界三角形abc平面进行处理的。

综上所述，我认为磁通量发生变化，是闭合电路产生感应电流的充分而必要条件，即是闭合电路产生感应电流的充要条件；磁通量发生变化，也是电路产生感应电动势的充要条件。所以青年教师最好应该多多专研专业知识，拓宽自己对知识认识的深度和广度，厚积而薄发，这样才能在教学中游刃有余，渐入佳境。［该探究设计发表在《中学物理》（中国物理学会物理教学专业委员会会刊）全国中文核心期刊］

第三十节　南北半球马桶下水的旋转方向真的不同吗

图6-175　南北半球河水的漩涡方向

首先观察南北半球河水的漩涡方向，如图6-175所示。

创设情境，引出问题：人们一直认为：南北半球马桶下水漩涡的方向不同，是因为地球自西向东地自转，受惯性作用的影响，南北半球上运动的物体就会有不同方向的偏转，北半球偏右，南半球偏左，于是水流就会产生不同方向的漩涡，如图6-176所示。那么，这个观点真的正确吗？

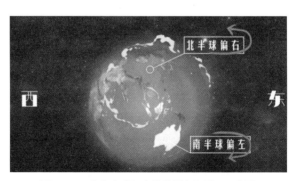

图6-176　南北半球河水的漩涡方向原理示意图

设计实验，实施自主探究：我们学生课外兴趣小组在北京，正宗的北半球做了个实验，如图6-177所示。

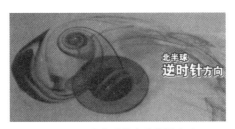

图6-177　北半球的水流漩涡实验

北半球的水流漩涡确实是逆时针的。

那么，南半球真的会是顺时针吗？我联系了一个在澳大利亚生活的朋友，来帮我们完成南半球的实验。如图6-178所示。

图6-178　南半球的水流漩涡实验

实验结果：在南半球，水流有顺时针的，但也有逆时针的漩涡。

与此同时，在北半球的北京又做了几次试验，同样也发现了这个问题。

初步实验结论：水流的漩涡有时候是逆时针，有时候又会是顺时针，旋转的方向和所在的地理位置，似乎没有联系。

激发认知冲突：这到底是为什么呢？激起了学生的兴趣，激发了强烈的探究欲望。

激发深思，引导分析：什么是科里奥利力？

由于地球自转的影响，会产生一种力，科学家把它称作"科里奥利力"。相对我们平时讲的推力、拉力来说科氏力并不是一种真实的力。但是对于地球上运动的物体，特别是流体受到科氏力的影响就非常大。比如说北半球的河流，它南岸（或右边）的河床受到的冲刷就特别厉害；南半球的河流，它北岸（或左边）的河床受到的冲刷就特别厉害，这就因为有科氏力的影响产生的。

仅仅凭借地球自转的科氏力，会对水流方向产生影响吗？

设计创新实验，实施自主探究：实验升级，为了把干扰因素降到最低，我们请来了学校总务处维修组师傅对塑料盆进行改造。在盆底开了个洞，接了根下水管，并且把水管带螺纹的部分剪掉，只留光滑的一段，如图6-179所示。

图6-179　塑料盆无螺纹水管探究实验

将水静置两个小时，由于空气的流动，周围人的讲话，都会影响到水面的波动，所以不能做到绝对的静止，只能尽可能让它静止下来。在脸盆里，加了一些红色的颜料。在脸盆侧壁上端装上微型摄像头进行摄像观察，如图6-180所示。

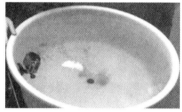

图6-180　微型摄像头塑料盆无螺纹水管探究实验

静置两小时后，拔开底下的塞子。盆子里的水，垂直而下，并没有产生漩涡，如图6-181所示。

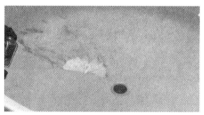

图6-181　微型摄像头塑料盆无螺纹水管探究实验结果照片

实验探究结果：排除掉各种干扰因素，水流并没有产生漩涡，下水方向全程都是垂直往下的。

多次实验发现，只要稍微有一点初始动力，在下水的过程中，作用力会最来越大，最后就会产生漩涡。南北半球的下水漩涡的方向，其实是一样的。

通过科学探究实验我们发现：日常生活中，科氏力的作用就很有限，影响其实是微乎其微的。进一步的研究发现，我们实验中漩涡的形成，除了有科氏力的影响之外，更多的还是受到初始动力，下水道螺旋的形状，还有水池的形状等等，这些干扰因素的影响还会大一些。

点评：这个实验非常有趣，可以培养学生较强的观察能力、分析综合能力、团队协作能力。较好地培养科学思维，并逐步形成"科里奥利力"的物理观念。

［该创新实验探究案例发表于《物理教师》（全国中文核心期刊，中国物理学会物理教学专业委员会会刊）］

第三十一节　探究楞次定律描述和牛顿管、平抛运动实验改进

一、实验探究"楞次定律"的描述

1.如图6-182，实验结果表明：感应电流的方向与原磁场的方向及原磁场通过线圈的磁通量增减有关。当引起感应电流的原磁场B_0穿过螺线管的磁通量增加时，感应电流的磁场B'方向与原磁场B_0的方向相反；当B_0穿过螺线管的磁通量减小时，感应电流的磁场B'方向与原磁场B_0的方向相同。

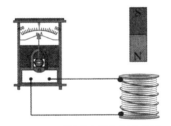　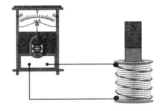

图6-182"楞次定律"探究实验　　图6-183"楞次定律"探究实验磁铁插入螺线管一部分

疑问：对于条形磁铁向下运动的整个连续推进过程中，有些青年教师认为原磁场B_0就是最初态条形磁铁在图6-182位置穿过螺线管的磁场B_0，到底是不是这样的呢？

当把条形磁铁刚放入图6-182位置的一瞬间，螺线管中的磁场确实是最初态原磁场B_0，螺线管中原来无磁场到立即有了磁场，磁通量发生了变化，磁通量增加，根据楞次定律，感应电流的磁场就要阻碍原磁场在螺线管中磁通量的增加，感应电流的磁场B'方向就与原磁场B_0的方向相反。

当条形磁铁插入螺线管一部分时，如图6-183所示，有些青年教师认为此时的螺线管中的磁通量仍是和最初态原磁场B_0在螺线管中的磁通量比较，到底是不是这样的呢？

如图6-184所示，当条形磁铁已经插入螺线管瞬间，令这一时刻为t，在t时刻闭合螺线管电路中已经有了感应电流，周围空间存在感应磁场，磁感线如图6-184虚线所示。当条形磁铁在图6-184位置瞬间，此时存在条形磁铁在此空间的原磁场，磁感线

图6-184"楞次定律"
探究实验原理

如图6-184实线所示，原磁场向下，感应磁场向上，但"阻碍原磁通量的增加并不是阻止"，此时空间的合磁场仍向下，这合磁场就是此时螺线管中的原磁场，该磁场已经不是图6-182所示最初态螺线管中的原磁场B_0了。当条形磁铁从图6-184位置继续插入，磁铁继续下移，磁铁在螺线管中的磁感线增多，空间的合磁场向下增强，感应电流的磁场方向就与原磁场的方向相反，"阻碍磁通量的增加"，从而继续产生新的感应电流。所以，一旦闭合回路中产生了感应电流，螺线管空间的磁场就是原场与感场的复合场，这一点不能混淆。后面该怎样判断感应电流方向呢？需要重新界定一个时刻t'，在t'时刻之前瞬间的复合场看作"原场"，在t'时刻之后瞬间看螺线管中的复合场相对于"原场"如何变化？根据楞次定律中的"增反减同"，进而可以成功地判定变化过程中螺线管中感应电流的方向。所以有些青年教师认为此时的螺线管中的磁通量仍是和最初态原磁场B_0时的磁通量进行比较，这种观点是错误的。

条形磁铁拔出过程也是如此。

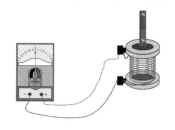

图6-185 "楞次定律"的合磁通量问题

2.法拉第电磁感应定律中，此磁通量的变化率是指原磁场磁通量的变化率还是合磁场磁通量的变化率？

点拨：应该是所有磁通（包括感应磁通）的变化率，即合磁场的磁通量的变化率，如图6-185所示。

到底是不是这样的呢？

让我们用大学知识来分析一下：

法拉第总结了感应电动势与磁通量变化之间的关系，得到了法拉第电磁感应定律。

内容：导体回路中的感应电动势的大小与穿过导体回路的磁通量的变化率成正比，写成等式：

$$\varepsilon = -k\frac{d\varphi_m}{dt}$$

在 SI 制中 k =1

负号表示感应电动势总是反抗磁通量的变化。

由 $\varphi_m = \iint_s \vec{B}\cdot d\vec{S}$ 求回路中的磁通量；这里磁感应强度B是$B_合$，所以磁通量也为合磁通量。

若有N匝线圈，它们彼此串联，总电动势等于各匝线圈所产生的电动势之和。

设每匝的磁通量为 φ_1、φ_2、φ_3，则有：

$$\varepsilon = -\frac{d\varphi_1}{dt} - \frac{d\varphi_2}{dt} - \frac{d\varphi_3}{dt} \cdots$$

$$= -\frac{d(\varphi_1 + \varphi_2 + \varphi_3 + \cdots)}{dt}$$

磁通链数（磁链）：

$$\psi = \varphi_1 + \varphi_2 + \varphi_3 + \cdots$$

$$\varepsilon = -\frac{d(\varphi_1 + \varphi_2 + \varphi_3 + \cdots)}{dt} = -\frac{d\psi}{dt}$$

若每匝磁通量相同：

$$\varepsilon = -\frac{d\psi}{dt} = -N\frac{d\varphi}{dt}$$

对于感应电流、感应电量的进一步分析：

回路中的感应电流$I_感$：

$$I_感 = \frac{\varepsilon_i}{R} = -\frac{1}{R}\frac{d\varphi_m}{dt}$$

因为感应电流又可表示为：

$$I_感 = \frac{dq}{dt}$$

$$q = \int_{t_1}^{t_2} I_感 dt = -\frac{1}{R}\int_{t_1}^{t_2}\frac{d\phi_m}{dt}dt$$

$$= -\frac{1}{R}\int_{\phi_{m1}}^{\phi_{m2}} d\varphi_m = \frac{1}{R}(\varphi_{m1} - \varphi_{m2})$$

这里更能说明磁通量分别为初、末状态下的合磁通量。所以在法拉第电磁感应定律中，磁通量的变化率指的是合磁场磁通量的变化率。

二、自制创新牛顿管演示教具

图6-186　自制创新牛顿管演示教具图　　图6-187　自制创新牛顿管演示教具操作展示

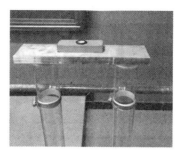

图6-188　水准仪测试牛顿管顶部等高

制作：制作一个大型金属钢管架子，在水平横梁上用细铁丝固定金属环扣，为了防止金属环扣损伤牛顿管玻璃管壁，首先在玻璃管壁上用双面胶连续缠绕三圈，再轻轻扣上金属环扣，然后把一个长方形薄木板跨接在两个牛顿管的顶上，用水准仪平放在薄木板上进行测试，确保牛顿管的顶部等高，如图6-188所示。在金属架的下部安装一个水平木条以固定牛顿管的下端，最后在整个装置的后面固定一个黄色衬板以便于观察白色羽毛和金属片的下落情景，如图6-186所示。

教师介绍：自制改进的牛顿管演示仪如图6-186所示。两个牛顿管并行竖立便于进行对比观察，顶部等高，黄色衬板便于观察白色羽毛和铁片，顶上的小磁铁吸住了铁片，同时铁片压住了羽毛。

演示操作：用抽气机抽气三分钟，然后关闭牛顿管下端的铜制阀门，确保右侧管抽成近似真空，双手同时迅速移去顶部的磁铁，确保两管中羽毛和铁片同时释放，找一位学生用手机慢动作录像。实验后首先完成手机与电脑、大液晶显示屏同步，当堂回放慢动作录像如图6-187所示：右侧管抽成近似真空，管中的白色羽毛和铁片没有分离，一起下落；左侧空气管中的铁片在下，羽毛在上，已经分离了。而且右侧管中的羽毛和铁片整体下落得快一些，慢动作回放，一目了然，更便于观察许多直接观察不到的细节。

点评：改进的牛顿管演示仪，对比明显，效果清晰，慢动作回放，一目了然。学生观察时屏气凝神，兴趣倍增，达到了较好的演示效果。

三、使用数码摄像机模拟频闪仪改进平抛运动实验

（一）问题提出

平抛运动是中学物理中的一种重要运动形式，高中教材介绍可用频闪照相技术得到平抛运动物体运动的频闪照片，从而对平抛规律进行研究。由于频闪照相仪价格昂贵，中学的实验室中往往没有配备这种仪器，因此我们在教学中只能拿一些现成的频闪照片进行研究。近年来，已有很多介绍利用数码相机、Photoshop、Macromedia Flash等工具模拟频闪仪获取频闪照片的文章。下面将介绍一种更简便、直

观、易操作演示的方法。

（二）实验装置

家用数码摄像机及支架（带摄像功能，这里选用松下FZ-18）；平抛运动实验器，如图6-189（包括小钢球、铅垂线）；计算机（用于数据处理，装有超级解霸、office2007等常用软件）；相机数据线或读卡器。

图6-189　平抛运动实验器

1.松下FZ-18相机主要功能介绍

（1）本文主要用到图像模式中的30fpsVGA选项进行录像，fps为"帧每秒"，30fps即可以在1秒钟内拍下30张图面。

（2）"从动态影像中创建静态影像"功能可以从所录制的动态影像中创建静态影像，时间间隔可选为1/30s、1/15s、1/10s、1/5s（1/30s即为按帧查看，1/15s为跳过一帧查看），使用此功能可以仔细看清楚运动物体的图像，在实验后查看所录影像是否合格、是否需要重新进行实验。使用此功能每次也可在相机内创建静态影像，但是大多数相机不具备此功能，故在此不再叙述。

2.超级解霸介绍：版本3500.2.1

经典菜单（图6-190）

图6-190　超级解霸经典菜单

（1）单帧播放按钮：每按一次，影片向前播放一帧，连续按下便可进行"慢镜头"播放。

（2）单张截图按钮：按下便可得到一张静态图片，实现将动态影片转换为静态图片。

3.相机数据线或读卡器：将影片从数码摄像机转存至计算机中。

（三）操作步骤

1.将平抛运动实验器放在实验桌上，利用铅垂线，调节底座使方格板处于竖直面。调节斜槽使其末端处于水平。将数码摄像机安装在支架上，进入动态影像模式（即摄像模式）转动变焦杆，进行变焦，使整个方格板能够在相机LCD监视器上显示，从而能够录下整个平抛运动。

2.按下快门按钮开始录像，释放小钢球使其做平抛运动。小球落地后按快门结束录像。

3.使用"从动态影像中创建静态影像"功能将录制的动态影像的全部帧显示为静态影像，间隔可选为1/30s，查看录像是否清晰，不清晰可重做实验（不具备此功能的相机可以在计算机中对影片进行查看）。

4.通过数据线或者读卡器将影片转存至计算机中进行处理。

5.实验时应注意的问题

（1）方格板要处于竖直平面内，斜槽末端要保持水平，拍摄时使用三脚支架固定摄像机以保证相机的稳定，并使镜面与方格板平行。转动变焦杆，进行变焦，确保小球运动轨迹的范围应略小于相机取景范围，这样才能获得更多的图片。

（2）钢球和方格板的颜色反差尽量要大，这样更有利于拍摄和观察，拍摄时光源既要为摄像配光同时也要有利于学生观察实验，所有光源均应配装合适的灯罩，以防光线直射数码相机镜头或学生的眼睛。

（四）图像数据处理

1.将动态影片转换为静态图片

超级解霸的连续抓图功能，可以将动态的影片转换为静态的图片，但只支持几种常见影像格式如VCD、DVD或者MPEG1标准的MPG以及DAT、VOB格式文件。其他的一些格式如MOV/ASF/RM/AVI都不行，松下FZ-18拍摄的影片为MOV格式，我们可以利用超级解霸的单帧播放及单张截图功能进行转换，具体操作如下。

（1）用超级解霸打开平抛运动录像，刚开始播放时按下"暂停"键，通过水平时间控制轴将录像调节至小钢球刚离开轨道末端的时刻，按下单张截图按钮，便可保存下第一张图片，命名为01。

（2）按一次单帧播放按钮，影片进入到下一帧，再次按下单张截图按钮，保存第二张图片，命名为02，重复操作至小钢球离开镜头。

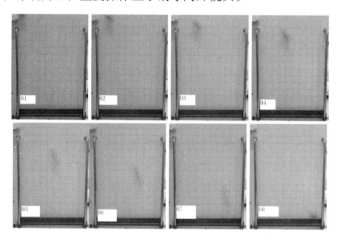

图6-191　钢球平抛运动的8张静态图片

（3）图6-191为钢球从离开斜槽至落在底端过程中的8张静态图片。

观察以上图片会发现，图片中的钢球都拖有"尾巴"，这是由于相机快门速度慢导致的，提高快门速度即可。由于很多家用相机不能进行光圈快门的控制，这时解决的主要方法有：提高拍摄环境的亮度和提高感光度（ISO）设定。如果还不能解决问题，可以使用曝光补偿，以照片曝光不足为代价，来提高快门速度。对于课堂上的演示实验来说，这样的照片更加具有"动感"，通过这些"尾巴"更能反映出钢球的运动趋势，而且更加方便我们在后面描绘钢球的运动轨迹。

2.将静态图片进行"叠加"

双击图片设置图片格式，选择"版式"菜单，依次将8张图片的"环绕方式"选项为"浮于文字上方"，这样就可以把8张图片重叠放置在一起。使用图片工具栏中的"裁剪"命令将图片中的空白部分裁掉，只留下带有小球图像的部分，将这些图片进行组合，得到如图6-192所示的组合图片，通过"画图"程序保存为BMP等图片格式，如图6-193。

图6-192 8张静态图片的组合图片　　图6-193 组合图片的BMP等图片格式

（五）演示实验优点

1.实验不需要选择较大的幕板，只需要实验室中的平抛运动实验器，仪器选择简便。

2.通过"慢放"或者"频闪照片"，观察钢球的运动轨迹，使教学更加的生动具体，有助于学生对平抛运动规律的认识，教学活动更直观。

3.图片处理选用更普及的处理软件而非专业图片处理软件Photoshop、Macromedia Flash等，更容易操作演示。

四、研究平抛运动实验的改进——硬木板描迹法

实验目的：研究平抛运动—获得运动轨迹

实验器材：小球末端水平的斜槽轨道、坐标纸、铅笔、木板、图钉、刻度尺

实验装置：如图6-194所示。

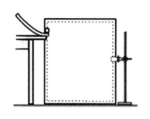

图6-194 研究平抛运动的实验装置

实验步骤：

1.将斜槽轨道放在实验桌上，调整轨道末端水平并探出实验桌；

2.贴近斜槽末端放一竖直木板，用图钉把坐标纸钉在木板上，检查坐标纸的竖线是否竖直；

3.在坐标纸上确定抛出点O的位置；

4.标记起始位置，让小球多次从同一位置自由滑下；

5.用铅笔准确确定小球通过的若干位置，即使用小球碰笔尖的方法确定小球经过的位置。

6.用平滑曲线画出小球做平抛运动的轨迹。

改进分析：本实验在实际操作过程中，使用小球碰笔尖的方法确定小球经过的位置优点是原理简单，器材易取。不足在于：小球易落空，不与笔尖发生碰撞，确定一个位置往往需要许多次实验；即使小球与笔尖发生了碰撞，这种碰撞通常不是正碰，那么记录的小球位置就不是小球球心的位置，造成实验数据不准确，得到的小球轨迹不很精确。为此，我们可以进行改进。

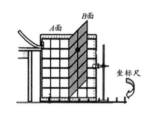

图6-195 研究平抛运动实验装置的改进

实验装置：如图6-195所示，先将原白纸改为画有方格的硬质坐标纸，如图中A面，然后在A面的下端固定一个坐标尺，再取一张与A面相同的坐标纸固定在轻质硬木板上，与第一张坐标纸垂直放置，使两张坐标纸的横向方格线对齐，坐标纸B应该可以在底端的坐标尺上前后自由滑动，坐标尺可以记录坐标纸B的位置。

实验步骤：

1.将B固定在一个位置，从坐标尺读出其水平坐标；

2.让小球从确定位置滚下与垂直坐标纸B碰撞，B坐标纸左面紧贴一张复写纸；

3.可通过A坐标纸记录下碰撞痕迹的位置坐标，从而获得小球的纵坐标；

4.移动坐标纸B，重复以上实验，记录下其他位置坐标。

改后优点：小球每次都会在垂直坐标纸上打出一个点，确定一个位置，不会落空，提高了实验的效率；每个痕迹的横坐标可用坐标尺准确读出，纵坐标可通过坐标纸A读出，这样记录的每个位置坐标都能较准确的记录。

五、研究平抛运动实验的改进——数码相机流体记录法

实验目的：研究平抛运动—获得运动轨迹

实验器材：玻璃容器、水、导气细管、出水细管（可用损坏的酒精温度计的玻璃管代替）、气泡水准仪（用于调节出水细管或注射针头的水平）、金属坐标板、油性记号笔、重垂线、刻度尺等。

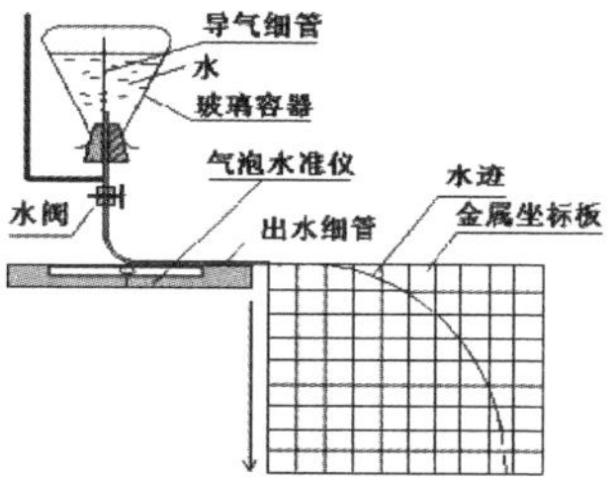

实验装置：如图6-196所示。

实验步骤：

1.在玻璃容器中加入适量的清水，按图6-196所示的示意图，把所需要的器材全部装配好。

图6-196 研究平抛运动实验
装置的改进

2.调节水准仪，使固定在水准仪上的出水细管处于水平状态。

3.利用重垂线，固定好金属坐标板，使连接出水细管口的水平坐标线为X轴，使垂直出水细管口的竖直坐标线为Y轴。

4.打开水阀，使水从细管口水平射出。待水的流动稳定后，迅速用油性记号笔沿水的流动轨迹描绘在坐标板上。

改进分析：本实验在实际操作过程中，要描点并记录水流轨迹所记录的点数越多越好。由于容器小，水流快，水会很快流干，影响实验效果，为此，我们可以进行如下改进：

实验器材：增加一个数码相机。

改进说明：通过数码相机来记录流水的轨迹，即准确又迅速。

改后优点：可以很快完成实验，有利于节约课堂时间；通过数码相机可以很准确的记录流水的轨迹，避免了复杂的描点作图过程。

第三十二节 受迫振动、光导纤维、气体惯性制作和"类天平"探究

一、受迫振动与共振演示仪

器材：硬泡沫塑料一块，竹篾条5根，相同的小塑料夹5个。

制作：将5根长度不同的竹篾条垂直插入硬泡沫塑料块，在每根竹篾条上夹一只小塑料夹，使各小塑料夹的高度不同，如图6-197。

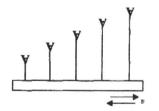

知识链接：受迫振动与共振。

图6-197 受迫振动与共振
演示仪

探究操作：手拿硬泡沫塑料块使其沿水平方向左右往复振动，振动频率逐渐增加，可以看到每次只有一根竹篾条振动最剧烈，引起了共振，而且振动得越快，共振的竹篾条越短。

点评：课外实验设计应遵循趣味性强、取材容易、制作简单、经济可行的原则。基本以课本知识为切入点，可适当做些引申和拓宽，以丰富学生的知识面，提升他们热爱科学的志趣。

二、自制"光导纤维"演示仪

器材：手电筒一支，有不透明密封盖的无色透明空玻璃瓶一个，硬的黑色纸若干张，剪刀一把，水盆一个，适量的水，大、小铁钉各一枚，透明胶水一瓶。

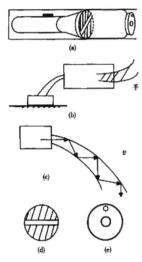

图6-198 自制"光导纤维"演示仪

制作：如图6-198（d），用剪刀剪一个留有长方形缝隙的圆形纸片，贴到手电筒玻璃片上，形成一平行光源。在大瓶盖上用铁钉钻出一大一小两个孔，大孔在中间、小孔钻在边上，如图6-198（e）。用硬的黑色纸卷成圆筒，包住瓶子和手电筒，如图6-198（a），注意后面不能透光，如图6-198（b），有必要的话可在手上缠一块布。

知识链接：光的全反射、大气压强等。

探究操作：在夜晚，瓶子里装满水，关掉电灯，打开手电筒。把瓶子斜着拿在手中，地上放个脸盆。根据大气压强的知识，瓶盖上有一进气小孔，可以保证水不断从大孔流出（连通器原理）。手电筒上光柱呈水平射出，可防止光线进入小孔，让光只从大圆孔射出。在漆黑的房间内，把手指放在水流中，靠近孔洞，就会看到光照射在手指上。通过瓶盖上的大孔所流出的水沿曲线流动，不妨沿着这条水流的曲线移动手指，光仍然照射在手指上，甚至当水流弯曲90°时，光依然照亮手指。光被禁闭在喷流内，发生了全反射现象，所形成的光路图如图6-198（c）所示。

应用：光导纤维、小手电筒光纤玩具（"满天星"，如图6-199）、灯光照射下的色彩缤纷的喷泉等等。

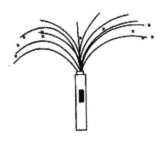

图6-199 小手电筒光纤玩具

三、"类天平"创新小制作

器材：两根大头针、一块软木、一块木头、两片玻璃、一根织毛衣钢针、一支温度计、一把小刀（或一片剃须刀片）。

制作：按图6-200将织毛衣钢针插入软木中，要插在软木的中心，使两边露出的长度完全相等。在软木两端切去两块半圆柱。将两根大头针按入软木中，应保持完全对称。把一块木头按图6-200锯好，然后在两端粘上两片玻璃。将两根大头针穿出软木，把它们分别竖立在两片玻璃上，使带钢针的软木悬空稳定。为了取得天平的最大灵敏度，必须仔细调整大头针，如果发现有不平衡的情况，须用钢针调节，直至达到平衡为止。

图6-200　"类天平"创新小制作

知识链接：天平、热气流的运动、电荷之间的相互作用规律、指南针、磁偏角、检流计、热膨胀、红外线效应、放大细微的运动、温差电偶等。

探究操作：

1.为了证实天平的高灵敏度，在钢针一端的一半距离处，挂一张薄纸，虽然只有几毫克，但天平却出现明显的偏转。

2.把一根燃着的火柴放在天平一端的下面，就能显示缓慢上升的热气流，将使天平倾斜。在钢针的两头各平贴一张纸片，将能提高灵敏度，更明显地显示热气流的上升。纸片贴上去后，应加以修剪，使天平仍保持平衡。

3.由于天平架在玻璃板上，因此有良好的绝缘性。把带电的梳子接触钢针，传导电荷。然后把梳子再次摩擦，靠近钢针已经带电的一端，同性相斥的现象十分明显。同理，也可验证异性相吸的现象。

4.用磁铁的一端在钢针上朝同一方向摩擦几次，就可使钢针磁化。这样，天平就成了一个指南针。然而，它现在指示的不是南极，而是磁偏角，这个磁偏角就是可自由摆动的磁化了的钢针和水平线之间的夹角。钢针必须放在南北方向上。

5.在钢针一端的下面放一个漆包线绕成的加匝的小线圈，就可做成一个极灵敏的检流计。如果将线圈与一个由两枚不同金属（如铜和镍或锌）硬币（两枚硬币之间涂着唾液）的电池相连接，钢针就会转动。

6.由于热引起的金属的线性膨胀，也可在钢针上清楚地得到显示。为此可以将一根燃着的火柴或蜡烛放在钢针一端下面烧一下，这一端就会膨胀（当然不会变得过重），天平就不平衡了。

7.如果用一只细长的温度计来代替钢针，就能测得热射线—红外线的效应。温度计的水银球上要涂一薄层从炉子或煤油灯搞来的煤炭。把一个电灯或一块烧红的烙铁放在涂有煤炭的温度计的水银球的上方，热辐射就被吸收，温度上升，温度计内的水银膨胀。因此天平的一端因分量加重而下垂。如果天平做得好、调得好，灵敏度可以高到对太阳照射来的热量产生反应。暖气片就是一个很好的红外线源。假如用手掌挡住暖气片或太阳的射线，天平也会反应出来。

8.如果在钢针的一端粘一块碎平面镜片，就能观察到天平极为细微的运动。当然，粘上镜片后，要调整钢针的位置才能让天平仍然保持平衡。随着钢针的细微摆动，光线（比如说手电筒的光）就会以不同的角度反射，从而在天花板上看到一个光点在大幅度的运动（最好在夜晚实验）。

9.给上面第5项里那个线圈增加一些匝数，若把它连接到一种温差电偶上，也可看清楚温度的微小变化。温差电偶把热转换成电。温差电偶可由铜镍合金线做成（可在出售无线电零件的商店买到）。将一根铜镍合金线焊到一根同样粗的铜线上。如果把一根燃着的火柴放在接头下，温度自然会上升，这样就产生了电压，于是电流通过，就使得天平转动。

10.还有一个方法可以证实天平的惊人灵敏度。结合第8和第9两项来做这个实验。用食指和拇指捏住上述两根导线的接头，便能在天花板上看光点的运动。手上的热量所建立起的电压小于千分之一伏，所释放出的能量小于百万分之一瓦。然而，这样小的电压和能量在天平上却可以明显地看出来。

四、制作气体惯性演示器

图6-201 气体惯性演示器

制作：取一个白铁皮奶粉罐，在其底部用锥子钻出一个圆孔，在奶粉罐的口部蒙上一塑料薄膜，再用粗的乳胶管扎紧，气体惯性演示器便制作而成，如图6-201所示。

操作：点燃一根蜡烛，把它焊在水平的工作台面上，然后把自制演示器的圆孔对准蜡烛的烛焰，用四指迅速轻轻拍动铁罐口部蒙上的塑料薄膜，只听"噗"的一声，蜡烛烛焰立即被扑灭，如图6-202所示。这太神奇了，学生陷入了困惑：这到底是为什么呢？

解释原因：当迅速轻拍塑料薄膜时，铁罐内封闭的气体急剧压缩，从筒底的小圆孔中迅速喷出，烛焰立即被扑灭。这说明了气体具有惯性，迅速喷出圆孔的气体沿着原来的方向继续向前运动，直扑向蜡烛的烛焰把它扑灭。

图6-202 气体惯性演示器操作

第三十三节　锡箔筒燃烧、手机无线充电、奇异上滚和水位报警器探究

一、对锡箔纸筒燃烧现象的探究

创设情境，设计实验，引出问题：大家都见过锡箔纸吧！从香烟盒中取出锡箔纸，用剪刀剪下一半，小心翼翼地卷成一纸筒，使其轻轻立于水平工作台面上，然后用火柴点燃，如图6-203所示，请大家思考：待纸筒燃尽后，纸筒灰是立于原处，还是飞向天空呢？

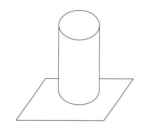

图6-203 对锡箔纸筒燃烧现象的探究

学生积极思考，分析猜想：异口同声地回答：待纸筒燃尽后，由于受到重力作用，当然是立于原处了。到底是不是这样的呢？

学生家庭实验，实施自主探究：学生为了验证其猜想结果，用一张大锡箔纸卷成一个大纸筒，轻轻点燃后，仔细观察燃尽后的情景，结果神奇地发现：纸筒灰竟然飞上了天空。又重新试验几次，也是这个结果。

与猜想结果不相符合，激发起学生更加强烈的好奇心和探究欲望：为什么是这样的呢？

引导分析，启迪思维：当锡箔纸筒点燃后，加热了周围的空气，使空气体积膨胀，密度减小，冉冉上浮，形成热气流，而周围的冷空气由于受到重力作用而流过来补充，流过来补充的冷空气被点燃的纸筒加热，再上浮，再补充，于是形成了气体的对流。当锡箔纸筒燃烧尽后，形成的柱形纸筒灰便在热气流地冲击下，随着升腾的热气流一起飞向天空。我们所熟知的"灰飞烟灭"就是这个道理。

二、对手机无线充电现象的探究

创设情境，引出问题：同学们，想必大家都注意过手机无线充电的事实，如图6-204所示。大家思考过没有，到底是什么原理呢？

图6-204 对手机无线充电现象的探究

学生积极思考，分析猜想：部分学生回答：可能是电磁感应，部分学生搞不清楚，到底是什么原因呢？

学生兴趣小组实验，实施自主探究：师生找来废旧无线充电手机，用螺丝刀拆开零部件，发现在手机的背后，能充电的部分里面嵌有如图6-205所示的铜制线圈，顿时恍然大悟。

然后，在教师的指导下，课外兴趣小组又拆开了充电底座，最后在教师的启发

图6-205 手机背后嵌有的
铜制线圈

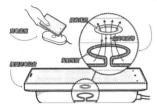

图6-206 手机无线充电现象
的原理

下，学生通过自主探究，慢慢掌握了它的原理。

引导分析，启迪思维，解释原理：

无线充电利用的是电磁感应的原理，它的工作频率很低，危害不大。如图6-206所示，充电底座的正中央部分是初级线圈，通一定频率的交流电，便在周围空间产生交变电磁场，并通过电磁感应在次级线圈（手机背面的接收线圈）中产生一定的电流，从而将能量从传输端转移到接收端。它是第一代手机无线充电，技术成熟，但只能单对单短距充电（其标准，1cm内，5瓦以内）。在无线充电区域有较强的电磁场能量，在这里加上如图6-205所示的铜制线圈，就会感应电动势。感应电动势可以通过转换成为手机电池接受的能量。

应用：新能源汽车的无线充电原理也是如此，如图6-207所示。

图6-207 新能源汽车的无线充电原理

三、对"物体奇异上滚"的探究

创设情境，引出问题：学校组织学生参观中国科技馆，同学们在"探索与发现A厅"里面看到一个十分有趣的"物体上滚"的实验。实验时，将双圆锥体轻轻放在倾斜轨道的最低端，看到双圆锥体从静止向轨道高处滚去。实验引起了同学们的讨论，小王认为"双圆锥体上滚"是真的，眼见为实；小明认为"双圆锥体上滚"是错觉，双圆锥体不可能自动由低处向高处滚动。小明和小王为证明各自的观点，准备亲自进行实验，探究一下。

学生自制器材，实施自主探究：如图6-208所示，取两根完全相同的不锈钢管"痒痒挠"放在水平桌面上，将"痒痒挠"齿朝下扣在两个等高的白色橡皮上，左端垫高，右端"痒痒挠"把柄用透明胶带紧紧缠在一起，再在左端用铁丝将两个"痒痒挠"齿连接，这样便做成了一个倾斜轨道。然后到化学实验室找来等大的两个玻璃漏斗，口对口用透明胶带紧紧粘在一起，双圆锥体便制作成功。

指导操作，实施自主探究：两个圆锥底面粘在一起，形成中间大两头尖的圆锥体。如图6-208所示，利用"痒痒挠"的两个不锈钢长管，斜向放置，两端高低差要适当，低端连接在一起，高端适当分开，将双圆锥体放在轨道右端，由静止释放后双圆锥体向轨道高处滚去，双圆锥体最终停在轨道左端。这个实验成功再现了在科技馆看到的现象。

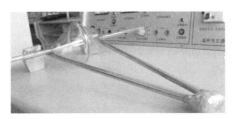

图6-208 对"物体奇异上滚"的探究

激发起学生更加强烈的好奇心和探究欲望：为什么是这样的呢？

指导探究成因，启迪思维：请大家找出扣在一起的两个玻璃漏斗的重心，然后量出双圆锥体运动到不同位置其重心离桌面的高度。

学生积极探究：分别拿出刻度尺垂直于桌面仔细观察，进行测试，发现锥体的重心（轴线处）是越来越低的。哇！原来看起来双圆锥体向高端的方向滚动，但是它的重心是在下降的。

师生思维碰撞，共同总结：轨道开口大的一端的确比开口小的一端高，但双圆锥在轨道上滚动的时候重心的位置却是越来越低。其实，还是在重力的作用下滚动的，整个过程是重力势能转化成了双圆锥运动的动能。滚到高处仅仅是一个表面现象。

点评："眼见为实"，有时候在物理学中往往也是不可靠的，需要通过精密的实验测试来检验。实验探究能够给学生提供一实践的机会，从而培养学生较强的观察能力、动手能力、分析综合能力、团结协作能力、自主创新能力等等。

四、自动水位报警器小制作

器材：一个1L大雪碧瓶、一把剪刀、一个乒乓球、多根吸管、防水透明胶带、两根细长铁钉、白纸、电磁继电器、二节大号电池、电烙铁、导线若干等。

制作与操作：用剪刀小心翼翼地剪开大雪碧瓶，取出下面大半部分，如图6-209所示。然后，取两根细长铁钉，用电烙铁分别把两根导线焊接在铁钉的钉帽的根部，把裸铜丝线简单缠绕在铁钉上，其中一根铁钉钉帽向里插入事先准备好的较粗的长吸管中并固定，另一根细长铁钉钉帽朝上用防水透明胶带竖直固定在乒乓球侧部，然后把钉帽插入刚才的那根长吸管的另一端，确保长铁钉可以在吸管中上下顺畅地运动，塑料绝缘线留在外面，再在该根长塑料吸管外面包裹白纸并用透明胶带缠绕紧，以保持其神秘感，最后把这根最长的吸管如图6-209竖立固定在大雪碧瓶壁上，这样向大雪碧瓶注水，乒乓球缓缓上浮，带动竖立铁钉在长吸管中上升，直至长吸管中下部插入的长铁钉的钉帽与上部插入的铁钉钉帽接触，从而造成这两个触点接触，瞬态闭合电路，造成电磁继电器工作，红色报警灯发光，说明已达到警戒水位，如图6-209所示。最后用其他吸管架设好另外部分并接入电源的另一极导线，图中有红绿指示灯的黑色绝缘塑料板的背面是电磁继电器的电磁铁和衔铁等部件。

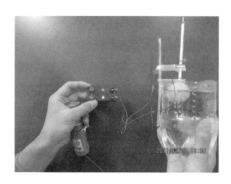

图6-209　自动水位报警器小制作

知识链接：电磁铁、衔铁、电磁继电器、自动水位报警器等。

物理原理：如图6-209，刚才精心自制的部分实际上是电磁继电器的动触点、静触点部分，把实际电路连接图按图6-210连接好。

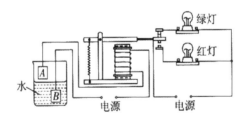

图6-210　自动水位报警器电路原理图

当水位自动报警器水位慢慢上涨时，乒乓球浮子上升，带动乒乓球壁上缠绕的竖立铁钉在长吸管中缓缓上升，直至长吸管中下部插入的长铁钉的钉帽与上部插入的铁钉钉帽接触，从而造成这两个触点接触，瞬态闭合电路，造成电磁继电器工作，使控制电路接通，电磁铁吸下衔铁，于是报警器指示灯电路接通，红色报警灯发光，说明已到警戒水位，如图6-209所示。

当水位没有到达警戒水位时，竖立长吸管中下部插入的长铁钉的钉帽与上部插入的铁钉钉帽没有接触，控制电路断开，电路中没有电流，电磁铁无磁性，衔铁在弹簧作用下上升，带动动触点上移，使工作电路中绿灯所在的支路接通，所以绿灯亮，故而安全无事，如图6-210所示。

第三十四节　不会倒蜡烛、巧搬乒乓球和电动机驱动探究

一、不会倒的蜡烛奇特现象的探究

创设情境，引出问题：正月十五闹花灯，大家观察过纸糊的燃蜡烛的灯笼吧！点燃蜡烛使其处于燃烧状态，若不小心把它颠倒过来，蜡烛迅速跌落，会把灯笼烧掉。请大家思考：如果拎起灯笼，使其在竖直平面内做匀速圆周运动，会不会把纸灯笼烧掉呢？

学生积极思考，分析猜想：异口同声地回答：由于翻转过来了，当然会烧掉。到底是不是这样的呢？

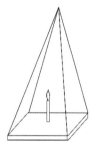

图6-211　不会倒的
蜡烛

引导设计实验，实施自主探究：自制一块大小适中的薄木板，在四个角上系四根长约40cm的细线，细线的上端拴接在一起，把这一端捏在手中。在木板的正中央轻轻放上一段6cm长的蜡烛，用蜡油把它简单焊接在木板上，并点燃使其稳定燃烧，如图6-211所示。然后人站立在板凳上拎起整个装置使其像单摆一样左右摆动，仔细观察蜡烛会不会翻倒。最后使其做竖直平面内的匀速圆周运动，注意观察蜡烛的运动情景。

实验探究结果：（出乎意料）蜡烛既没有翻倒，也没有熄灭，这简直太神奇了。

与猜想结果不相符合，激发起学生更加强烈的好奇心和探究欲望：为什么是这样的呢？

引导分析，启迪思维：因为当拎起整个装置使其做竖直平面内的匀速圆周运动时，立于木板正中央的蜡烛也在做匀速圆周运动，此时的蜡烛存在着离心的趋势，正是木板挡住了它，使蜡烛甩不出去，于是蜡烛便重重压着木板。由于该压力是垂直于木板作用的，所以立在木板上的蜡烛，既不会倒，也不会掉，也没有熄灭。如果拎起灯笼，使其在竖直平面内做匀速圆周运动，灯笼底部的蜡烛一定是既不会倒，也不会掉，当然不会烧坏灯笼。由于蜡烛被装在灯笼里面，不受外界风的影响，所以更不会熄灭。如果用手拿着自制的薄木板，稍微倾斜，就会改变蜡烛的重心，所以蜡烛就会倒下熄灭。

二、对巧搬乒乓球成因的探究

创设情境，设计实验，引出问题：如图6-212所示，取两个相同等大的碗，立于水平桌面上，其中右侧碗中放入一乒乓球，然后用嘴对着右侧碗口水平向左吹气，能不能把乒乓球搬入左侧碗中呢？

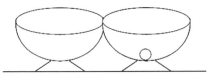

图6-212 巧搬乒乓球

学生积极思考，分析猜想：不可能，因为吹过来的气体压在乒乓球上面，把球压下去了，当然不可能上来。

学生家庭实验，实施自主探究：从家中找来较光滑等大的两只碗，并排立于水平桌面上，取一洁净的乒乓球置入右碗中，对着右侧碗口用力水平吹气，结果神奇地发现：乒乓球升至右碗口的左顶壁后，迅速越过顶壁，跃入了左碗中。

与猜想结果不相符合，激发起学生更加强烈的好奇心和探究欲望：为什么是这样的呢？

引导分析，启迪思维：要想搞清楚上述物理现象的原理，我们首先研究一下理想流体做定常流动时，流体中的压强和流速的关系。

对管中流体的任意处，根据伯努利方程：

$$p+\frac{1}{2}\rho v^2 + \rho gh = 常量$$

流体水平流动时，或者高度差的影响不显著时（如气体的流动），伯努利方程可表达为

$$p+\frac{1}{2}\rho v^2 = 常量$$

从上式可知，在流动的流体中，压强跟流速有关，流速v大的地方压强p小，流速v小的地方压强p大。知道流速和压强的关系，就可以解释以上科学探究实验了。

当对着右侧碗口用力水平吹气时，乒乓球上方的空气流动速度加快，根据上述伯努利方程可知，气体流速大的地方压强减小，故乒乓球上方的气压减小，这样，在乒乓球下方的气压作用下，就把乒乓球推到了上方，于是乒乓球"浮"了起来，升至右碗口的左顶壁后，迅速越过顶壁，跃入了左碗中，实现了巧妙搬家。

三、电动机的驱动和反电动势的探究

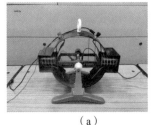

（a）　　　　　　　（b）

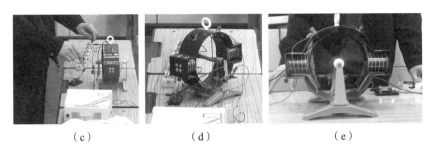

（c）　　　　　　（d）　　　　　　（e）

图6-213　电动机的驱动和反电动势

实验器材：演示大电动机、干电池若干、电键、学生电源、导线若干等。

实验步骤：

1.首先把学生电源接入220V交流电路，断开学生电源的控制开关，然后把演示大电动机顶部的红、黑两个接线柱分别接入学生电源的低压直流部分的正、负极，并调节到16V档位，如图6-213（a）所示。

2.如图6-213（c）所示，把六节干电池放入电池盒，串联组成电池组，红蓝导线分别接入电池组正负极，再把红导线接入断开的电键，通过电键接入电刷的红色接线柱，再把从负极引出的蓝导线接入电刷的黑色接线柱上，这样便把演示大电动机的转子线圈也接入了电路，如图6-213（d）所示。

3.如图6-213（b）所示，首先闭合学生电源的控制开关，电流从学生电源的低压16V档位直流正接线柱流出，流经演示大电动机顶部的红色接线柱，如图6-213（a）所示，流过红色部分的电磁铁，然后流过右侧的蓝色部分的电磁铁，最后从电动机顶部的蓝色接线柱流回学生电源的负极。此时大型电磁铁部分正常工作。

4.迅速闭合干电池部分电路，此时对电动机中的转子供电，便观察到转子慢慢旋转起来，越转越快，最后便匀速率旋转起来，如图6-213（e）所示。

激趣释疑：为什么电动机的转子线圈会越转越快，最后会稳定地匀速率旋转呢？

引导分析，启迪思维：当闭合学生电源的控制开关，电流流经电动机顶部的红色接线柱，如图6-213（a）所示，流过红色部分的电磁铁，再流过右侧的蓝色部分的电磁铁，根据右手螺旋定则可知，电磁铁左端为S极，右端为N极。再闭合干电池部分电路，此时电流从转子的红色线框流入，蓝色线框流出，如图6-213（a）所示所示。根据左手定则可知，转子的红色线框受到的安培力竖直向下，蓝色线框受到的安培力竖直向上，再加上电刷处换向器的作用，于是电动机转子便持续地旋转起来。为什么开始加速，后来匀速率呢？原来当转子线框旋转时，它立即切割了磁感线，顿时产生了反电动势，随着线框转速的增大，反电动势也增大，最后当反电动势等于原电动势时，转子便匀速率旋转起来（在理想情况下）。

第三十五节　探究电离子魔幻球和自制电动机、磁悬浮演示仪

一、探究电离子魔幻球

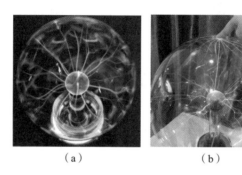

（a）　　　　　　　　　（b）

图6-214　探究电离子魔幻球

实验目的：

1.了解气体分子的激发、碰撞、电离、复合的物理过程。

2.了解低压气体中伴有辉光出现的自激导电。

3.探究低气压气体在高频强电场中产生辉光的放电现象和原理。

实验装置：辉光球，外观为直径约15cm的高强度玻璃球壳，球内充有稀薄的惰性气体，玻璃球中央有一个黑色球状电极。球的底部有一块振荡电路板，通过电源变换器，将12V低压直流电转变为高压高频电压加在电极上，如图6-214所示。

实验原理：球内充有稀薄的惰性气体（如氩气等），玻璃球中央有一个黑色球状电极，球的底部有一块振荡电路板，使产生高压高频电压并加在电极上。通电后，振荡电路产生高频电压电场，使球内稀薄气体受到高频电场的作用而电离，从而光芒四射，产生神秘的辉光，色彩绚丽多姿，如图6-214（a）所示。

辉光球工作时，在球中央的电极周围形成一个类似于点电荷的场。当用手（人与大地相连）触及球时，人体即为另一电极，球周围的电场、电势分布也就不再均匀对称，气体在这两极间电场中电离、复合而发生辉光。故辉光在手指的周围处变得更为明亮，产生的弧线顺着手的触摸移动而游动扭曲，如图6-214（b）所示。

实验步骤：

1.实验前首先要连接好电源；

2.闭合辉光球前面板上的开关，观察现象，调节强度旋钮，再观察现象；

3.用手指接触球面并在球面上移动，观察球内辉光变化现象；

4.实验完毕，断开开关并关掉电源，将仪器摆放整齐。

相关应用：霓虹灯、日光灯、人体辉光（疾病辉光、爱情辉光、意识体能辉光）等。

总结：辉光球实验是一个很好看、很好玩，也很有应用价值的实验。

知识链接：靠近电离子魔幻球的日光灯发光。

辉光球也叫电离子魔幻球。辉光球工作时，在球中央的电极周围形成一个类似于点电荷的场。这个电场不是仅仅被玻璃球锁在其内部，在玻璃球的周围也存在电场。当把日光灯管的一端握在手中，另一端接触或移近玻璃球时，一种神奇的现象便发生了，灯管发出乳白色的光来，这到底是为什么呢？原来日光灯的内部和辉光球的玻璃球内部相一致，也是充有稀薄的惰性气体，辉光球电极周围的电场也能把日光灯内部的气体电离，从而使日光灯发出乳白色的光来，如图6-215（a）（b）（c）所示。

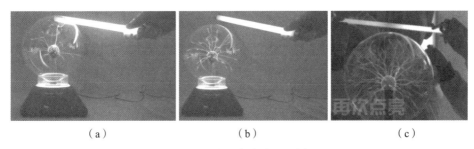

（a）　　　　　　　　（b）　　　　　　　　（c）

图6-215　探究辉光球和日光灯

二、自制简易电动机

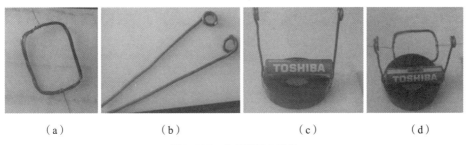

（a）　　　　　（b）　　　　　（c）　　　　　（d）

图6-216　自制简易电动机

我们生活用具上所使用的电动机，结构看上去比较复杂，其实我们也可以把电动机做得很简单，下面是学生学完高二物理电动机知识后，笔者利用日常用品指导学生自制的简易电动机，来帮助学生认识和理解电动机的工作原理，该仪器具有取材容易、制作简单、效果明显的优点，如图6-216所示。

制作步骤：

1.将漆包线绕成一个矩形的线圈，可以绕着一块矩形大橡皮缠绕，绕好后就是矩形的，大概8~10圈。绕好后从矩形线圈的短边绕出，每边留3~4cm。用小刀把一边的绝缘漆全刮掉，另一边刮去半周面的漆，如图6-216（a）所示。

2.将两根粗铜丝的一端分别卷成一个小圈，如图6-216（b）所示。

3.将圆形的磁铁放在海绵上，把电池放到磁铁上面，电池和磁铁的直径保持一样的大小。把电池放在磁铁中央，不能停在中央的话慢慢转几下即可，如图6-216（c）所示。

4.把粗铜丝插在磁铁两边，用透明胶布把两边固定好，卷成小圈的一端朝上，可以让粗铜丝的下端稍微往中间弄弯一点，务必让电池的正、负极接触到粗铜丝，并用电胶布固定住，如图6-216（c）所示。

5.把矩形线圈两边伸出来的铜丝柱分别放在粗铜丝上的小圈里，用手转动一下，线圈就会不停地转下去，如图6-216（d）所示。

观察思考，交流分享：

1.实验中之所以将两条引线的漆皮一端全部刮去，另一端只刮去半周，是为了让线圈只在半周获得动力，起到换向器的作用，使线圈能持续转动。

2.若刚开始线圈不转，可能是线圈正好处在平衡位置，也可能是线圈中没有电流，因为有一端引线的漆皮只刮去了半周，所以一般来说刚开始时要用手转动一下线圈，之后它才能持续转动起来。

自制电动机原理：当无漆的一侧与支座接触时，电路接通，根据安培定则，线圈两边分别受到大小相等、方向相反的安培力作用，于是线圈就会绕转轴转动。刚转到平衡点时，有漆的一侧接触支座，电路断开，防止反向力阻碍旋转，这时线圈靠惯性旋转半圈，之后无漆一侧再次接触支座，电路再次接通，线圈两边分别受到安培力作用，重复上述过程，于是自制电动机便迅速旋转起来。

三、仿制磁悬浮演示仪

教材中没有该实验，教师自费购置一磁悬浮演示仪，如图6-217（b）。在班里演示后学生感到特别神奇。

构造：由底座、浮体及挡板组成，如图6-217（c）所示。

工作原理：利用相同磁极之间巨大的排斥力，如图6-217（b）所示。

操作：实验时把底座放在桌面上，在底座的一端插入挡板，把浮体放在底座的凹槽上，浮体的一端与挡板接触，而后放开浮体，可看到浮体悬浮在底座上，轻轻旋转浮体，可看到浮体悬浮在上面旋转。

探究与仿制：（学生纷纷想自制这个学具）：

指导课外兴趣小组上网购置材料，包括塑料底座、三个圆环形磁铁等。找一根合适粗细的圆珠笔笔芯，用剪刀剪一根黑色布条，把布条紧紧缠绕在笔芯的粗端大约1/3处，迅速套上圆环形磁铁，使磁铁紧固在笔芯杆上，如图6-217（d）所示。然后按图6-217（d）情景放好，旋转笔芯杆，便看到自制的浮体旋转着悬浮在空中，十分神奇。

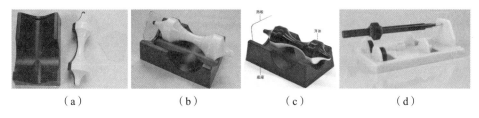

（a）　　　　　　（b）　　　　　　（c）　　　　　　（d）

图6-217　仿制磁悬浮演示仪

知识链接：磁悬浮陀螺

磁悬浮陀螺原理

磁悬浮陀螺是个好东西！经过一番不懈的尝试，有很多人能亲眼看到一个旋转的陀螺在空中飘荡，神仙的生活大概如此，如图6-218所示。

悬浮陀螺稳定性问题的完整正确的解释是在1996年左右由英国理论物理学家Michael Berry给出的。Michael Berry是个了不起的物理学家。他证明，旋转的陀螺通过某种神奇的作用，把原本是一个马鞍状的势能改变成了碗状的势能。这种情况下，悬浮的陀螺磁铁所感受到的势能的确是一个碗状而不是马鞍状的，虽然是个非常浅非常浅的碗，陀螺在这个碗底也能保持稳定平衡，足以对抗空气扰动，你向它吹气也不能轻易把它吹走。物理学家把这个碗叫作"势阱"，非常形象吧！

图6-218　磁悬浮陀螺

Michael Berry的计算表明，这个碗状的势阱出现在一块磁铁上方非常小的一个区域内（如果磁铁底座的直径是6cm，这个平衡区间在3~3.8cm之间），所以悬浮陀螺的重量必须调整得恰到好处才能在这个区间里悬浮。太轻了或太重，悬浮陀螺都不能在这个区间里平衡。

这种原理正在被应用在耗资巨大的科研实验中。比如磁约束中子实验。因为中子不带电，不能用电场控制，但是中子有自旋，有磁场，不就相当于一个小小的悬浮陀螺吗？从而可以成功地约束中子。

第三十六节　纸桥承受能力探究和自制弦振动驻波演示仪

一、纸桥承受能力与其桥面几何形状的关系探究

在学校"科技活动周"期间，学校组织了"纸桥承重"比赛，学生兴趣大增，纷纷找到我这个物理教师指导，经过耐心指导，学生取得了非常好的成绩，获得了全校的冠军。现总结如下：

纸桥制作原理：原理是利用纸桥上的各种锥形、三角形、圆柱等图形，来分散或间接抵消外来压力。物体的硬度或结构所能支撑的重量和本身的重量原本就没有直接关系，重点是结构而不是本身重量。思考桥梁设计中不可欠缺的"拉力"与"压力"两要素，如何发挥纸张优良的"拉力"长处，克服"压力"的短处是解决"纸桥承重"的关键。

桥面设计形状：桥面纸折成什么形状比较好呢？实验通过对五种不同形状的纸作为桥面形成纸桥，如图6-219所示，测量他们承受外力的大小，发现M形承受力最大。设计出最佳结构桥梁，体验本课题组的动手能力、创造能力和团队协作能力等等。

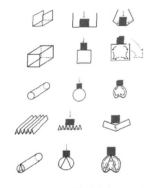

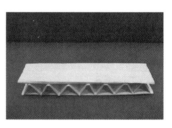

图6-219　承受能力与桥面几何形状关系　　　　**图6-220　最佳桥梁模型**

研究目的：

1.通过研究可以使我们对物体的几何形状的变化与纸桥的承受能力之间的关系有更深入地理解，从而可以了解当今世界上桥梁的结构及其采用此结构的原因。

2.我们课题组可以在研究的过程中找到研究带给我们的乐趣，更重要的是培养创新、探索、求实的精神。

实验研究：

1.研究对象：纸桥、桥面的几何形状；

2.研究内容：相同跨度哪种形状承受外部压力最大；

3.研究方法：实验法

4.研究器材：铅画纸（做成桥面）、糖（提供对桥面压力）、木块（作为桥墩）、刻度尺（测量用）、玻璃胶、胶水等。

5.实验过程：

（1）取五张铅画纸，分别折成长度相等的且横截面分别为"凹"字形、圆形、W形、M形、正方形和圆形中加V形等。

（2）分别将五张桥面架在高度相等的两个桥墩上。

（3）测量桥墩的相对高度（相同—43cm）和纸桥的悬空跨度（相同—22cm）以确保公平。

（4）将糖依次分别放在各桥面上。

（5）测量纸桥倒塌前的糖数。

（6）多次（实为3次）测量取平均值。

（7）统计数据。

6.数据统计：纸桥承重统计表——测量倒塌前的糖数如表6-3所示。

表6-3　纸桥承重统计表——测量倒塌时的糖数

形状 ＼ 次数	第一次	第二次	第三次	平均
"凹"字形	27	20	25	24
正方形	17	18	15	17
圆形	83	76	72	77
W形	130	155	108	131
M形	133	162	143	146

7.数据分析：M形承受能力要强于W形；W形承受能力要强于圆形；圆形承受能力要强于"凹"字形；"凹"字形承受能力要强于正方形；正方形最差。

8.实验结果：我们通过实验发现M形承受外力的能力最强，而正方形的承受能力是最弱的。因为"凹"字形和正方形与圆形、W形、M形相比承受压力的能力相差太悬殊，所以，我们把前两者和后三者分为两组来比较：①"凹"字形虽然比正方形能承受更大的压力，但在两座桥倒塌前，正方形自身的形变要小于"凹"字形，而"凹"字形桥面逐渐受压时，两片竖起的纸片会向里靠拢，最终倒塌。而正方形在逐渐受压时，外形几乎不发生什么变化，等到正方形四个角受力不均衡时，正方形会向一边倒，从而形成菱形倒塌。如果真的用这两种桥面来造桥，那么这两种都不应用于车辆所过之桥，又由于正方形的桥面变化会比较小，所以，建议选用正方形的作为人或动物所用之桥，而"凹"字形的则应不被采用。②圆形桥面受到压力时，它会逐渐变为类似于拱形的样子，也就是圆底部的半弧向上弧，使力有一个循环从而可以更好地抵消力。可见，这也可以证明为什么古代会出现各式各样的拱桥，而有些至今仍在使用。W形桥面就是在无限地分解力，通过实验可以得出纸折的棱越多，那么其承受压力的能力就越强，这也就是我们3个数据相差如此悬殊的原因之一。而最后的形状完全是前两个的组合。这样可以把前两个形状的优点全体现出来，在圈中形成两组循环力和两组抵消力，便获得了最大的支持力。③W形和M形是有区别的。W形没有把两边的纸片利用进去，而这恰恰就是其破绽之处，压力容易使此两处发生形变，也减小了旁边几个棱的作用效果。若把W形倒过来，变成M形，那就好一些了。所以，M形状受力均匀，承受力强，承重较大。

实验探究结果：虽然我们课题组的研究范围十分有限，但我们把所研究到的有关内容组合了一下，拼造成一座由我们实验得出的最佳桥梁模型，如图6-220所示。

知识链接：

静力平衡：一个系统想要到达静力平衡，必须符合移动平衡以及转动平衡两项原则，才能维持在稳定的平衡状态。

平衡状态：物体的平衡状态总共分成稳定、不稳定与随机平衡三种，基本上重心的位置越低，平衡后的稳定度越高。

二、自制弦振动驻波演示仪

构造和原理：如图6-221所示，将细弦线的一端固定在打点计时器的振针上，另一端绕过滑轮拴一个砝码盘，盘上放上砝码，将弦线拉平。在靠近滑轮的B处，用一个尖劈把弦线支起来。接通打点计时器的电源，振针维持稳定的振动，并将其振动沿弦线向滑轮一端传播，形成横波。当横波到达B点后产生反射，改变劈尖的位置，使前进波与反射波能够满足相干条件，在弦线上形成驻波，而任意两个相邻的波节（或波腹）间的距离都为波长的一半。适当调节砝码质量或弦长（振针到劈尖的线长），在弦上将出现稳定的强烈的振动，形成驻波。

1.打点计时器 2.弦线 3.定滑轮
4.砝码盘　　5.夹子 6.尖劈

图6-221　弦振动驻波演示仪结构图

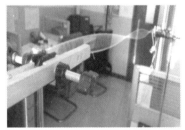

图6-222　自制大型弦振动驻波演示仪

自制教具：如图6-222所示，用大木夹子夹住打点计时器，前后两端用螺丝铁钳卡紧，然后把它们整体固定在用电风扇底座立杆改装的大型架子上。用手搓成较粗一些的棉线，取大约3m左右，一端拴在打点计时器的振针上，一端穿过光滑的门把手，并系上几个钩码竖直悬垂把棉线拉紧，确保水平棉线的两端点等高。

操作：迅速接通打点计时器的电源，从图6-222中左端缓慢推动电风扇立柱的底座，合理调节振针和门把手间粗棉线的长度，便可以观察到宽大震撼的"纺锤形"弦驻波来。

知识链接：鱼洗

1.现象：当盆内注入一定量清水，用潮湿双手来回摩擦铜耳时，可观察到伴随着鱼洗发出的嗡鸣声中有如喷泉般的水珠从四条鱼嘴中喷射而出，水柱高达几十厘米，如图6-223所示。

图6-223 鱼洗

2.鱼洗原理：从振动与波的角度来分析是由于双手来回摩擦铜耳时，形成铜盆的受迫振动，这种振动在水面上传播，并与盆壁反射回来的反射波叠加形成二维驻波。

理论分析和实验都表明这种二维驻波的波形与盆底大小、盆口的喇叭形状等条件有关。我国汉代已有鱼洗，并把鱼嘴设计在水柱喷涌处，说明我国古代对振动与波动的知识已有相当的掌握。

根据经书记载，倒入半盆水，双手用力往复摩擦盆的双耳，未久，发生共振，盆里的水居然分成四股水箭向上激射出两尺多高，并发出震卦爻时的古音，而与黄钟之声一致。传说此物曾于古代作为退兵之器，因共振波发出轰鸣声，众多鱼洗汇成千军万马之势，传数十里，敌兵闻声却步。鱼洗反映了我国古代科学制器技术，已达到高超的水平。现今仿古制作的震盆盆内刻有龙形，故亦称龙洗。

点评：从弦驻波的实验探究过渡到对鱼洗的介绍，可以培养学生的民族自信心和自豪感，进一步激发起学生对伟大祖国的热爱，更好地培养学生的爱国主义精神，从而全面培养学生的核心素养。

第三十七节 奇异的发电、生火、铜丝点灯探究

一、奇异的发电

（a）　　　　　　（b）　　　　　　（c）　　　　　　（d）

图6-224 自制感生发电机

实验器材：圆环形磁铁（两个）、小马达、漆包线、小塑料扇叶、红蓝导线、万能胶、电烙铁、长方形木板等。

制作：如图6-224（a）所示，取一个15cm长，8cm宽的长方形木板，在木板上用万能胶粘上一个6cm高的方木立柱，把小塑料扇叶紧扣在小马达转轴上，把小马达用万能胶粘在方木立柱顶端，如图6-224（b）所示。用漆包线环绕成直径4cm的圆线框，紧紧缠绕30~40匝，把引出线端打磨掉漆涂层露出裸铜线，再把裸铜线接入红黑色导线，最后用电烙铁把红黑导线焊接在小马达上。在长方形木板的另一端用万能胶把两个圆环形磁铁N、S相对着竖立平行粘在木板上。

实验原理：如图6-224（c）所示，手持圆形线框平行于两个圆环形磁铁置于磁铁之间，随着移入，穿过线框的磁通量迅速发生变化，立即在圆形铜丝线框中产生了感应电动势，瞬态在线框和小马达的闭合回路中产生了感应电流，小马达便迅速旋转起来。不停地轻微晃动线框，便看到小马达持续不停地旋转起来，十分神奇，如图6-224（d）所示。

激趣释疑，启迪思维：可以启发学生得出这是法拉第电磁感应现象，这里圆形线框中产生的电动势是感生电动势，从而自制的这种发电机是感生发电机，区别于教材中演示实验教具——手摇发电机，那是一个动生发电机。这个创新小制作既培养了动手能力，又激发了创新思维。

二、野外生火小技能

| （a） | （b） | （c） | （d） |

图6-225　野外生火小技能

创设情境，引出问题：大家到野外郊游，进行野炊活动。如果不小心忘了带火柴、打火机等取火物，该如何去取火野炊呢？

引导分析，启迪思维：如果你们手头有手电筒、口香糖、巧克力糖、方便面、面包、小剪刀、手机、照相机等，有没有合适的办法呢？学生陷入了沉思。

学生积极思考，分析猜想：用照相机中的镜头，凸透镜正对太阳光聚焦取火，听着可行，但照相机中的镜头由透镜组合而成，是无论如何也取不出来的，除非报废一个照相机。不可取，到底该怎样处理呢？学生众说纷纭，莫衷一是。

启迪思维，交流设计：这里有手电筒，手电筒里有崭新的电池，能不能牺牲一节干电池取火呢？那该怎么处理呢？

教师继续启发：咱们学过电源的短路电流特别大，能不能借助电源短路电流取火呢？那有了干电池，上哪儿找导线呢？

学生积极思考，分析猜想：可以用铝箔纸、锡箔纸，对！口香糖中就有！

积极引导，设计实验：教师指导学生设计如图6-225（a）所示，取出一个口香糖，拆出铝箔纸，按图6-225（b）剪成两端宽、中间窄的形状。最后按照图6-225（c）所示将铝箔纸一端接在那节干电池的负极，一端接在干电池的正极，就能看到神奇的火焰诞生啦，如图6-225（d）所示，提醒大家一定要在远离易燃物品的安全环境下尝试哦，否则可是会造成很大的危害的！

引导分析，启迪思维：将铝箔纸一端接在那节干电池的负极，一端接在干电池的正极，等于用导线直接连接电源的正负极，此时会产生比较大的短路电流，由于铝箔纸中间较窄的部分电阻较大，短时间产生的热量较多，较窄部分的铝箔迅速升温进而达到了铝箔的着火点，便迅速燃烧起来，可以用来野外生火，操作方便，十分简单。

三、粗铜丝点灯

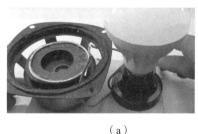 

（a）　　　　　　　　　　　　　（b）

图6-226　粗铜丝点灯

实验器材：废旧强磁铁喇叭（一个）、圆环形磁铁（一个）、粗铜丝、灯头座、乳白色灯泡、红蓝导线、电烙铁、万能胶、长方形木板等。

制作：把废旧强磁铁喇叭用万能胶粘在一个长15cm、宽8cm的长方形木板上，喇叭中的纸盆撕去，露出金属底座，将圆环形磁铁吸在它的底部，取一根粗铜丝弯成和圆环形磁铁同直径的圆环，用万能胶粘在环形磁铁上，环形粗铜丝的两个端点分别用电烙铁焊接在灯头座的两根引线上。最后用万能胶把灯头座粘在长方形木板上，如图6-226所示。

操作：把乳白色灯泡立即接入灯头座，灯泡迅速闪亮；再断开，再迅速接入灯头座，再次闪亮，如图6-226（b）所示。

激发起学生强烈的好奇心和探究欲望，这到底是为什么呢？

引导分析，启迪思维：可以启发学生得出这是法拉第电磁感应现象，乳白色灯泡立即接入灯头座，这时圆形粗铜环和灯头乳白色灯泡通过红黑导线组成了闭合回路，闭合回路整个导线圈中磁通量发生了变化，产生了感应电流，于是灯泡闪亮。接入灯头稳定后，闭合回路整个导线圈中磁通量恒定，回路无感应电动势，灯熄灭；再断开再接通，整个导线圈中磁通量又变化，灯泡再次闪亮。学生通过实验探究，终生难忘。

四、自制动生电动机

（a） （b）

图6-227 自制动生电动机

实验器材：圆环形磁铁（两个）、小马达（两个）、乳白色灯泡、红蓝导线、灯头、金属圆盘（两个）、塑料圆盘（两个）、电烙铁、锥子、万能胶、长方形木板等。

制作：取一个长15cm、宽8cm的长方形木板，在木板上左右两端用万能胶粘上两个6cm高的方木立柱，把两个塑料圆盘用锥子在正中心穿孔，分别穿在小马达的金属转轴上，用万能胶紧固，再在两个塑料圆盘的另一面上涂上万能胶并粘上金属圆盘，最后在金属圆盘的另一面中央部分涂抹万能胶并把圆环形磁铁紧紧地压在两金属圆盘之间，如图6-227（a）所示，随后把小马达水平放置用万能胶粘在方木立柱顶端。把图中右侧小马达的红黑线分别接在灯头接线柱上，并把乳白色灯泡接入灯头中。

实验原理：如图6-227（b）所示，手持另一个圆环形磁铁平行于装置中的圆环形磁铁置于长方形木板和磁铁之间，随着移入，装置中的圆环形磁铁在磁场力的作用下迅速旋转起来，带动两侧小马达中转子旋转切割磁感线立即在铜丝线框中产生了感应电动势，图6-227（b）中瞬态在右侧小马达中的铜丝线框和外部的灯泡的闭合回路中产生了感应电流，于是我们便观察到乳白色灯泡熠熠发光，十分神奇。

激趣释疑，启迪思维：可以启发学生得出这是法拉第电磁感应现象，这里右侧小马达是一台小型发电机，小马达的转子线框中产生的电动势是转子线框切割马达侧壁上永磁体的磁感线而产生的动生电动势，从而使外部电路中的乳白色灯泡发光，自制的这种发电机是动生发电机，区别于教材中演示实验教具——手摇发电机，该创新作品是通过外部的两个环形磁体之间的相互作用驱动的。这个创新小制作既培养了学生动手能力，又激发了创新思维。

第三十八节 乒乓球奇异运动和"雅各布天梯"奥秘探究

一、乒乓球奇异运动

图6-228 乒乓球的奇异运动　　图6-229 压强和流速的关系演示仪

实验探究操作：如图6-228所示。

1.将乒乓球放置在水盆中间。

2.从乒乓球顶端竖直向乒乓球淋水，观察乒乓球的运动情况。

3.尝试改变水流的大小及方向，观察乒乓球的运动情况。

实验现象：通过上面的实验我们发现，尽管乒乓球很轻，但却无法被水流冲走，而且水流越大，乒乓球越稳固。当我们改变水流的方向时，乒乓球也跟随着水流柱一起运动。向左拖动水流柱，乒乓球也跟随着向左移；向右拖动水流柱，乒乓球也跟着向右移。十分神奇！

激发好奇心：为什么是这样的呢？激发起学生强烈的好奇心和探究欲望。

设计创新实验，实施科学探究：取一块塑料泡沫板，按图6-229形状剪一个上端流线型，下端"一"字形的塑料泡沫块，并用锥子在塑料泡沫块的重心处由上向下穿一个长孔，截取长40cm的一段漆包铜丝线，涂抹润滑油，穿过塑料泡沫块的长孔，把铜丝线上下端竖直固定在铁架台上。取一个家用吹风机从左向右吹流线型的塑料泡沫块，神奇的现象发生了：小塑料泡沫块冉冉上浮，学生头脑中升起一个个问号，这到底是为什么呢？

积极引导，启迪思维：图6-230表示吹风机从左向右吹流线型的塑料泡沫块时泡沫块周围

图6-230 压强和流速的关系

空气的流线分布。根据流体力学知识可知：流线密集的地方流速大，流线稀疏的地方流速小。泡沫块横截面的形状上下不对称，泡沫块上方的流线密，流速大，下方的流线疏，流速小。由伯努利方程可知，泡沫块上方的压强小，下方的压强大，这样就产生了压力差，作用在泡沫块上，从而形成了向上的升力。

所以通过这个实验探究，我们得出：流体的速度越大，压强越小。流体既可以是气流，也可以是水流。在上述乒乓球的探究实验中，当水从乒乓球顶部流下来时，贴近乒乓球上部内部的水流速度大（由乒乓球的球体形状决定），而下部外部的水流速度小，因此内部水流压强小，外部水流压强大，乒乓球被内外压差"困"在水流柱里，并跟随水流柱前后拉动的方向移动，特别神奇。

二、探究"雅各布天梯"的奥秘

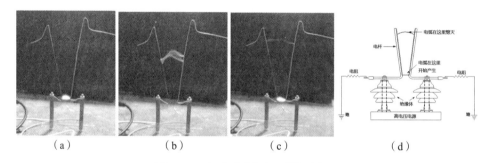

（a）　　　　　　　（b）　　　　　　　（c）　　　　　　　（d）

图6-231　探究"雅各布天梯"的奥秘

创设情境，引出问题：学校组织学生参观中国科技馆，同学们在"探索与发现厅"里面看到一个十分震撼有趣的"雅各布天梯"的实验。实验时，"闪电"在两个羊角电极上闪烁，跳跃攀升，像一簇簇升天的梯子。

激发起学生更加强烈的好奇心和探究欲望：为什么是这样的呢？纷纷好奇地问我这个物理教师，这到底是为什么呢？

自制器材，实施自主探究：怎么更好地让学生弄明白其中的奥秘呢？中学实验室没有这个仪器，我决定自制教具（这个实验有一定的危险性），亲自演示给学生看，以求突破学生认识上的难题。

如图6-231（a）所示，用钳子剪两段细铁丝，上端捏成羊角形状，下端弯成小圆圈，用螺丝帽固定在加有厚厚绝缘套的金属柱子上，金属柱接入高压电源，然后固定在陶瓷绝缘底座上，并接上其他附属设备，其电路结构图如图6-231（d）所示。

操作：首先在工作台背后衬上一层黑色背景纸以便于观察，让学生在3m开外进行观察，教师迅速闭合高压电源开关，学生便再次观察到令人震撼的"雅各布天梯"，如图6-231（a）（b）（c）所示。

指导探究成因，启迪思维：闭合高压电源开关，在20000～50000V高压下，两电极最近处的空气首先被击穿电离，形成大量的正负等离子体，产生电弧放电。电弧所在区域温度升高，密度减小，空气对流加上电动力的驱使，使电弧向上升。随着电弧被拉长，电弧通过的电阻也加大，当电流送给电弧的能量小于由弧道向周围空气散出的热量时，电弧就会自行熄灭。电弧激荡而起，犹如一簇簇圣火似的向上爬升，宛如希腊神话中的"雅各布天梯"。

确切地说，电弧比羽毛还轻。羽毛是实体，有质量，密度比空气大。而电弧是等离子体，本质就是空气，我们看到的电弧是空气中的原子核外电子从激发态跃迁回基态时，多余的能量以光子的形式放出。所以，电弧所在区域内的密度其实就是空气密度，所以会被热空气带动上升。

知识链接：雅各布天梯源于希腊神话故事，雅各布做梦沿着登天的梯子取得了"圣火"，后人便把这神话中的梯子称之为"雅各布天梯"。

第三十九节 家庭创新探究橡皮筋遵从胡克定律的规律吗

观察与思考：橡皮筋遵从胡克定律的规律吗？如图6-232所示。

图6-232 思考橡皮筋遵从胡克定律的规律吗

实验探究课题：探究弹力与橡皮筋伸长的关系

实验目的：

1.探索弹力和橡皮筋伸长的定量关系。

2.培养学生进行实验研究的科学方法——利用列表法和图像法处理实验数据。

实验原理：橡皮筋受到拉力会伸长，平衡时橡皮筋产生的弹力和外力（所挂钩码的重力）大小相等，橡皮筋的伸长越大，弹力也就越大，如图6-233所示。

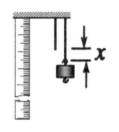

图6-233 橡皮筋实验原理

家庭自制仪器：橡皮筋、一元钢币若干、刻度尺、坐标纸、三角板、家用测力计、细线若干、薄塑料袋、8开白纸若干、粘钩一个等等，如图6-234所示。

图6-234 家庭自制仪器

实验步骤：

1.将12个一元钢币放入塑料袋，用家用测力计悬挂，测出总重力，然后求出每个硬币的重力。

为了提高精度，可以多测几次求平均值，如图6-235（a）所示。

2.把粘钩紧紧粘在书架侧壁上，橡皮筋两端分别用细线系紧，一端固定在粘钩上，一端固定在空载的塑料袋蜇子上，如图6-235（b）所示。此时，记下橡皮筋自然伸长状态时的上端点和下端点。

3.实验时，首先放入塑料袋4个硬币，用记号"·"在白纸上记下线结的位置，如图6-235（c）所示。再放入4个硬币，再用记号"·"在白纸上记下线结的位置。然后把4个硬币减去，用记号"×"记下线结的位置。再放入8个硬币，记下线结的位置，然后逐一"4个硬币""4个硬币"地减去，直到减完为止，并分别用"·"和"×"记录加减负载时线结的位置。如此重复实验，直到橡皮筋发生永久形变为止。把测量的数据填在表格中。

注意：（记录计数方法：先测出橡皮筋原长l_0，改变放入塑料袋硬币的个数，先放入4个，然后每次增加4个，测出对应的橡皮筋长度 l_1、l_2、l_3、l_4、l_5，并得出每次弹簧的伸长量x_1、x_2、x_3、x_4、x_5...）

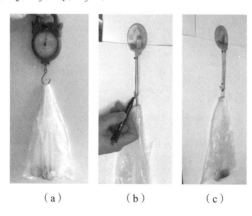

（a） （b） （c）

图6-235 实验操作照片

4.记录数据，完成表格，如表6-4、表6-5所示。

表6-4　实验数据记录表

负载		橡皮筋的伸长（mm）							
所加硬币个数	拉力F(N)	加负载时的伸长	每次减去4个硬币时的伸长						
			1	2	3	4	5	6	
4									
8									
12									
16									
20									
24									

表6-5　实验数据绘图表

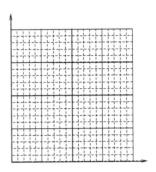

5.$\Delta L - F$图像

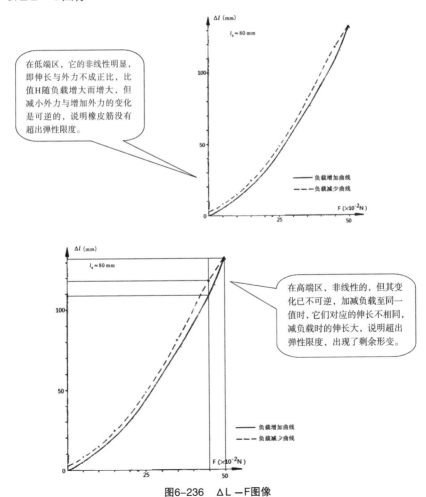

在低端区，它的非线性明显，即伸长与外力不成正比，比值H随负载增大而增大，但减小外力与增加外力的变化是可逆的，说明橡皮筋没有超出弹性限度。

在高端区，非线性的，但其变化已不可逆，加减负载至同一值时，它们对应的伸长不相同，减负载时的伸长大，说明超出弹性限度，出现了剩余形变。

图6-236　$\Delta L - F$图像

6.实验结论和升华

实验中还可以发现，在负载的低端和高端区域都有明显的异常。在低端区，它的非线性明显，即伸长与外力不成正比，比值H随负载增大而增大，但减小外力与增加外力的变化是可逆的，说明橡皮筋没有超出弹性限度。在高端区，虽然也是非线性的，但其变化已不可逆，加减负载至同一值时，它们对应的伸长不相同，减负载时的伸长大，说明超出弹性限度，出现了剩余形变，这称为"橡皮筋的疲劳现象"。所以从严格意义上说，该图像的中部大约三分之一部分较好地遵从了胡克定律，如图6-236所示。

高中阶段在要求不太高的情况下，我们可以近似认为：在弹性限度内，橡皮筋和弹簧一样，都遵从胡克定律的规律。但从严格意义上说，橡皮筋只有在研究图像的中部大部分区域才较好地遵从了胡克定律。

第七章　实验探究教学设计研究

第一节　实验探究教学模式和教学设计研究

　　真正的教育应该是教材与方法，课程与教学水乳交融、相互作用的动态统一。新课改强调教学过程是师生交往、共同的互动过程，教师在教学过程中要处理好传授知识与培养能力的关系，注重培养学生的独立性和自主性，引导学生质疑、调查、探究，培养学生掌握和运用知识的态度和能力，使每个学生都得到充分的发展。

　　现代教学理论认为，教学不仅应使学生掌握基础知识和基本技能，更应注重对学生进行探索知识和学习方法的训练，并以此激发学生发现问题、提出问题、分析问题和解决问题的兴趣，使他们形成求学所必需的质疑态度和批判精神，从而培养他们的创新意识和创新能力。这就要求教师在实施实验探究教学中，需要把握以下四个方面的要求。

一、注重过程体验

　　德国教育学家戈·海纳特曾说："向学生预示结果或解决方法都会阻碍学生努力研究。因此，应该对结果和调整迟下定论。对学生的错误不应看得过重。教师必须明白，所有有活力的思想都有一个缓慢发展的过程"。

　　注重过程体验就是教师在教学过程中把重点放在揭示知识形成的过程上，展现知识的思维过程，让学生通过"感知—概括—应用"的思维过程去发现真理，掌握规律，使学生的思维在教学过程中得到训练。它具体包括以下步骤：展示探究问题的来源—展示实验的原理—展示实验操作的过程—展示对实验真实的体验。

　　我主持的北京市课题《基于核心素养导向的创新实验资源开发的探究式教学实践研究》正如火如荼地进行，我们课题组所形成的探究成果——以探究为主的实验探究教学模式基本流程如图7-1所示：

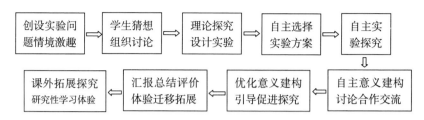

图7-1 探究为主的实验探究教学模式基本流程

二、构建合理的教学组织形式

实验探究模式应该是以特定的问题背景为导向、以具体的教学内容为载体、以实施明确的能力培养为目标、以一定的实验为依托、以讨论探究为主的课堂组织形式，因此要注意以下几方面：

（一）立足现有教材

实验探究教学不是赶时髦，要有实实在在的实效，就不应该脱离教材，也没有必要另起炉灶，教师完全可以对教材进行二次开发，改进或创新实验资源，使教学过程不只是单纯地强调静态的积累，而是让学生在探究中增长知识，提高能力。

（二）采用小组合作

首先，学生围绕问题进行小组合作讨论可以激活学生先前的知识储备，在原有知识背景与当前问题之间生成更多的联系；其次，可以使学生的思维过程外显化，学生会经常感受到观点的冲突，从而可以更好地进行反思和评判；最后，这种合作方式最重要的是给学生创造一个人人都积极探索、主动参与、独立创新的优化环境。

（三）实施有效调控

实验探究按学生主体活动的程度可分为引导探究和开放探究两种模式。引导探究模式是教师提出问题，学生提出假说，然后教师引导学生朝着预先设计的方向提出实验程序，预测可能的结果。然后学生进行实验操作，并获得实验数据，通过分析、解释实验数据，最终得出结论的方式。开放探究一般由教师或学生提出问题，学生设计实验程序并实施实验方案，调研、处理和分析数据，得出结论，并将其应用于新的情景加以检验。从教学目标上讲，教师不要期望通过一节实验课去解决所有的问题，要注意思维方法的顺承性和阶段性，要达到探究教学活而不乱。教师都要对课堂进行适当的调控，对课堂探究有周密的整体性，对探究的问题认真筛选，选择的实验方案要切实可行，对讨论问题的方向进行引导。教师要以一个咨询者、服务者和参与者的身份，在讨论和辩论中引导和促进学生去发现和创造。

（四）重视课堂延伸

因受时间和空间的限制，教师要在课堂上实验探究去完成一个完整的探究过程有时是不可能的，其实也是没有必要的。教师可以把探究过程延伸到课外甚至是校外，即将课堂探究与研究性学习结合起来，以弥补课堂教学的不足，这样会使探究过程更加完整、更有实效。

三、恰当选择教学策略

（一）教师应从教学实际和学生实际出发，根据学生的学习水平制订相应的探究学案。内容应联系学生的生活实际，更好地激发学生的探究热情，开拓学生的思维。

（二）根据探究程度的不同要求，让学生在课堂按预习的内容做实验，以获得一些简单的规律或解决学案上的问题；或让学生预先在家做简单的实验，仔细观察并利用学案做记录；或在课堂上利用简单的仪器模拟一些实际生活中的用品或现象；或让学生到户外进行实验。

（三）教师要根据学校情况利用好实验仪器，尽可能地让学生通过简单的实验获得概念，发现规律。

（四）在学生实验的过程中，教师应在教室里四处巡查，与各小组进行交流，倾听学生的问题和想法，评价他们的探究进程并确定适合学生学习的下一步计划。必要时，教师可让学生暂停实验，通过演讲、示范或讨论等形成其他信息，以帮助学生。

（五）要求学生做好数据记录和课后的实验报告，并规范报告形式，以利于学生养成良好的实验习惯。

四、重视总结评价

师生共同交流、分享各自的结论和对问题的解释，有助于学生对理论、实验或实践证据进行反思；有助力学生将已有的知识和在探究过程中所学的知识建立有意义的联系，从而增长知识和技能。有助于师生自我观察、自我反思、自我调节。可以有以下的方式：可以创设民主、平等的对话和交流氛围。让学生就探究式教学过程中的任何问题进行交流，包括本人或小组的探究结果、学习方式、学习技巧、心得体会等；制订科学客观的评价标准，对实验探究的过程进行评价，设法让学生在实验探究中得到更多的鼓励，并兼顾好传统考试和平时学习过程中的情况，以增强学生对平时的学习、探究过程的重视程度，增强学生参与实验探究活动的动力。

总之，实验探究模式是课程与教学关系上的一次飞跃，在此模式下，实现以学生为主体，以实践性、自主性、创造性、趣味性为特征的实验探究教学，带来的最直接的效果是使课堂教学能够"活起来"。它所具有的多样化的学习形式，能够极大地调动学生乐于参与、主动探究、勤于动手的积极性，能够极大地挖掘学生的潜能和创造力。正如德国教育家第斯多惠曾说："教学的艺术不在于传授本领，而在于激励、呼唤"。当学生不再是被动的知识接受者，而真正感受到是学习的主人时，由此大大激发出了主动参与教学活动的热情和积极性；当实验探究教学既可促使学生对学习的持久兴趣，又可以激发学生的求知创新欲，更能提高学生的学习能力，促进学生良好学习习惯的养成之时，就真正让学生实现了由"学会"到"会学"的转变，真正实现了实验探究教学的功能。

以下各节是本人基于核心素养导向的创新实验资源开发的探究式教学实践研究的一些教学案例，奉献给大家，以求能抛砖引玉。

第二节 《圆周运动的实例分析》教学设计（第二课时）

（该教学设计和实况录像课例在教育部"一师一优课，一课一名师"第三届活动中获得国家级优课）

一、设计理念

基于我国对"核心素养"的界定，高中物理教学应注重让学生领悟物理学科的思想方法、体验探究的过程、感受物理学的美妙、增强实践意识、养成良好习惯、培养创新能力等。因此该节课设计了物理探究实验，鼓励学生大胆质疑，积极参与课堂讨论。因为敢质疑、勇提问、勤思考的学生才会对物理的学习产生浓厚的兴趣。探究中注重思维的启迪，避免急切给出问题的结果，引导学生针对物理问题展开质疑，再根据学生的质疑展开教学。课堂上创设在自主学习过程中不断解决自己疑问的过程，潜移默化般提升学生的核心素养。

二、教材分析

《圆周运动的实例分析》——离心现象及其应用是在学习了圆周运动及向心力的基础上，进一步探究、体会圆周运动的受力与运动关系。前面一节是物体受到的力足够提供给物体做圆周运动的向心力，而使物体做圆周运动，这一节是探究、体会给物体提供指向圆心的力不足或消失时，物体的运动情况如何，从而使同学们掌握离心运动是物体失去向心力或向心力不足，而不是物体有远离圆心的力。然后在同学们讨论与探究中了解掌握离心现象在生产和生活中的应用，也为今后学生学习万有引力一章人造卫星的变轨问题中的离心、近心运动的重难点问题埋下伏笔。

三、学情分析

（一）学生的兴趣：具有强烈的好奇心。

（二）学生的知识基础：已经学过圆周运动与向心力的知识。

（三）学生的认识特点：对生活中的离心现象有所接触，但并不知道此现象产生的原因与规律。

四、教学目标

（一）知识与技能

1.知道如果一个力或几个力的合力的效果是使物体产生向心加速度，它就是圆周运动的物体所受的向心力。会在具体问题中分析向心力的来源。

2.知道什么是离心现象，知道物体做离心运动的条件。

3.能结合课本所分析的实际问题，知道离心运动的应用和防止。

（二）过程与方法

1.根据做圆周运动物体的速度是沿切线方向，向心力只改变速度的方向不改变速度的大小，得出物体失去作用力将沿切线飞出，远离圆心。

2.设计创新探究实验，让学生亲身实验，体验自主探究过程，自主交流讨论得出什么是离心运动。

3.通过对离心现象的实例分析，提高学生综合应用知识解决问题的能力。

（三）情感态度与价值观

1.通过对几个实例的分析，使学生明确具体问题必须具体分析，理解物理与生活的联系，学会用合理、科学的方法处理问题。

2.通过离心运动的应用和防止的实例分析。使学生明白事物都是一分为二的，要学会用一分为二的观点来看待问题。

3.养成良好的思维表述习惯和科学的价值观。

五、教学重点

离心现象的发生是因为提供给物体做圆周运动的向心力不足或消失。

六、教学难点

离心运动不是物体有远离圆心的力，而是因为向心力不足或消失，物体由于惯性而产生的离心现象。

七、教学方法

探究式、启发式

八、教学器材

自制圆珠笔笔芯、鱼钩线、机械转盘、蜡块、大量杯、橡皮塞、水平转动的亚克力塑料圆盘和橡皮擦、小钢球、弧形玻璃杯、方形大三合板、离心甩干筒、离心机、多媒体等。

九、课时安排

1课时。

十、教学流程图

创设情境小魔术 ⟹ 演示实验探究 ⟹ 创新实验 ⟹ 学生分组实验探究 ⟹

⟹ 师生共同理论探究 ⟹ 师生启迪升华 ⟹ 演示实验探究 ⟹ 魔术揭秘 ⟹ 课堂小结

十一、新课教学

图7-2 "蜡块和量筒"魔术

（一）导入新课

师：首先完成一个小魔术，产生强烈震撼，调动学生积极性，激发学生强烈的兴趣。

"蜡块+量筒"魔术，如图7-2所示。

操作：保持大量筒横放，把蜡块调整到量筒的中央，两手握住大量筒的顶端水平向底部甩。思考为什么向底部甩，蜡块却向顶部运动？

（二）推进新课

1.离心运动

（1）实验探究

A.演示实验探究（匀速旋转转盘）

观察实验现象回答问题：物块受静摩擦力吗？回忆必修1中静摩擦力方向是怎样判定的？

创新实验：静摩擦力方向的判定

师生共同演示①：物块随转盘一起做匀速圆周运动，如图7-3所示。

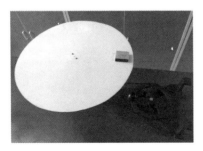

图7-3 物块随转盘一起做匀速圆周运动

图7-4 转盘液滴演示仪操作展示

师生共同演示②：取一个手摇皮带轮传动机械，用白色亚克力塑料板剪成一个大的圆盘面，铝面朝下，白色塑料面朝上，把它固定在转轴上。该创新实验的另一个重要环节是配制适当的滴液。取止咳糖浆20毫升倒入小塑料杯，再滴入少许蓝黑色墨水，搅拌均匀即可。

操作步骤：如图7-4所示，首先放稳皮带轮传动机械，摇动手柄，稳定后使转盘匀速转动，转盘上的某一点便做匀速圆周运动。请一位学生作为助手，手持配制好的混合液小塑料杯，立于转盘上15cm处，待转盘高速旋转稳定后，可以近似看作匀速转动，然后指导学生对准转盘半径的中点处迅速倒下混合液，细水长流形状并快速完成。为了防止带有颜色液体飞溅身上，在操作台的后面请另一位学生立起一块挡板，事先要求第一排的学生让到教室的侧面观赏。随着稳定地旋转，转盘还在匀速转动，小液滴便从盘面上飞溅开来，教师观察其飞溅完毕径迹形成后，停止摇动手柄，待转盘慢慢停下，学生屏气凝神，径迹到底是什么样的呢？

本人请一位学生猜想，他脱口而出：圆形的往外甩，蜗牛壳形状的。到底是不是如此呢？这里本人吊足学生胃口，激发学生强烈的探究欲望，观摩的教师们也纷纷拿出手机准备拍摄记录下来。本人卸下转盘在投影仪上展示，令在场的师生大吃一惊，形成的径迹如图7-5所示，课后评课时教师说这个创新实验太震撼了，小液滴在匀速转动转盘上的相对运动沿半径方向向外，一目了然，事实胜于雄辩。

创新实验结论：本人自制转盘的上表面是白色亚克力塑料，比较光滑，它成功展示了圆盘匀速转动时小液滴与转盘的相对运动，如图7-5所示。说明图7-3中物块随转盘一起做匀速圆周运动时，虽说与转盘相对静止，但具有相对于转盘沿半径向外运动的趋势。我们判定相对静止的物体之间的运动趋势时，总是假想接触面光滑，再光滑，乃至于无限光滑，所以说该创新实验（图7-4）近似模拟了匀速圆周运动中小液滴与转盘的相对运动，突破了物块随转盘一起做匀速圆周运动时静摩擦力方向判定的难题。说明图7-3中物块随转盘一起做匀速圆

图7-5 转盘液滴演示仪实验效果展示

周运动时具有相对于转盘沿半径向外运动的趋势，故其静摩擦力方向指向圆心。

B.后来物块为什么会离开转盘？

（当持续增大转盘转速的时候）

生答：随着越转越快，最大静摩擦力不足以提供物块所需的向心力。

启迪学生思考：什么是离心运动？

（2）学生自主实验探究

实验与探究如图7-6所示。操作注意事项如下：

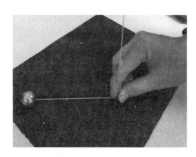

图7-6 离心运动自主探究创新实验

·右手握笔芯保持竖直，左手竖直向上拉细线；

·保持竖直方向，用笔芯细杆甩动小球；

·笔芯紧靠水平面，保证小球在水平面做匀速圆周运动；

·用左手牵引竖直细线以改变拉力。

（启发演示操作如图7-7所示）

交流讨论下列问题：

·当做匀速圆周运动时，什么力提供向心力？

·如果拉力增大一些，小球还能在原来轨道上做圆周运动吗？离圆心近一些还是远一些？沿直线运动吗？你观察到小球沿什么样的轨迹运动？

·如果拉力减小一些，小球还能在原来轨道上做圆周运动吗？离圆心近一些还是远一些？沿直线运动吗？你观察到小球沿什么样的轨迹运动？

·如果拉力突然撤除，小球将怎样运动？为什么？

图7-7 离心运动自主探究创新实验演示操作

图7-8 离心运动创新实验学生自主探究

学生自主探究8min，如图7-8所示。

教师启发：钢球可以近似看作较光滑的小球。

交流讨论后汇报成果：

小组1：钢球在水平桌面上做匀速圆周运动时，重力和支持力二力平衡，细绳的拉力提供向心力；

小组2：拉力减小一些，小球不能在原来轨道上做圆周运动。离圆心远一些，沿曲线运动。我们观察到小球轨迹沿蜗牛壳形状地向外扩；（启发几组之后，终于得出这个结果）

教师启发：对！描述得很好，轨迹沿蜗牛壳形状地向外扩，小球相对于圆心"渐行渐远"。

小组3：拉力增大一些，小球不能在原来轨道上做圆周运动。离圆心近一些，沿曲线运动。我们观察到小球轨迹沿蜗牛壳形状地向里收；

小组4：拉力突然撤除，小球沿圆的切线方向飞出，相对于圆心"渐行渐远"。

教师启发：对！小球相对于圆心也"渐行渐远"，为什么呢？

教师继续启发：小球沿圆的切线方向飞出，受力什么特点？这是一种什么性质？

小组5：小球受重力和支持力二力平衡，合外力为零，根据物体惯性的性质，小球沿运动的原方向飞出，即沿圆的切线方向飞出，离圆心也"渐行渐远"。

教师继续启发：刚才的拉力减小一些，我们观察到小球轨迹沿蜗牛壳形状地向外扩，离圆心也"渐行渐远"，这也是小钢球惯性的表现。

启迪学生思考：什么是离心运动？

自主实验探究结论：离心运动定义

2.离心运动定义

（1）定义：在做圆周运动时，由于合外力提供的向心力消失或不足，以致物体沿圆周运动的切线方向飞出或远离圆心而去的运动叫作离心运动。

（2）物体做离心运动的条件

师讲：从定义的字里行间思考物体做离心运动的条件，集体回答。

生答：①合外力提供的向心力不足

　　　②合外力提供的向心力消失

师讲：理论源于实践，让我们抽象为一个物理模型来理论探究一下吧！

点评：通过自主实验探究，由浅入深，学生学习热情高涨，然后教师引导点拨：从实践到理论，逐步提升学生认知水平，潜移默化间提升学生的核心素养。

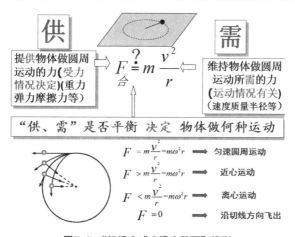

图7-9　"细绳小球光滑水平面"模型

从刚才的学生自主实验探究中抽象出"细绳小球光滑水平面"模型，从"维持物体做圆周运动所需的力与运动情况有关"，到"提供物体做圆周运动的力由受力情况决定"的分析，都巧妙设计，层层铺垫，本人的探究式教学设计如下：

师讲：让我们抽象为一个模型来探究一下，如图7-9所示，这里有一个光滑的水平工作台面、细绳、小球，小球做匀速圆周运动，它的运动状态改变了吗？

生答：改变了。

追问：怎么改变的？

生答：速度大小不变而方向时刻改变。

追问：速度方向改变了，那速度就改变了，它就有一个 $\dfrac{\Delta v}{\Delta t}$，就会产生一个加速度，即 $a=\dfrac{\Delta v}{\Delta t}$，这个加速度的方向向哪？当小球做匀速圆周运动的时候。

生答：指向圆心。

追问：要想使小球维持这种匀速圆周运动，有指向圆心的加速度，那必然要有一个约束力的作用，这个约束力就是合外力。需要这样一个合外力，我们来看一下推理表达式：

$F_{合}=m\dfrac{\Delta v}{\Delta t}$ 大家看：从哪能找到这个合外力呀？

学生答：找 $\dfrac{\Delta v}{\Delta t}$，还有m。

师讲：再推导，看我的这个表述：

$$F_{合}=m\dfrac{\Delta v}{\Delta t}=ma=m\dfrac{v^2}{r}=m\omega^2 r$$

我们知道：物体做曲线运动，必须受到一个指向曲线凹侧的力的作用。于是我们发现要维持这样的匀速圆周运动需要一个合外力作用，大家观察上述表达式，大家看它与什么因素有关啊？

生答：与线速度、轨道半径、质量、角速度等有关。

师生理论探究小结：通过我们的理论探究，我们发现了维持物体做圆周运动所需的力与物体的运动情况有关，即与线速度、轨道半径、质量、角速度等有关。

师启发：需要这个力，是吧，需要的时候必然有力来提供啊，谁来提供了它的向心力呢？

生答：绳的拉力。

师启发：哦，绳的拉力提供了它的向心力，那你们为什么认为是细绳的拉力提供了向心力呢？这个小球受力是什么特点啊？

生答：小球受重力、支持力、绳的拉力，它们的合力提供了小球做圆周运动的向心力。

师生理论探究小结：刚才我们分析的需要的力，这里必须提供给它，这位学生回答得很好，提供物体做圆周运动的力是由物体的受力情况所决定的，即由物体的重力、弹力、摩擦力等的合力决定。

师启发：回顾我们刚才的实验探究，当供需相等时，我们称为"供需平衡"，即 $F_合 = F_拉 = m\dfrac{v^2}{r}$，此时小球做匀速率圆周运动，那么什么条件下小球做近心运动、离心运动？

生答：当供大于需时，小球做近心运动；当供小于需时，小球做离心运动；当提供的力突然消失时，小球沿切线方向飞出。

师生共同总结："供、需"是否平衡决定物体做何种运动。

师启迪升华：即"供、需"是否平衡决定物体做何种运动，通过实验和理论科学探究我们共同总结出"近心运动""离心运动""匀速圆周运动"等重要物理模型，它们在下一章《万有引力定律》人造卫星的变轨问题中将有重要的应用。

点评：最后探究结论很自然的水到渠成，也为今后学生学习《万有引力定律》一章人造卫星的变轨问题中的重难点离心、近心运动问题的研究埋下伏笔。

继续深入理论探究。

师讲：（指着图7-10）在光滑水平工作台面上，这个沿切线飞出的小钢球，为什么沿切线飞出？受力特点是什么？这种现象体现了什么物理性质？

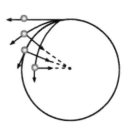

图7-10 近心、离心运动
示意图

生答：小球仅受到重力和支持力，它们的合力为零，所以沿切线飞出。

师讲：（指着图7-10）如果工作台面无限延伸，小球将做什么运动？回忆必修1的内容，这种现象体现了什么物理性质？

生答：匀速直线运动，永远运动下去。这种现象体现了惯性的性质。

师讲：（指着图7-10）从上面数第二条飞出的曲线呢？为什么既向里弯曲？为什么又渐行渐远呢？

生答：曲线运动的合外力指向凹侧，是指向凹侧的合外力拉着它，使小球的运动状态发生了改变，这是牛顿第二定律的表现.

师讲：但转念一想，该小球想往哪运动呢？

生答：小球想直着走不拐弯，想保持原来的运动状态不变化，所以渐行渐远。

师启发：这又体现了物体的什么性质呢？

生异口同声：物体的惯性。

师启发：回忆必修1知识，思考上面"运动一"直线飞出、"运动二"渐行渐远，都是什么现象？

生答：离心现象，是逐渐远离圆心的一种现象。

师生共同理论探究结论——离心现象梳理：①离心现象的本质是物体惯性的表现；②离心现象是物体逐渐远离圆心的一种物理现象。

师讲：理论出来了，能不能指导实践并在实践中得到检验呢？我们下面来看一下离心运动的应用。

3.离心运动的应用

师活动一：通过ppt展示"旋转魔盘"照片，启发学生解释原因。

师活动二：模拟演示"脱水筒"实验，洗衣机的脱水筒就是这样工作的。将湿衣物放在洗衣机的脱水筒中，当脱水筒转动较慢时，衣物对水滴的附着力足以提供水滴所需的向心力，水滴做圆周运动；当脱水筒转速加快时，附着力不足以提供所需的向心力，于是水滴做离心运动，穿过筒孔飞出筒外，如图7-11（a）所示。

图7-11（a）演示"脱水筒"实验　　图7-11（b）"离心分离"实验

师活动三：我刚从外边借来一台离心机，演示"离心机"实验，配制碳酸钙溶液，放入离心机，演示离心分离，如图7-11（b）所示，并解释原因。

边实验边向学生讲明白：

（1）离心机原理：混合液在离心机内高速转动时，因为它们的密度不同，密度大的物体不能获得相应大的向心力，因而做离心运动，从而把它们分离。

（2）回扣引课小魔术，解释原因。

回顾引课小魔术，解释为什么向底部甩，蜡块却向顶部运动，如图7-12所示。

揭秘引课小魔术：先向学生讲明白离心机原理：混合液在离心机内高速转动时，因为它们的密度不同，密度大的物体不能获得相应大的向心力，因而做离心运动，从而把它们分离。这里大量筒在水平方向往外甩时，为什么要在水平方向往外甩呢？这样可以防止浮力对实验的影响。当两手握住量筒顶端，沿水平方向把蜡块向外甩时，其俯视图如图7-12所示，在大量筒内假想几乎相同位置处存在一个与蜡块相同体积的圆柱体的水块，当快速旋转时，密度大的水块不能获得相应大的向心力，因而做离心运动被甩向量筒的底部，结果如图7-13灰白色直线所示，而密度较小的蜡块趁势导向大量筒的顶部，所以学生观察到蜡块向量筒顶部运动的反常情景。

 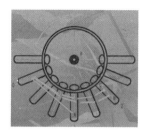

图7-12　"蜡块在量筒中的奇异运动"实验　　图7-13　"蜡块奇异运动"实验原理

4.离心运动的防止

师：离心有时也是有害的，应如何防止？

师：汽车转弯或火车转弯处，为什么有限速的警示标志？

生：汽车或火车转弯时，由于它们的质量都很大，所需要的向心力很大，在质量无法减小的情况下要降低车的速度，否则极容易甩出去造成伤害。

师：同学们讨论了上述现象所造成的危害，那么为了防止离心运动造成的伤害，平时我们应该限速行驶，我们应该注意安全啊！

十二、作业布置

举例说明日常生活中还有哪些现象应用了离心运动的知识？

（鼓励学生观察生活，收集资料，激发学习探究的兴趣，开阔学生视野，使之带着问题离开课堂）

十三、课堂小结

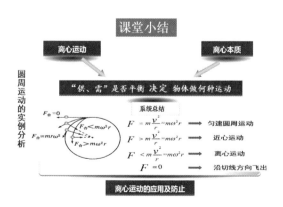

图7-14　本堂课件ppt截图（课堂小结部分）

十四、板书设计

板书设计表如表7-1所示：

表7-1 《圆周运动的实例分析》板书设计表

离心现象	1.演示实验探究 创新实验 2.学生自主实验探究 3.实验探究结论：离心运动定义
离心的条件	1.提供给物体的做圆周运动所需的向心力不足； 2.向心力突然消失
离心现象的应用	1."旋转魔盘" 2.脱水筒 3.离心机
离心运动的防止	转弯限速

第三节 《动量和动量定理》教学设计

（该教学设计和实况录像课例在教育部"一师一优课，一课一名师"第一届活动中获得国家级优课）

一、教学目标

（一）知识和技能

1.知道什么是动量，掌握计算物体动量的方法。

2.知道什么是冲量，掌握计算冲量的方法。

3.掌握动量定理的公式、内容及应用。

（二）过程和方法

1.通过实验观察动量、冲量的不同效果，锻炼学生对实验的观察和思考能力。

2.通过对生活中与动量有关的实例分析，培养自己将物理知识应用于生活的习惯和能力。

（三）情感态度与价值观

1.经历实验探究，激发学习物理的兴趣，培养尊重客观事实、实事求是的科学态度。

2.感悟科学就在身边，培养乐于将物理知识联系实际的精神，激发学习热情。

二、学情分析

（一）学生在生活中常接触运动，但对于物体运动产生的动量并不知道，无法观察。而学生往往对这些抽象的东西较难接受较难掌握。

（二）学生已经具备一定的实验设计能力，同时对于一些现象可以独立的思考。学习过速度质量的概念，对用乘积的方法来定义物理量比较熟悉。有较强的动手能力。

三、重点难点

教学重点：动量、冲量、动量定理

教学难点：动量定理的应用

四、教学方法

实验探究法、启发法、讨论法等。

五、教学器材

钢针、玻璃板、生鸡蛋（若干）、玻璃水槽（二个）、细沙（若干）、水桶（一个）、木滑块（一个）、铁架台（十个）、弹簧（十个）、橡皮筋（若干）、橡皮条（若干）、钩码（十个）、钢尺（十个）、剪刀（十把）、纳物篮（十个）等。

六、教学课时

1课时。

七、教学过程

【新课导入】

活动1："飞针穿玻璃"、"水断钢板"视频

引课通过播放震撼视频"飞针穿玻璃"、"水断钢板"，如图7-15所示，创设问题情境，层层设疑，扣人心弦，然后通过老师亲手做对比探究实验"针穿玻璃"，吊足学生胃口，使学生产生强烈的学习兴趣，像一块超强力磁石一样吸引学生产生一种非掌握不可的信念，学生的自主探究欲望超常提升，使学生奋不顾身地投入到自主科学探究之中去，有效实施理论探究，引出动量、冲量的概念。

图7-15 飞针穿玻璃和水断钢板震撼视频

图7-16 现场"钢针穿玻璃"震撼实验

活动2：对比探究实验

教师吊足学生胃口的探究实验"钢针穿玻璃"，钢针以很小很小的速度飞向玻璃，将是什么结果？如图7-16所示，教师先做出要飞速投掷的样子，靶子——学生手举着玻璃板瑟瑟发抖，在这千钧一发的时刻，教师手持钢针慢慢走过去，直接把钢针以很小很小的速度按在玻璃板上，其他学生哄堂大笑。

以下是结合视频，结合对比探究实验，回顾上节课遵循守恒量的知识，启发学生得出动量的定义，含义及性质的探究过程（教学片断）：

层层设疑：

仔细观赏像这样的"飞针穿玻璃"、"水断钢板"的视频案例，请大家思考：一个物体对另一个物体的作用本领到底与哪些因素有关呢？

启发学生回答：

一个物体对另一个物体的作用本领可能与物体的速度有关。

层层设疑：

足球场上一个足球迎头飞过来，你的第一反应是什么？那么如果以相同速度飞过来的铅球呢？

启发学生回答：相同速度时，一个物体对另一个物体的作用本领可能与物体的质量有关。

学生猜想总结：

一个飞行物体对另一个物体的作用本领不仅与物体的质量有关，还和物体的速度有关。

层层设疑：到底是不是这样的呢？质量和速度整体对应着什么物理量呢？

动量概念的由来：在上节课探究的问题中，我们已经发现碰撞的两个物体，它们的质量和速度的乘积mv在碰撞前后很可能是保持不变的，如图7-17所示，这里与上节课的探究"不谋而合"，这让人们意识到mv这个物理量具有特殊的意义，物理学中把它定义为物体的动量。

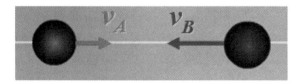

图7-17 两球碰撞示意图

【新课教学】

一、动量（黑板板书）

（一）动量定义：质量和速度的乘积叫做物体的动量。

（二）公式：p=mv

（三）动量是矢量，方向与速度方向一致。

活动3：趣味实验激发悬念：让生鸡蛋从空中同一高度自由下落，分别落入玻璃槽、沙坑、水中，哪个不会碎，为什么？观察现象，如图7-18所示。

图7-18 生鸡蛋落入不同物质的探究实验

活动4：教师演示"水平推物块"的探究实验，如图7-19所示，指导同学们观察，注意观察现象并提问学生。

［下面我们着重探讨一下这里"力与运动"的问题］：（教学片断）

抽象建模，理论探究：

抽象模型：

假设一个质量为m的物体在恒定合外力作用下，在光滑水平面上做匀变速直线运动，经过时间t速度由v变为v′，试探究合外力F的表达式，如图7-20所示。

图7-19 水平推物块的探究实验

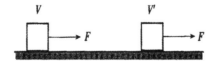

图7-20 "水平推物块"模型

运用牛顿第二定律推导一般表达式，引出冲量定义。

由牛顿第二定律知：F=ma

F=m(v-v′)/t   Ft=m(v-v′)   （Ft）整体对应着什么呢？

引导分析，启迪思维：

刚才的水平推物块的探究实验，水平力作用了一段时间，力在时间上积累了一段时间，物理学家把力对时间的积累效果称为"冲量"。

演示实验探究：

再次演示图7-19所示的实验，加深对"冲量是力对时间积累效果的物理量"的认识。

师生互动总结：得出冲量、冲量定义。

师生互动总结：

再次观察图7-20，光滑水平面，物块受到重力和支持力二力平衡，水平推力就是物体所受的合外力，所以得出：物体所受合外力的冲量等于其动量改变量，从而得出动量定理。然后板书之。

二、动量定理

（一）内容：物体所受合外力的冲量等于物体动量的变化。

（二）因果关系：合外力的冲量是动量变化的原因。

前因：合外力的冲量；后果：动量的变化。

三、动量定理的应用

（一）揭秘鸡蛋不碎的原因

活动5：［启发式互动］揭秘鸡蛋不碎的原因

解释演示实验：鸡蛋落地的不同效果，如图7-21所示。

取竖直向上为正方向，则

（F－mg）t＝0－（－mv）

F=(mv)/t+mg

（二）创新实验分组探究——铁架台钩码断绳实验

活动6：

1.创新实验分组探究目标

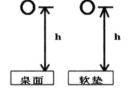

图7-21　鸡蛋落地的不同效果

君朋小组自主探究：从同样高度释放钩码，怎样才能使绳不断裂？

教师把细棉线拴在铁架台铁夹上，下端拴一个钩码，把钩码上举到与铁架台铁夹等高处，迅速释放，只听"啪"的一声，细绳顿断了。请大家自主设计实验并思考：从同样高度释放钩码，怎样才能使绳不断裂呢？所选器材如图7-22所示。

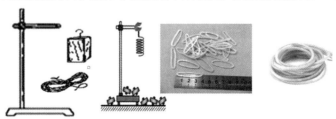

图7-22　自主创新探究实验器材

亲手做做：

细绳一端固定在支架上，另一端拴一钩码，从一定高度（水平支架处）释放钩码，细绳断。

师问：从同样高度释放钩码，怎样才能使绳不断裂？

器材：棉线、橡皮筋1条、弹簧、钩码、刻度尺、小刀等等。

2.设计实验实施自主探究

学生自主创新实验探究如图7-23所示。

图7-23　自主创新实验探究

探究操作一：把棉线上端接上一段橡皮筋或弹簧，从横梁等高处释放钩码，可以使绳不断裂；

学生交流讨论并汇报：延长作用时间，减小作用力，起到缓冲作用；

探究操作二：把棉线减去一部分，缩为原来的三分之一，从横梁等高处释放钩码，可以使绳不断裂；

学生交流讨论并汇报：钩码下落距离变短，钩码下落三分之一的距离，其末速度减少，然后猛然一顿，最终末速度变为零，此过程动量改变量较小，相等的"一顿"作用时间，此时作用力较小，从而使绳不断裂。

3.自主实验探究结论

（1）延长作用时间，减小作用力；

（2）缩短作用时间，增大作用力；

（3）改变动量变化量，改变作用力。

$\because Ft = \Delta P \quad \therefore F = \Delta P/t$

所以，运动物体间的作用力由动量的变化率决定（画龙点睛，升华主题）。

4.影响"运动物体间的作用力"的因素——"动量的变化率"（升华探究主题）。

（三）"飞针穿玻璃"大揭秘

学生屏气凝神，兴趣倍增，听过后特别满足，充分品尝了科学探究的乐趣。

$\because Ft = \Delta P \quad \therefore F = \Delta P/t$

钢针飞入玻璃前速度很大，飞出玻璃后速度几乎为零，动量改变量很大。而飞入玻璃前速度越大，穿射时间越短，故而得出冲击力瞬态越大，所以可以轻松穿过玻璃，这就是"飞针穿玻璃"的科学道理，看来并不是什么"硬气功"，是我们今天学习的动量定理成功解释了它。

活动7：亲身体验，学以致用

人跳起后，曲腿落地与直腿落地有何不同？

（课后亲身体验一下，感悟其中的道理，下堂课请同学们交流分享）

八、布置作业

举例说明生活中还有哪些现象应用了动量定理？

九、课堂小结

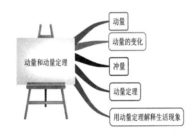

图7-24　本堂课课件ppt截图（课堂小结部分）

活动8：交流讨论并即兴回答：这堂课您最感兴趣的、印象最深的分别是什么？

第四节　《力的合成》教学设计

（该教学设计获得中国物理学会物理教学专业委员会全国教学设计大赛国家一等奖）

一、教学设计思想

探究式学习方式作为一种与传统接受式教学相对应的方式，旨在强化学生的体验，通过对知识的探究，懂得知识形成的过程和获取的方法，从而拓展学生的思维能力和培养学生的创新能力。多媒体技术和现代实验技术为建构主义学习环境的实现提供了最理想的条件，建构主义学习理论与教学理论，为实现基于多媒体和现代实验技术为基础的、以学生为中心的教学模式提供了理论基础。为此，我在设计（包括实施）中力图体现：以学生发展为根本，根据学生学习的特点设计、选择教的方法，让学生在"重新发现"和"重新组合"知识的过程中进行学习，使所有学生都参与学习的过程。让他们通过一系列的探索活动去发现结论，而不是将现成的结论直接告诉学生。探究学习中，让每个学生都有机会取得成功，学习的成果是学生合作的结果；鼓励学生自由想象，提出各种假设和预见，充分尊重他们的思想观点，使学生敢想敢干，富有创新精神。

二、学习任务分析

本节属于认知型学习任务，结构层次属于《第一章　力》的单元目标中的子目标。通过学习掌握合力、分力、力的合成的概念；实验探索力的合成所遵循的法则。

三、学习者分析

（一）教学重点

通过实例理解合力、分力、力的合成的概念。

通过实验探索力的合成所遵循的法则。

（二）教学难点

对"力的平行四边形定则"的理解。

本节是高一物理第一章第五节，学生的知识层次是在掌握初中简单力学知识的基础之上，再加上本章前几节知识的学习，已具备初步的力学知识，会用力的图示法画出物体的受力图。虽然刚学习高中力学，但他们表现出对力学知识浓厚的兴趣，这使他们完成引申知识"力的合成"的学习变得要容易一些。通过学习，要求学生会运用力的合成原理分析问题。

四、教学目标

（一）知识与技能

1.理解力的合成和合力的概念。

2.掌握力的平行四边形定则，会用作图法求共点力的合力。

3.知道合力的大小与分力间夹角的关系。

（二）过程与方法

1.学会设计实验、观察实验现象、探索规律、归纳总结的研究问题的方法。

2.培养学生的动手能力、观察能力、分析能力、创新思维能力。

（三）情感态度与价值观

1.能领悟自然规律的奇妙与和谐，发展对科学的好奇心与求知欲，乐于探究自然界的奥秘，体验探究自然规律的艰辛与喜悦。

2.在探究过程中逐步树立等效替代的科学研究思想。

3.能积极参与交流、讨论和表达自己的观点，培养学生的协作精神。

五、教学准备

1.实物投影仪、CAI课件。

2.实验器材：方塑料板1块、弹簧秤2个、橡皮条1条，60cm细线、白纸1张、图钉几个、三角板（一对）、直尺（一个）、钩码（二盒）、滑轮（两个）

六、教学流程图

这节课的教学流程图设计如图7-25所示：

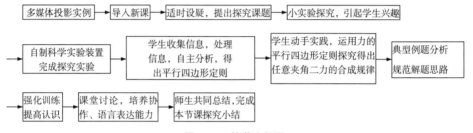

图7-25　教学流程图

七、教学过程

第一部分：新课引入

借助课件，投影几张照片，引起学生强烈的学习兴趣，使学生获取感性认识，如图7-26所示。

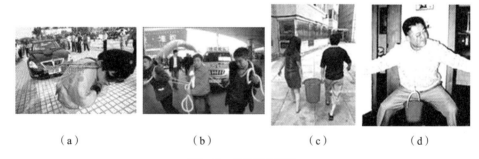

（a）　　　　　　　（b）　　　　　　　（c）　　　　　　　（d）

图7-26　物体受力图片

抽象出物理模型，仔细分析，渗透等效思想，如图7-27所示。

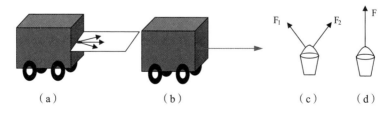

（a）　　　　　　　（b）　　　　　　　（c）　　　　（d）

图7-27　抽象物理模型

如图7-27（a）（b），同一平面内的三力拉车，刚好拉动；一力拉同样的车，也刚好拉动。三力拉，一力拉，作用效果相同，如果让你坐在车上紧闭双眼，你将无法判断是怎样拉车的，所以单单从作用效果上看，一个力与多个力的效果相同，进而可以相互替换，我们就把这一个力叫做那几个力的合力，那几个力叫做这个力的分力。提水也是如此，如图7-27（c）（d）。利用CAI课件投影第一组概念"合力与分力"。

第二部分：新课教学

主干知识一：几个概念

（一）合力与分力（定义见上）

（二）力的合成（定义）

求几个力的合力叫做力的合成。

［引申分析，理解等效替代思想］：

观察图7-27（c）（d）提水的图例：相同的水，相同的桶，刚好提起，作用效果相同。图7-27（c）中受F_1、F_2作用，其上面有没有F那个力的作用?（启发学生分析总结）：没有；而图7-27（d）中受F的作用，上面有没有力F_1、F_2的作用?（启发学生分析总结）：也没有（启发成功）。所以图7-27（d）中这一个力可看作图7-27（c）中那两力的合力，那两力可看作分力，而不是物体的重复受力。

［师生互动归纳］：

合力与分力从物理实质上讲是在力的作用效果方面的一种等效替代关系，而不是物体的重复受力，是简化力的一种手段。

［引申分析，提出共点力概念］：

如图7-28（a）中这几个力作用于一点，图7-28（b）中那几个力的作用线相交于一点，我们把这样的力称为共点力。

（三）共点力（定义见上）

1.探究两共点力的合成

下面我们用实验来探究两共点力的合成。

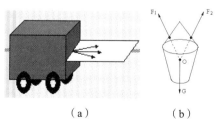

（a）　　　　　　　（b）

图7-28　共点力

（1）探究问题提出，创设情景，诱发创新意识

在日常生活中，举个简单的例子，比方说，我先给某人三元钱，过一小会儿，再给他两元钱，与我一次性给他五元钱，从给钱的效果上来看，两者是等效的。"3+2=5"，这是一种代数上的累加关系，两个共点力的合成是否也满足这种规律呢？让我们通过小实验来探索一下。

［点评］：类比自然，设疑别致，有新意，属原创性设计。

（2）实施探究过程

①小实验探究：

如图7-29（a）（b）：两个弹簧秤提起钩码，使其处于静止状态。让学生观察两弹簧秤的示数（学生观察得出）：4N、3N；然后再次用一个弹簧秤提起相同的钩码，使其静止，观察示数。

（学生观察得出）：4.6N。

 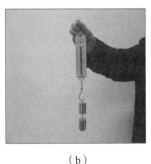

（a）　　　　　　　　　　（b）

图7-29　弹簧秤探究实验

设疑：相同的效果，都使相同的钩码静止，图7-29（b）这个力可看作图7-29（a）那两个力的合力，两者是不是一种代数上的累加关系呢？

学生分析总结：不是。

再次设疑，启发探究：

到底是一种什么样的关系呢？再次通过演示实验探究。

②演示实验探究

介绍实验装置：如图7-30（a）方塑料板1块，医用粗橡皮条，自然长度GE、定滑轮、细线、白纸（通过图钉钉在塑料板上）、钩码（每个50g）。

实验探究活动设计：

a.用两个力拉它，使它沿GC方向伸长EO长度，在白纸上标出两力的方向，记录两力大小。

b.撤去二力，使用一个力拉橡皮条，使其伸长相同的长度，标出该力方向，记

录该力大小。

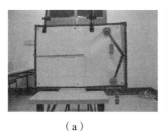 

（a） （b）

图7-30 平行四边形定则探究实验

说明：图7-30（b）通过实物投影仪把该实验投影到银幕上，增加了可视效果，使每位学生都能看清楚。

收集实验数据：F_1=1.5N、F_2=2.0N、F_C=2.5N。

[实物投影仪工作台上画力的图示，探究规律]：

（从演示实验装置上取下白纸，教师作图或请学生上台作图）

（如图7-31）（用虚线连接AC、BC，示意学生观察。

在误差许可的范围内，大致是什么图形）

学生自主得出结论：平行四边形。

点评：实际上，在本实验中存在误差，图形会略有偏差，教师在作图时，尽可能使其更接近一平行四边形，给学生以直观的认识，等将来做"验证力的平行四边形定则"学生实验时，再强

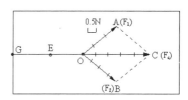

图7-31 合力和分力的图示

调实验误差，不致于一开始接触平行四边形定则，给学生认识上造成混乱。

（3）实验探究结论

通过实验探究发现，合力F_C与分力F_1、F_2遵循一平行四边形规律，人们把这一规律称为平行四边形定则。

观察作图投影，再次分析强调，加深对力的平行四边形定则的理解：

已知F_1和F_2两边，以它们为邻边作平行四边形，那么，合力F_C的大小和方向就可以用这两个邻边之间的对角线OC表示出来，这叫做力的平行四边形定则。

主干知识二：平行四边形定则

（一）力的平行四边形定则定义（定义见上）

拓展升华，启迪思维：这一实验，物理学家早在几百年前就已完成了。他们是通过大量的实验分析总结才完成这一突破的。这是人类思维上的一次飞跃，从简单的代数累加关系跨跃到空间上的平行四边形定则的运算，多么不容易啊！不由得使

学生对物理学家们的艰辛探索精神肃然起敬。（激励学生，只要努力，将来也能做出非凡的成绩）。也正是这一思维飞跃，促使了后来物理量的广义上的分类：人们把象力这样既有大小，又有方向，其合成遵守平行四边形定则的物理量叫做矢量，例如我们学过的速度，今后要学的位移、加速度等；又把只有大小，没有方向，合成满足代数上累加关系的物理量称为标量，如长度、质量、时间、温度、能量、密度、面积、体积等。

（二）矢量和标量（定义见上）

点评：这里调整课本上的顺序，把矢量、标量概念讲解提前，是为了烘托本节课的高潮，升华主题。通过实验探究方式，探索出平行四边形定则，是本节课的高潮。

（三）平行四边形定则的应用

过渡：学习原理，为了指导实践，下面看一下平行四边形定则的应用：作图法求合力或分力。

1.作图法求合力或分力

刚才实验结果的分析用的就是作图法。投影作图法的注意事项：

（1）合力、分力要共点，实线、虚线要分清；

（2）合力、分力标度要相同，作图要准确；

（3）对角线要找准。

注意探究活动中未解决的矛盾，发现新问题，多媒体动画模拟解决：（见课件）

刚才实验完成的是两个共点力的合成，那么多个共点力该怎样合成呢？（动画展示）说明：图7-32可以看成是同一平面内的三力合成；也可以看成是立体的，水平面内F_1与F_2的合成，再与空间中的力F_3的合成，所以说是从简单的代数累加关系跨跃到空间上的平行四边形则的运算。

图7-32 三力合成的动画示意图

2.多个共点力的合成

学生观察，自主分析总结：

先求出任意两个力的合力，再求出这个合力跟第三个力的合力，直到把所有的力都合成进去，最后得到的结果就是这些力的合力。

3.学生自主探究活动

（1）阅读下列思考与讨论，并用直尺、三角板作图，探索出结论。

有二力F_1和F_2，请自行设定它们的大小。求出它们之间的夹角 θ =0°， 60°，

90°，150°，180° 时合力F的大小。根据作图研究下面问题：

①θ 由0° 增大到180° 的过程中，合力F的大小怎样变化？

②什么情况下合力最大？最大值等于多大？什么情况下合力最小？最小值等于多大？

（2）让学生观察多媒体动画，自主思考，自主分析、总结。（见图7-33）

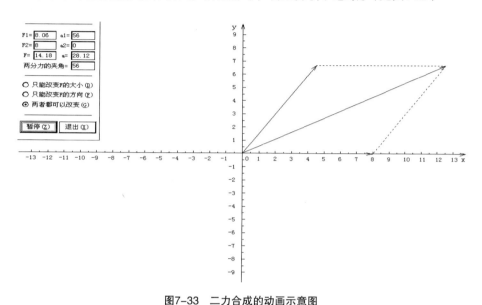

图7-33　二力合成的动画示意图

学生自主探究成果，多媒体投影展示：

①两力同方向时（θ =0°），$F_合=F_1+F_2$，方向与F_1、F_2的方向相同，$F_合$最大；

②两力反方向时（θ =180°），$F_合=|F_1-F_2|$，方向与两个力中较大的那个力方向相同，$F_合$最小；

③θ 为除0°和180°之外的任意角时，$|F_1-F_2|<F_合<F_1+F_2$；$F_合$随着 θ 角的增大而减小。

（3）自主探究结论：$|F_1-F_2|\leq F_合\leq F_1+F_2$

主干知识三：典型例题

（一）例题见课本，用实物投影仪直接投影该例题讲解较直观，着重强调规范解题。

（二）强化训练设计

1.作用在物体上的两个力，$F_1=17N$，$F_2=6N$。若它们之间的夹角可任意，那么它们的合力可能是（　　　）

A.11N　　　　　　B.16N　　　　　　C.0N　　　　　　D.8N

2.用作图法和计算法求解图7-34中的合力。

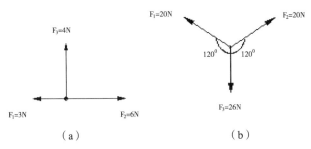

（a）　　　　　　　　　　　　　　　（b）

图7-34　多力合成的训练题图

3.课堂交流与讨论

（1）保证力的作用效果相同的前提下，用一个力的作用代替几个力的作用，这是一种什么思想？

（等效替代思想）

（2）在单杠上做引体向上时，双臂夹角越大，还是越小越费力（把人看作质点）？为什么？（越大）

（3）作用在不同物体上的两个力能否进行力的合成？（否）

［学生分组讨论］：（学生讨论热烈，争向解释问题）

［教师点拨，师生共同总结］：（效果很好）答案如上。

八、布置作业

（一）复习本节课内容；

（二）做课本习题3、4两题。

九、课堂小结

（一）合力、分力、共点力、力的合成的概念；

（二）力的合成遵守平行四边形定则；合力是对分力共同作用效果的等效替代。

（三）矢量和标量。

十、教学反思

本节课采用新的教学理念，运用科学探究方式完成教学设计。本节课的特色与亮点是改变课本上实验结果的处理方法，课本是以力的图示法先作出F_1、F_2，然后以F_1、F_2为邻边作平行四边形，直接告诉学生，合力F可用F_1、F_2之间的对角线表示，而本人认为，平行四边形规律可以让学生自主观察分析得出，教师在同一图上依次作出F_1、F_2和F的图示，把它们连成一四边形，力求图形更接近平行四边形，让学生较为直观地观察得出平行四边形的规律，同时可以让学生感受探究的乐趣，培养他们的科学探究、探究创新的精神，这是本人的原创性设计。通过授课感到行之有效（观察后学生异口同声地回答：平行四边形，他们的快乐心情洋溢在脸上，可以讲是快乐探究），收到了较好的教学效果，这是本节课的重点，又是本节课的高潮。紧接着强调物理学家早在几百年前就通过反复实验得出了这一规律，更加深了其可信度，并指出它是人类思维上的一次飞跃，从简单的代数累加关系跨越到空间上的平行四边形定则的运算，从而促使后来物理量的广义上的分类，升华了主题，同时也给了学生刻苦钻研，勇于创新的思想教育。

本节课教学的另一个亮点就是开篇通过几个有趣的照片，很快激发了学生的兴趣，使学生产生了强烈的探究欲望。然后抽象出物理模型分析，强调"三力拉、一力拉同样的车，作用效果相同。如果让你坐在车厢中紧闭双眼，你将无法判断是怎样拉车的"，通过描述，让学生自我感知"相同的效果""等效的效果"，从而逐步树立等效思想，成功完成合力、分力、力的合成等概念的教学，也收到了良好的教学效果。本节课从生活中"给钱"的实例入手，从简单的代数累加关系，设疑提出"两共点力的合成是否也满足这种规律呢"，再次激发探究欲望。这种做法以学生已有的生活经验为基础引入物理问题，唤起已有知识与将要学习知识之间的联系，激发学生的学习兴趣，增强他们对科学的亲切感，在思考的过程中，将会触发他们类比创新的灵感。此外，设计学生用直尺、三角板作图，自主探究任意夹角二力的合成规律，培养了学生的动手能力、自主探究能力。借助多媒体动画模拟"二力合成规律"直观、生动，显示了多媒体辅助教学的优越性。

总之，本节课运用科学探究方式，启迪创新思维，按照建构主义教学理论真正把以教师为主导，学生为主体落到了实处。在与学生的合作、交流中，教师宏观指导，学生自主探索发现，并不时地给学生以恰到好处的赞许和鼓励，激发学生对探索自然科学的浓厚兴趣，激活他们更多的潜能，将有可能碰撞出创新的火花。在探究过程中，适时赞许与鼓励将会培养学生勇于探究、乐于探究的精神。在本节课强化训练与课堂讨论的设计中，学生参与踊跃，分组讨论热烈，教师适时点拨，适时赞许与鼓励，也收到了很好的教学效果……这些都体现了形成性评价的功能。但本节课也存在不足，本人的多媒体课件制作得不太精彩，有点粗糙，但多媒体动画部分还不错，今后我将努力提高制作水平。

第五节 《机械波的形成和传播》教学设计

一、设计理念

基于我国对"核心素养"的界定，高中物理教学应注重让学生领悟物理学科的思想方法，体验探究的过程，感受物理学的美妙，增强实践意识，养成良好习惯，培养创新能力等。因此该节课设计了一系列物理探究实验和一系列体验小游戏，鼓励学生大胆质疑，积极参与课堂讨论。因为敢质疑、勇提问、勤思考的学生才会对物理的学习产生浓厚的兴趣。探究中注重思维的启迪，避免急切给出问题的结果，引导学生针对物理问题展开质疑，再根据学生的质疑展开教学。课堂上创设在自主学习过程中不断解决自己疑问的过程，潜移默化般提升学生的核心素养。

二、教材分析

《机械波》是在《机械振动》的基础上讲述波的基本知识。波是一种比较重要而普遍的运动形式，是后续电磁波、光波的基础。《波的形成与传播》一节是《机械波》的第一节，学好这一节的内容对后续课程波的描述、波的图象、波的各种特性至关重要，起着承上启下的作用。波动是一种比较抽象的运动形式，是高中物理教学中的难点之一，本节教材对学生的理解能力、空间想象和逻辑推理能力及联系实际能力有较高的要求，它需要学生能想象出多个质点同时又不同步的运动，进而从整体上形成波的空间传播情景。

三、学情分析

（一）学生的兴趣：具有强烈的好奇心。

（二）学生的知识基础：已经学过单个质点机械振动的知识。

（三）学生的认识特点：对生活中的声波、水波等现象有所接触，但并不知道此现象产生的原因与规律。

四、教学目标

（一）知识与技能

1.知道产生机械波的条件，理解波的形成与传播。

2.知道横波和纵波，知道波峰和波谷，密部和疏部。

3.知道机械波，理解机械波传播振动形式，传递能量和信息。

（二）过程与方法

1.通过自主实验探究过程与建模过程，从感性出发剖析机械波波动的规律，锻炼学生的动手能力、观察能力与归纳能力。

2.通过对机械波形成原因的探究，培养学生透过现象看本质的意识和方法，并进一步从根本上理解机械波波动的规律。

（三）情感态度和价值观

1.通过参与模拟波动的过程，从波的形成过程中，体会个体与整体的关系，明确个体动作要服从整体动作，培养学生的集体主义精神。

2.体会波动过程之美，体会物理研究的力量（表面上波动过程很复杂，分析后发现它如此简单），体会物理学分析过程的逻辑之美，使学生体会到只要多观察，多思考，中学生也可以进行科学研究，培养学生的自信。

3.养成良好的思维表述习惯和科学的价值观。

五、教学重点
（一）机械波波动中各质点的运动规律。
（二）质点间的带动作用造成的各质点振动的重复性和滞后性。

六、教学难点
（一）各质点只是振动没有沿传播方向迁移的确定。
（二）各质点间带动作用，即如何判断某时刻某质点的振动方向。

七、教学方法
本节课采用实验探究式、启发式、讨论式组织教学。在教学中渗透问题探究式学习，充分体现以学生为主体的新课程教学理念。

八、教学器材
玻璃缸水槽、乒乓球、有机玻璃罩、真空泵、电铃、粗长绳、丝带、水盆、塑料泡沫、项链珠串、波动演示仪、弹簧波演示仪、多媒体等。

九、课时安排　1课时

十、教学流程图
创设情境小魔术 ⟹ 演示实验探究 ⟹ 创新实验 ⟹ 学生分组实验探究 ⟹
⟹师生共同理论探究 ⟹ 师生启迪升华 ⟹ 魔术揭秘 ⟹ 演示实验探究 ⟹ 课堂小结

十一、新课教学
第一部分：导入新课
师：首先完成一个小魔术——"玻璃缸水槽和乒乓球"魔术，产生强烈震撼，调动学生积极性，激发学生强烈的兴趣，如图7-35所示。

设疑：不用任何工具、不用手接触球，怎样使球靠岸？

先让学生大胆猜想：

图7-35　"玻璃缸水槽和乒乓球"魔术

学生1：用嘴吹。

老师：可行，有没有其他方法？

学生：用手拨水激起水波，用水波把它冲走。

老师：这种方法可行吗？

学生：可行。

老师：让我们来探究一下吧！

操作：乒乓球放置在图示位置，老师伸出自己的中指诙谐地说：这是我自带的，然后用中指沿竖直方向敲打水面。结果（出乎意料）：乒乓球没有随波逐流靠岸。（激发认知冲突，激起浓郁的好奇心，顿时使学生产生强烈的探究欲望）

思考：为什么竖直敲打水面，球却不向岸边运动呢？这难道是鬼使神差吗？这到底是水溶液还是其他特制的溶液？这个魔术到底是真还是假？学完本节课的知识，我们就来揭秘这个小魔术（板书课题）。

第二部分：新课教学

（一）机械波的产生条件

1.波的产生条件

实验探究：观察现象，猜想回答问题：

有波的存在吗？它是怎样

形成的？又是怎样传播的？

图7-36　声音传播的途径探究

（1）探究与思考：波的产生条件

①小游戏：手压声带发"啊"声

②电铃发声（如图7-36）

（2）演示抖动粗绳（如图7-37）：

启迪学生思考：机械波产生的条件？

学生交流讨论，启迪学生回答：

小组1回答：手压声带发"啊"声，用手感知到声带在振动；

小组3回答：随着抽气机抽气的进行，玻璃罩内气体越来越稀薄，最后接近真空，听到的电铃声越来越小，最后几乎消失。

图7-37　抖动粗绳演示绳波

探究结论：（师生共同归纳）机械波产生条件需要有振动源和传播波的物质。

实验探究结论——机械波产生条件：

①振源：保持持续振动的物体，振源也叫波源。

②介质：能够传播振动的物质。

2.机械波定义：

老师启迪：以上的三个案例分别是水波、声波、绳波，即振动分别在液态、气态、固态物质中的传播，它们都是传"波"的介质。我们称机械振动在介质中的传播，形成机械波。

定义：机械振动在介质中的传播，形成机械波。（板书）

老师启发：那么，机械波是怎样形成和传播的呢？刚才我们探究了水波，它是三维空间传播的；声波，比方说我发出的声音，激发的声波在我的声带周围三维立体球面状分布；水波和声波都是三维立体分布的，比较复杂，而绳波，再次演示，老师在木地板上紧贴地板抖动，它的运动在木地板面二维空间里，而传播在直向前方的一维空间里，所以说绳波是最简单的一种机械波，我们今天就从最简单的绳波开始研究。

（二）机械波的形成和传播

1.探究游戏：研究绳波

"人浪波"模拟"绳波"

观察："人浪波"上各点的振动情况。

思考："人浪波"是如何形成和传播的？

图7-38 "人浪波"表演

学生游戏活动："人浪波"表演

13名学生开始排成一排，身高最好相近，模拟横波，如图7-38所示。

初始状态：手挽手紧密排列，半蹲。

动作：一蹲下；二向上；三半蹲；四向上；五还原每个同学比前一个同学慢一拍。动作适当慢。

（表演结束后，提问：下面我采访几位游戏参与者的感受）

（1）在刚开始运动的过程中，你有没有感受到受到一种什么作用？

学生答：我开始运动时感觉受到前一位同学对我有一力的作用。

老师点拨：这揭示了第一位同学带动第二位同学，第二位同学带动第三位同学的动力学本质。

（老师再来采访一位女同学）

（2）当"人浪波"荡漾出去的时候，你是怎样运动的？

学生答：竖直方向上下运动的。

师生共同总结：我们看到人浪波荡漾出去的时候，而这位女同学却在做竖直方向的上下振动。

老师：大家观察到这13位同学手挽着手，不也可看作一股长绳吗？所以我们用这个"人浪波"成功模拟了绳波，让大家亲身体会一下。

老师：看来绳波也是比较复杂的，下面让我们抽象为一个模型来研究它。

2.建立模型：绳波

（建模：把握主要矛盾，忽略次要因素，指导学生把握物理本质，建立绳波模型，如图7-39所示）

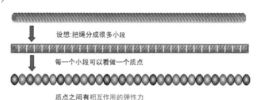

设想：把绳分成很多小段

每一个小段可以看做一个质点

质点之间有相互作用的弹性力

图7-39 绳波建模

老师：质点之间有相互作用的弹性力，这种作用力是剪切力，是一种剪切形变，正是这种作用，实现了横向抖动绳头，激起的绳波在纵向传播。剪切形变我们在大学里才能学到。

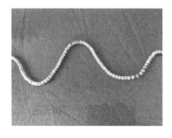

图7-40 项链珠串波模型

3.君朋小组自主实验探究

亲手做做：体验波是怎么产生的？

（1）水平板上，一人紧贴平面左右抖动项链珠串的端点珠子，使端点珠子左右振动，另一人轻拉珠串末端，观察珠串波的波形？仔细研究每一粒珠子的运动，讨论每一粒珠子分别做什么样的运动？如图7-40所示。

（2）观察标记珠子的运动情景，它随波沿波前进的方向迁移码？如图7-41所示，讨论说明。

（3）取一大盆水，里面漂浮一白色塑料泡沫，放在水平桌面上，等水面平静后，用手指连续轻点水面中央，白色塑料泡沫会"随波逐流"吗？如图7-42所示，为什么？

图7-41 珠串波探究   图7-42 白色塑料泡沫探究

思考与讨论：机械波在传播过程中的特点？

思考1：项链珠串上各点是不是同时开始振动的？

思考2：项链珠串上各点开始振动时的方向（起振方向）如何？

思考3：项链珠串上的点有没有随波迁移？

思考4：在波的传播过程中，介质中各点振动的周期（频率）是否相同？

学生探究兴趣高涨，讨论积极热烈，自主探究能力增强。

自主实验探究结论：（力争学生自己得出结论）

小组2汇报：介质各个质点不是同时起振的，离振源近的质点先起振。

小组4汇报：各个质点起振方向都相同。

小组6汇报：质点只在平衡位置附近振动，并不随波迁移。

老师：思考4是比较复杂的，根据刚才大家的亲手体验，你们能不能先猜想一下？

小组5汇报：相同。

其余学生：不相同。

老师：看来确实比较复杂，让我们慢放整个过程，通过波动演示仪来继续探究一下吧。

4.波动演示仪

模拟波的形成过程如图7-43所示。

演示实验，师生共同探究。

介绍装置：水平横线上标记出1、2、3……到16号质点，用一根粗棉线依次拴接这16个质点，这可以看作绳子上抽象出的16个质点，最左侧的1号质点是振源。

第一，老师摇动手柄，指示学生观察振源1号开始向上振动，让学生观察2号质点怎么振？

图7-43　波动演示仪

学生：2号质点也随着向上运动，学着1号质点。

老师：大家观察1点和2点之间有绳子相连，正是绳中的剪切力使2号质点跟着运动。大家看3质点怎样运动？

学生：跟随2号质点向上运动，学着2号质点。

老师：依次递推，3带4，4带5……由近及远地荡漾开去，向远处传播，就形成了绳波。这就是波的形成和传播，老师给大家总结为浓缩的9个字：

"前带后，后学前，弹力带"。（板书）

第二，波动演示仪复位，再次摇动手柄，让学生观察各质点的起振方向。

启发学生回答：各质点的起振方向相同；

第三，波动演示仪复位，再次摇动手柄，让学生观察各质点的振动方向和波的传播方向的关系：仔细观察某个质点在哪个方向上振动，它有没有随波向前迁移？

启发学生回答：各质点在各自的平衡位置附近上下振动，而波的传播方向水平向右；质点并没有随波向前迁移。

第四，波动演示仪复位，再次摇动手柄，让学生观察各质点依次递推，1带2、2带3、3带4，4带5……由近及远地荡漾开去，向远处传播。

老师进一步启发：2、3、4、5、6……各质点是自由振动，还是受迫振动？

学生答：受迫振动。

老师：受迫振动各质点的振动频率什么特点？

学生答：都等于驱动力的频率，所以各质点的振动频率都相等，它们周期也相等。

老师指导学生在自主探究导学案上完成1、2、3、4思考题，如图7-44所示。

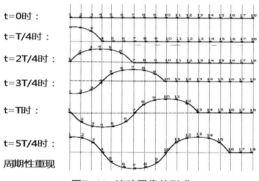

图7-44　波动图像的形成

老师再次演示波动演示仪，分别摇动手柄在T/4、2T/4、3T/4、4T/4、5T/4停下，让学生瞬间拍照片，再次交流讨论，整理到自主探究导学案上。

5.大揭秘：玻璃水缸乒乓球魔术

为什么竖直敲打水面，球却不向岸边运动呢？

启迪学生回答：

当水波荡漾时，质点只在平衡位置附近振动并不随波迁移。

在自主实验探究中的"大盆水中的塑料泡沫"也是如此。

老师讲：我们最早接触水波，认识水波，但水波还是比较复杂的。这是教材《发展空间》中介绍的水波，如图7-45所示。事实上某一质点水块受表面张力和重力，水中的质点不断地在水面的纵深方向上做匀速圆周运动，所以当水波荡漾时，可以近

图7-45　教材中关于水波的介绍截图

似看作质点只在平衡位置附近振动而并不随波迁移，所以说竖直敲打水面，球只在平衡位置附近振动而并不随波迁移，故不会向岸边运动。

（三）机械波的用途

1.机械波："传形式"。刚才教师演示"绳波"实验，使绳子"凸""凹"的形式由近及远的传播出去，这就是"传形式"，如图7-46（a）所示。

2.机械波："携能量"。如图7-46（b）所示，海啸汹涌澎湃拍打高楼大厦，瞬态能把高楼夷为平地，说明"水波"携带有很大的能量，这就是"携能量"。

3.机械波："带信息"。

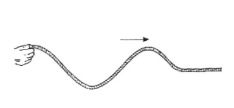

图7-46（a）　绳波的"凸""凹"形式传出去　　图7-46（b）　水波拍打高楼大厦

老师启发：老师在讲课的时候，把精美的知识、精美的信息通过"声波"这种波动方式带给大家。我们称为"机械波也可以带信息"。

（板书）机械波用途："传形式，携能量，带信息"。

（四）机械波的分类及特点

1.横波

（1）定义：质点的振动方向与波的传播方向垂直，如图7-47（a）。

（2）横波的特点：有"波峰"和"波谷"，又叫凹凸波。

2.纵波：【实验探究】正对弹簧的一端拍打弹簧，观察弹簧波由近及远传播。

（1）定义：质点的振动方向与波的传播方向在一条直线上，如图7-47（b）。

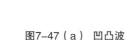

图7-47（a）　凹凸波　　　　　　　　　图7-47（b）　疏密波

（2）纵波的特点：有"疏部"和"密部"。又叫疏密波。

说明：简谐波：如果传播的振动是简谐运动，这种波就叫做简谐波。

十二、布置作业

举例说明生活中有哪些现象应用了机械波的知识？

十三、课堂小结

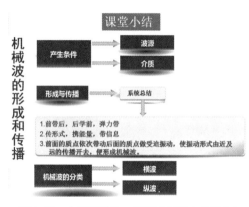

图7-48　本堂课课件ppt截图（课堂小结部分）

十四、板书设计

2.1　机械波的形成和传播
一、机械波的产生条件　　　　　　2.自主探究
1.产生条件　　　　　　　　　　　3.特点
（1）振源（波源）　　　　　　　①前带后，后学前，弹力带
（2）介质　　　　　　　　　　　②传形式，携能量，带信息
2.机械波定义　　　　　　　　　　三、机械波的分类
二、机械波的形成和传播　　　　　1.横波
1.绳波　建模　　　　　　　　　　2.纵波

十五、教学反思

本节课以创设问题情境为出发点，以实验探究为主线，层层设疑，激发学生认知冲突，从而实现在生生、师生思维的碰撞中产生火花，有效推进教学。学生分组探究热情高涨，在汇报成果时充分暴露自己的迷思概念，在师生、生生融洽的讨论中逐步感悟、提升，潜移默化般培养学生的核心素养。

但也有不足之处，比如对有些问题的讨论放得不够开，课堂中虽然已经有些思维碰撞创新生成的火花，但还远远不够，还有待改进提高……

第六节　《牛顿第一定律》教学设计

（该教学设计和实况录像课例在"首都师范大学附属学校共同体"教学质量提升年评比中获得一等奖）

一、设计理念

基于我国对"核心素养"的界定，高中物理教学应注重让学生领悟物理学科的思想方法，体验科学探究的过程，感受物理学的美妙，增强实践意识，养成良好习惯，培养创新能力等。因此在物理概念的建构过程、物理规律的探索过程中，让学生真切感受物理的思想方法，才能有效培养学生的物理核心素养。

该节课总的思路是围绕力是维持物体运动的原因还是改变物体运动状态的原因的议题来讨论，人类认识这个问题，经历了漫长的过程，学生要正确认识这个问题，同样也要克服日常经验所带来的错误认识。一开始回顾物理学史，介绍历史上的两种观点，通过演示探究实验让学生交流讨论，慢慢认识到亚里士多德的错误，然后共同探究，完成"伽利略理想斜面实验"。所以教学中让学生讨论，让学生充分思考，有足够时间去澄清错误认识，切实理解牛顿第一定律内容。学习伽利略理想实验时，采用思维点拨方法引导，这样有利于培养学生独立思考的能力和习惯。

二、教学内容分析

"牛顿第一定律"是普通高中课程必修1第三章"牛顿运动定律"第一节的教学内容，这一章的知识属于动力学的知识，是研究力与运动之间的关系，只在懂得了动力学的知识才能根据物体所受的力确定物体的位置，懂得了速度变化的规律，才能够创造条件来控制物体的运动。牛顿三大运动定律作为动力学的核心内容，本节课的教学内容牛顿第一运动定律作为牛顿物理学的基石，首先对人类认识运动和力的关系作了历史的回顾，着重介绍了伽利略研究运动和力的关系的思想方法及卓越贡献，而后讲述了牛顿第一定律的内容，为后续的牛顿运动定律的学习打下良好的基础。

三、学情分析

（一）学生的知识背景：学生已经学习了"运动的描述"、"探究匀变速直线运动"和"研究物体间的相互作用力"，掌握了描述运动的物理量，并用这些物理量去描述运动和运动的一些规律，以及力的基本知识，懂得了物体的运动状态的改变情景，知道了力和运动有着密切的联系，从而为探究力与运动的关系做好了思想准备。

（二）学生能力背景：好奇心强、对实验有浓厚的兴趣，具有一定的观察力，具备了自己动手进行简单实验的技能。

（三）不利因素：独立探究问题的能力不够，不善于抓住问题的本质，主动性不强，被动接受学习为主，需要教师的引导和指点。

四、教学目标

（一）知识与技能

1.知道伽利略理想实验装置，了解伽利略以事实实验为基础，将实验与逻辑推理相结合的思想方法。

2.知道运动不需要力来维持，力是改变物体运动状态的原因。

3.掌握牛顿第一定律。

（二）过程与方法

1.针对学生对运动的片面认识"物体运动必须有力的作用"实行先破后立的方法。

2.学生亲身体会以实际实验为基础，将实验与逻辑推理相结合得出结论的思想方法。

（三）情感态度与价值观

1.通过对科学史的简介，对学生进行严谨的科学态度教育。

2.通过对理想实验的推理，体会科学家进行科学研究时的理想实验法。

五、重点难点

（一）教学重点：理解牛顿第一定律。

（二）教学难点：学生从"物体运动必须有力的作用"转变到"运动并不需要力来维持"。

六、教学方法

启发法、问题设疑法、实验探究法、谈话法、讲解法、推理法、理论探究法等。

七、教学器材

自制"伽利略理想斜面实验"演示仪、自制三轨道斜面、饮料吸管、小车、毛巾、棉布、穿孔的金属牛奶罐、小雨伞、两个乒乓球、铁架台、蜡烛、鸡蛋、饮料瓶、大烧杯、塑料篮、多媒体等。

八、课时安排　1课时

九、教学流程图

创设情境小魔术 ⟹ 演示实验探究 ⟹ 创新实验 ⟹ 建立模型理论探究 ⟹ 演示实验探究

⟹ 师生共同理论探究 ⟹ 师生启迪升华 ⟹ 学生分组实验探究 ⟹ 魔术揭秘 ⟹ 课堂小结

十、教学过程

第一部分：导入新课

两个小魔术引入新课，产生强烈震撼，调动学生积极性，激发学生强烈的学习兴趣。

（一）意念螺丝魔术

通过视频展示刘谦春晚上表演的"意念螺丝魔术"，如图7-49所示。

问题：小小螺丝帽，为什么刘谦通过意念想让它动它就动，想让它停它就停？这难道真是意念的作用吗？

图7-49 "意念螺丝"魔术视频截图

（二）饮料吸管小魔术

图7-50（a）　饮料吸管小魔术

图7-50（b）　旋转三角形吸管结构

教师启发：旋转三角形饮料管，如图7-50（a）所示，为什么水会向外甩出去？到底运动和力是一种什么样的关系呢？这节课我们就一起来探究力和运动的关系，学习《牛顿第一定律》并揭秘这两个小魔术。

（旋转三角形吸管结构如图7-50（b）所示，一段粗吸管，其上面剪上两刀，各剪开截面的二分之一，把吸管等分成三段，如图把吸管折成三角形形状，中间插入一根筷子，用透明胶带粘好即可）

第二部分：新课教学

（一）历史的回顾

师：让我们回顾物理学史，看一看物理学家们是怎样认识它们的?

师：亚里士多德的观点：物体运动需要力来维持。

伽利略的观点：物体运动不需要力来维持。

1.演示实验探究一：自制教具——三轨道斜面实验，如图7-51所示。

图7-51　三轨道斜面实验

实验记录表如表7-2所示：

表7-2　三轨道斜面实验记录表

表面材料	阻力大小	小车滑动距离
毛巾	最大	最短
棉布	较大	较短
木板	较小	较长
光滑水平面	阻力为0	无限远

小组讨论3分钟。

师：好了，各小组都观察演示实验现象，进行了小组讨论和分析，那么现在我们来看看下面几个问题：

问题一：三次实验，小车运动的距离不同，这说明什么问题?

生：说明小车滑动的距离受阻力的影响。

师：不错，小车滑动的距离要受阻力的影响，那是怎样影响的呢，来看第二个问题。

问题二：小车运动距离的长短跟它受到的阻力有什么关系?

小组6：表面材料越粗糙，产生的阻力越大，小车滑动的距离就越短。

问题三：若使小车运动时受到的阻力进一步减小，小车运动的距离将变长还是变短?

小组2：若小车运动时受到的阻力进一步减小，小车运动的距离将变长。

师：好，根据上面的实验及推理的想象，你们还可以推理出什么结论呢?

生：表面越光滑，阻力就越小，而小车滑动的距离就越长。

师：很好，三次实验告诉我们，表面越光滑，阻力就越小，而小车滑动的距离就越长。通过这三次实验，我们来想象一下，若表面更光滑，那么受到的阻力就更小，小车运动的距离又会是怎样的呢？

问题四：小车在光滑的阻力为零的表面，将会怎样运动？

小组1：将永远运动下去。

问题五：

三次实验，小车最终都静止，为什么？

小组3：小车停下来是因为受到了阻力的作用。

师：对，小车因为受到了阻力，速度越来越小，最后停了下来。

该同学的想法已经与伽利略的思想基本的吻合了。

伽利略的观点：在水平面上运动的物体之所以会停下来，是因为受到摩擦阻力的缘故。

伽利略对这一现象的研究不仅仅局限于此，他又进行了怎样深入的探究呢？

2.演示实验探究二：

自制演示教具——伽利略理想斜面实验，如图7-52所示，实施实验探究：

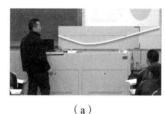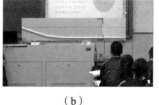

（a）　　　　　　　　　（b）

图7-52　伽利略理想斜面实验

边实验边启发学生分析，师生共同归纳总结：

伽利略根据理想实验进行推论，让一个小球沿一个斜面从静止滚下来，小球做匀加速直线运动，穿过平滑的斜面底部，小球将滚上另一个斜面，将做匀减速直线运动。如果没有摩擦，小球将上升到原来的高度，速度减为了零。如果减少第二个斜面的倾角，小球在这个斜面上达到原来的高度就要通过更长的路程，速度减为零的过程就要慢一些；继续减少第二个斜面的倾角，小球在这个斜面上达到原来的高度就要通过更长更长的路程，速度减为零的过程就要慢更慢一些；再减少第二个斜面的倾角，小球速度减为零的过程就要更慢更慢更慢一些；将第二个斜面的倾角减为零，使它最终成为水平面，小球就再也达不到原来的高度，而沿水平面以恒定速度持续运动下去，速度将不再减慢，而永远地运动下去……

教师进一步启发学生：这水平面上匀速运动的小钢球，受力是什么特点呢？

学生回答：小球受重力和支持力（水平面光滑），合外力为零，小球在水平面上做匀速直线运动。

师生共同总结：物体的运动并不需要力来维持。合外力为零，照样做匀速直线运动。

建立模型，进一步探究"力与运动"的关系，多媒体进行展示：伽利略理想斜面实验结论——物体的运动并不需要力来维持，如图7-53所示。

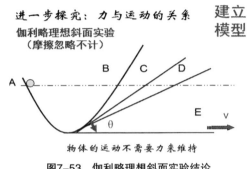

图7-53　伽利略理想斜面实验结论

师：通过伽利略的实验和科学推理得出"水平面上运动的物体，如果受到的阻力为零时，它的速度将不会减慢，将以恒定不变的速度永远运动下去"，所以说"物体的运动并不需要力来维持"。

（二）伽利略的伟大成就

爱因斯坦谈伽利略的贡献：

伽利略的发现以及他所应用的科学的推理方法是人类思想史上最伟大的成就之一，而且标志着物理学的真正开端……

师：最后，伟大的科学家牛顿在前人的基础上进行补充：物体除了运动以外，还有静止的，那么，静止的物体在没有受到外力作用时，保持什么状态呢？（将保持静止状态）

师（引导学生概括）：现在我们来根据几位科学家的研究成果进行一下概括：一切物体在没有受到外力作用时，将如何呢？（对概括出大致意思的同学进行鼓励）

最后教师在学生概括的基础上引导学生进行总结：

（三）牛顿第一运动定律

1.内容

一切物体总保持匀速直线运动状态或静止状态，直到有外力迫使它改变这种状态为止。

2.伟大意义

师：一切物体总有保持匀速直线运动状态或静止状态的性质，我们称之为是物体的惯性，因此牛顿第一定律又称为惯性定律。

3.惯性定律：（板书内容）

师：牛顿第一定律又称为是惯性定律。接着又认识了物体的惯性。

师启发：现在，同学们思考一下，是不是所有的物体都具有惯性呢？

（四）惯性

1.探究小实验

图7-54 气体具有惯性　　　图7-55 液体具有惯性　　　图7-56 固体具有惯性

2.小实验结论

（1）气体具有惯性：教师边讲授边进行实验探究，如图7-54所示。

（2）液体具有惯性：教师边讲授边进行实验探究，如图7-55所示。

（3）固体具有惯性：请学生吹乒乓球和充满水的乒乓球，如图7-56所示。

生1：范围是：一切物体。

师：对，不管是固体、气体，还是液体，静止的还是运动的，所有的物体都包括，所有的物体都具有惯性。

3.探究小实验结论归纳

惯性是物体本身固有的一种属性。

质量是物体惯性大小的量度。（质量大惯性大；质量小惯性小）

4.君朋小组分组自主探究

问题（1）怎样在不破皮的情况下判断生熟鸡蛋？为什么？如图7-57所示。

问题（2）废饮料瓶灌满水留有气泡，在水平桌面上推动，观察迅速启动、制动时，气泡运动情况，为什么？如图7-58所示。

君朋小组自主探究过程，如图7-59所示。

图7-57 生熟鸡蛋　图7-58 灌满水有气泡的饮料瓶　　图7-59 君朋小组自主探究

小组1：采取摇晃法，分别握在手中反复摇晃进行探究。

小组2：采取旋转法，分别用手迅速同时顺时针旋转两鸡蛋进行探究。

小组3：采取观察法，有的小组仔细观察双蛋。

小组4：用手掂量轻重进行探究。

……

学生汇报成果：

多组都进行了交流汇报，只有第二组方法较好：分别用手迅速同时顺时针旋转两鸡蛋进行探究，如图7-59所示，熟鸡蛋固化为一体，随着手指地拨动，整体便迅速旋转起来，由于旋转的惯性，它转动的时间很长；而生鸡蛋随着手指地拨动，外壳随着旋转，而鸡蛋里面的蛋清、蛋黄由于是流体，还保持它们原来的静止状态，它们拖累着蛋壳，使鸡蛋旋转慢慢悠悠，先停下来。所以通过惯性知识可以成功地鉴别生熟鸡蛋，效果特别明显。

第二个自主探究问题：如图7-58所示，将灌满水的饮料瓶放在水平桌面上，气泡刚好在饮料瓶的正中央，然后迅速推动，仔细观察气泡的运动。再使几乎匀速运动的饮料瓶迅速制动，再次观察气泡的运动。

君朋小组交流讨论，汇报成果。

五分钟探究交流讨论之后，学生踊跃汇报探究成果：

当迅速向右推动饮料瓶，里面的水由于惯性还保持原来的静止状态，立在原处，从而造成饮料瓶左侧水的聚集，而饮料瓶已经略微右移，在瓶子的最右侧立即形成一个低压区，气泡迅势移向瓶子的右方；当向右匀速运动的饮料瓶迅速制动时，里面的水由于惯性还保持原来的运动状态，立即向前涌，造成饮料瓶右侧水的聚集，左侧立即形成一个低压区，气泡迅势移向瓶子的左方。归纳起来，启动时，气泡随着前移，质量小的惯性小，其运动状态容易改变；制动时，气泡随着后移，也满足质量小的惯性小，其运动状态容易改变。进而总结出创新理论：质量大的惯性大，运动状态不易改变；质量小的惯性小，其运动状态容易改变。

5.自主实验探究结论

质量小惯性小，运动状态容易改变；

质量大惯性大，运动状态不容易改变。

（五）惯性的应用

1.利用：用煤铲子向炉腔内送煤、斧头磕入斧柄

2.防止：汽车的安全带

（六）回扣主题，揭秘小魔术

1.意念螺丝魔术

不是意念的作用，原来在刘谦的黑色上衣的衣袖里藏着一个只处于振动状态的手机，是手机的振动激起了手臂的微微振动，该振动沿着手臂传到紧握长螺丝棒的手指，是手指的振动激起了长螺丝棒的振动，从而带动了小螺丝帽的移动，说明力是改变物体运动状态的原因，它丝毫不能颠覆伟大的牛顿第一定律。

2.饮料吸管小魔术：把三角形饮料管插入水中，饮料管中封闭的小水块随饮料管一起做圆周运动，随着速度的逐渐增大，小水块由于惯性沿切线飞出顺势沿导管上升，越涌越多，最后向外面甩出。

十一、布置作业

举例说明生活中还有哪些现象应用了惯性知识？

（鼓励学生观察生活，收集资料，激发学习探究的兴趣，开拓学生视野，使之带着问题离开课堂）

十二、课堂小结

图7-60　本堂课课件ppt截图（课堂小结部分）

十三、板书设计

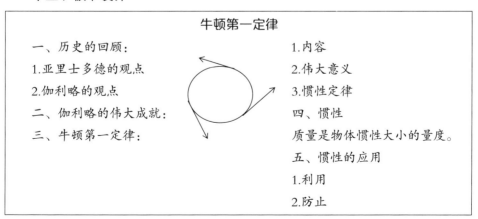

十四、教学评价与反思

本节课通过两个魔术（意念螺丝魔术、饮料吸管小魔术）引入新课，调动学生积极性，激发学生强烈的学习兴趣。然后我自制了"宽三合板三轨道斜面"教具演示探究，学生仔细观察，交流讨论得出结论，最后设计学生分组实验，实施学生自主探究，采用引入生活例子分析等手段，不断设计情景，大胆放手让学生自己思考、讨论，最终解决问题，把学习知识的舞台交给学生，教师充当"导演"的角色，负责提供"场景"、过渡自然，充分感悟到物理与现实生活的紧密联系，提高学习动力，真正实现了学生主体的课堂。上完这节课后，整体基本按照教学设计完成授课，学生很配合，课堂气氛很活跃。课堂上我注重学生的思维发展，让学生在问题和讨论中充分暴露自己的错误的前概念和易错点。课堂上重视利用真实情境设计物理实验实施教学过程，让学生能更好地掌握物理知识和物理规律，通过问题的解决为学生思维的发展和物理核心素养的养成提供广阔的空间。经过反思，我认为这节课有以下几个特点：

第一，结合物理学科特点，激发学生学习兴趣。物理是一门理论性很强的学科，一般学生感到难学，这节课贴近生活，很"接地气"，利用这个特点，大力渲染物理有趣又有用，懂得物理好处多，让学生逐渐扭转被动学习的局面，转到主动求知。

第二，课题体现学生主体，教师主导地位。一节课四十五分钟，导入用探究小魔术，产生认知冲突，提出问题让同学们思考，然后引入创新实验，设计创新的分组探究系列实验，让学生自主探究、讨论和交流，在解决问题和问题扩展环节，我一直都是物理情景的创设者，主要时间留给学生讨论，讨论结果对了激励表扬，错了纠正，点拨一下，这样强化了学生的学，体现了学生主体，教师主导的课标精神。

第三，课堂引入竞争机制。这节课以小组为单位，以问题为主线，一个问题出来，要求学生先独立思考，然后与同组同学讨论，最终形成统一答案，这样可以既能锻炼学生多方面能力，如独立思考能力、语言表达能力，又能激发学生主动性、积极性，抓住中学生好强心理，引入小组间竞争，让好学者更好学，让厌学者变得好学，充分调动全班同学一起学习物理知识，提高同学们学习物理的兴趣。

对于教学结果评价，教学过程中我尽量注意学生的整体情况，还关注了个体差异。每个学生都有别于他人的生活环境、认知过程和知识背景，学生的差异不仅指考试成绩，还包括学生的物理观念、科学思维、探究能力和情感态度。这使得每一个学生发展的速度和轨迹不同，发展目标也具有一定的个体性。发展性评价依据学生的不同背景和特点，正确地判断每个学生的不同特点及其发展潜力，为每一个学生提出适合其发展的、有针对性的建议，从而让学生能够在各自的水平上向更高层次进阶。

总体而言，本节课以创设问题情境为出发点，以实验探究为主线，层层设疑，激发学生认知冲突，从而实现在生生、师生思维的碰撞中产生火花，有效推进教学。创新实验、改进实验、分组实验亮点分层，令师生耳目一新，学生分组探究热情高涨，在汇报成果时充分暴露自己的迷思概念，在师生、生生融洽的讨论中逐步感悟、提升，潜移默化般培养学生的核心素养。

但也存在一些不足之处，比如只顾着整体效果，对少数后进生关注不够，对有些问题的讨论放得不够开，课堂中虽然有点创新生成的火花，但我觉得还远远不够，还有待改进提高……

第八章　对高中物理创新实验教学中实施探究教学的反思

第一节　高中物理创新实验教学中实施探究教学的反思

一、教师在实施探究教学中的反思

（一）更新教育观念，增强实验意识

1.树立以实验为基础的教学观

改变理科教学重理论研究轻实验探究，重知识传授轻能力培养的倾向。重视和深刻认识实验教学的多重教育教学功能。尤其是对于培养学生能力，提高科学素质，造就创造性人才的意义，明确实验教学在物理教学中的重要地位。

2.树立整体发展的学生观

探究教学的实践活动中，有课堂上的演示实验、学生实验，也有课外课题研究、调查等，学习方法丰富多样，社会性、实践性突出。因此，教师在实验教学中要确定整体发展的学生观。在实验教学中做到分工合作，既有合作学习又有独立学习。要努力培养学生的独特才能和志趣，从而塑造学生的创造个性。教师还需要注重学生的认识、情感、行为的培养。学生是有感情审美观的高级动物，在实验教学中要注重每个学生的学习兴趣、创新意识、探索精神、合作态度、欣赏能力等等。

3.建立民主平等的师生观

传统的实验教学中是教师讲实验，学生听实验。教师在台上做实验，学生在台下看实验，教师在黑板上总结，学生在下面抄笔记，完全是主被动关系，探究教学要求构建教学双方主体之间相互尊重、相互信任的民主平等合作的新型师生观。联合国教科文组织编写的《学会生存——教育世界的今天和明天》中指出：教师的职责已经是越来越少地传递知识，而是越来越多地激励思考。即教师的角色要发生转变，教师既是指导者，又是合作伙伴。教师要给学生创造良好教学氛围，鼓励学生的质疑精神和求异思维，激励学生以独特的角色，建设性的姿态对教师作出科学性的批评，形成师生相互交流，共同创建教学民主的"师生情"。

（二）提高教师素质，加强应变能力

1.教师要具有变革处理教材的能力素质

传统的实验教学中，教师视实验教材为法宝，不加取舍地传授给学生。教师不是将实验作为研究课题，让学生去探究、去创造设计新的实验，也不去拓宽学生的知识面，只要求学生按照大纲要求去做。在探究教学中要求把学到的知识加以归纳概括，综合分析，判断反思，再运用到实践中去。教师要站在更高的层面上把握教材，并对研究性课题作出新的构思和处理。如在老教材中的验证性实验《验证牛顿第二定律》是对牛顿第二定律中F不变，a与m关系的验证以及m一定，a与F关系验证。在新教材探究教学中，把本实验改为探究实验，探究加速度与哪些因素有关？引起实验误差的原因是什么？增加了实验的难度，这要求教师具有较高的教学素养，能驾驭实验中学生提出的各种问题及实验中发生的各种问题。

2.教师要富有艺术性的指导能力

探究教学中教师的作用不是"教"而是"导"，成为教书育人的"艺人"。教师在实验教学中要具有艺术性的指导才行。①探究教学要求"教师指导学生运用探究方法进行学习"。教师要创设问题情境，让学生从一系列问题中找出正确答案。同时给学生在学习过程中不断产生新矛盾、新问题。教师应有敏锐的感受能力和灵活的应变能力，并以此作为教学中新的转折和新的教育契机，维持学生积极向上的思维状态。②探究教学要求学生能从多渠道去寻找自己需要的信息资料，能对各种资料进行分析、归纳、整理、提炼并从中发现有价值的信息。但是学生在完成探究发现后，不能准确对信息加工提炼，需要教师和学生间的探讨，需要教师引导学生对信息进行科学加工，完成知识的内化。如在进行单摆测重力加速度实验中，让学生分组实验得出数据，分析T与哪些因素有关，与哪些因素无关，学生会认为T与摆长成正比，在这种情况下教师要引导学生分析运用数学知识，最终得出T与摆长平方根成正比的正确结论。

（三）更新教学方法，提倡探究精神

1.不断改进教法

探究教学要求学生在教师指导下，由学生主动思考主动探究，亲身体验。因此，教师在实验教学中，应注重培养学生的问题意识，科学地引导学生提问，充分挖掘学生潜在的创造性，使学生成为真正的探索者。教师在教学中应注意引导方法的变化，做好"提问"的示范。学习中可能出现什么问题？在什么情况下产生问题等。学生可以在课堂或课后提出问题，师生共同讨论问题。

2.对学生进行学法指导

传统的教学方法是"授之以鱼"，学生不会处理各种复杂的情况，而探究教学要求学生学会学习。教学中要使学生学会学习，从而达到"授之以渔"的目的。

3.运用探究教学，实现知识与能力的统一

在实验教学中，从学生的认识规律出发，强调"以实验为基础"的理科教学观，以自然科学方法论为依据，把学生认识科学知识的活动组织成主动参与探索科学问题过程的一种教学活动方式。由于探究教学是按照科学探究的方法进行的，使学生成为主动探究者。因此，在实验教学中，要努力培养学生的认知能力和科学创造能力，实现学生知识与能力的统一。

4.积极开展科技活动

科技活动是中学物理实验教学中的重要内容，对于激发学生的实验兴趣，进行实验方法论教育，培养学生的实验能力和探索精神等具有十分重要意义。科技实验活动主要形式有：举办科学实验讲座（包括实验方法论、科学实验等），开展实验制作活动（如自制实验教具，改进实验装置），开展实验研究活动（如日常生活和环境保护等有关的实用性、开发性、趣味性和知识性为一体的科技活动），举办实验竞赛活动（包括实验基础知识、实验操作技能、实验小论文和小制作）等等。

二、学生在实施探究学习中的反思

（一）主动学习

在学习的过程中要主动改变自己原有的学习方式，变传统的"接受型"为"探究型"的学习方式。在探究教学实施中，学生必须以思考、质疑、研究的精神参与到其中，要向已有的结论挑战、质疑，用自己的思索、研究来证明自己的观点。

（二）自主参与

所谓"自主"，就是学生在从事探究过程中必须是完全自主的。从课题的选择、研究方法的选择，课题式项目研究小组的形成都是学生自己完成。因此，学生必须改变过去依赖外部力量来进行学习的状态，必须充分发挥个人的自主性，当然自主性并不是不需要外部的教师的指导与建议（但不是包办）。

（三）创新精神

在探究过程中，学生要有创新意识，"创造力"是教不出来的，只能靠亲身的实践或体验中去慢慢的感悟。从而培养自己的创新精神、批判精神和创新能力。

（四）合作态度

现代科技的发展越来越依赖于人们的合作探究，在探究过程中，学生必须不断与不同对象合作才能顺利完成探究任务。如果没有同学、教师之间的合作，一个人是不可能很好地完成研究任务的。

第二节　高中物理创新实验教学中探究教学实施的设想

一、探究教学从局部发展到整体

由于探究教学处于萌芽阶段，尤其是在实验教学中尚处于开始阶段，无论是从理论上还是实践上都不是非常成熟的。因此，在实施过程中要逐步推广。作为一种新的教学方式在实验中的尝试，必定受一些客观因素的影响，如教师观念转变、学生的适应性、教材的同步性等的影响，使得探究教学的开展步履艰难。因此，只有少数教师或少数班级进行了试点。但随着理论与实践的不断成熟，各项工作开展有头绪，学校将探究教学作为一种重要的教学方式，渗透到实验教学中去，就可以在全校师生中进行推广实施。

二、探究教学与传统的教学的协调发展

我们在提倡探究教学过程中，但绝不是对传统的实验教学的全盘否定，我们应该也必然要吸取传统实验教学中的有意义的教学形式。如对实验仪器的使用方法，使用规则等都需要学生在教师引导下掌握其基本知识。只有具备一定的实验基础，才能对实验的设计及课题研究实施。因此，在实施探究教学中，也要注重传统的实验教学，使两种教学方式并存、协调发展，让两者发挥各自的作用。

三、探究教学的评价更具有合理性

开展科学的实验教学评价是实现中学实验教学目标的重要条件，实验教学的评价主要包括实验教学过程评价和结果评价。过程评价着重考虑教师的教学过程，更为重要的是学生的自主探究过程，即教师的演示实验技能，引导学生观察并培养观察能力的技能，以及利用实验进行认知、情感目标教学的技能；学生的动手操作过程、观察过程、质疑交流汇报过程、组内组间协作过程、自主探究创新过程等等的过程性评价。结果评价则应对实验教学目标达到程度进行评价，包括实验认识、技能、方法、习惯、态度等方面。无论是过程评价还是结果评价，都应采取主客观相结合的评价。但应强化实施"观察—理解"的评价模式，怎样开展全面、科学的实验教学评价，还是一个理论和实践上都有待探索的重要课题。

四、探究教学创新课堂是深受学生欢迎的高效益课堂

什么样的课堂深受学生欢迎？什么样的课堂具有高效益？什么样的课能获得同行的好评或专家的认可？我再次强调两个字：创新！大画家徐悲鸿说过："道在日新，艺亦须日新，新者生机也；不新则死"。这几句话精辟地阐述了"创新"的

重要性。徐悲鸿的画之所以能登上世界画坛的顶峰，"致力创新"是其成功的法宝。教学也是一种艺术，教学艺术的生命就在于教学创新。对于大、中学物理教师教学而言，创新是教学的灵魂，也是教学的最高境界。教学创新是一节好课的必由之路，它包括实验探究创新和理论探究创新，这部书我主要阐述的是"基于核心素养导向的高中物理创新实验资源开发的探究式教学实践研究"，殚精竭虑，唯恐遗漏，但由于本人水平有限，时间仓促，在很多地方没有达到预期的目标，但仍期盼能对广大教育同仁和即将进入教师行列的广大师范院校的大学生、研究生有一丝一毫的帮助之处。让我们在新一轮的课改大潮中，逐步摆脱已有习惯的桎梏，理解教育的根本意义，把教书育人当成自己的事业，当成是一种兴趣，真正使学生成为教育学习的主角，充分发挥学生自主探究的主观能动性，更好地激发他们的创新思维，把学生的发展着眼于未来，尽最大努力全面培养学生的核心素养。

由于本人水平有限，时间仓促，本书的错误之处在所难免，最后恳请各位同仁不吝赐教、批评指正。

出版说明：

本书中所有创新物理实验，请在符合安全标准的实验室内操作，学生不可在家中或其他地方独自操作，以免造成意外伤害！

参考文献

［1］中华人民共和国教育部.2003.普通高中物理课程标准（实验）［S］.北京：人民教育出版社.

［2］中华人民共和国教育部.2018.普通高中物理课程标准（2017年版）［S］.北京：人民教育出版社.

［3］阎金铎，郭玉英.2009.中学物理教学概论（第三版）［M］.北京：高等教育出版社.

［4］彭前程等.2019.普通高中教科书教师教学用书物理第一册［M］.北京：人民教育出版社.

［5］刘炳升.科技活动创造教育原理与设计［M］.南京：南京师范大学出版社，1999.

［6］美国科学促进会.2008.科学素养的导航图［M］.中国科学技术协会，译.北京：科学普及出版社.

［7］王天一等编著.国外教育史（下）［M］.北京：北京师范大学出版社，1985.

［8］张在均主编.教育心理学［M］.北京：人民教育出版社，1999.

［9］教育部.《关于加强和改进中小学实验教学的意见》文件.教基〔2019〕16号.

［10］谷春生.创新实验资源开发的探究式教学实践研究［J］.物理教师，2019（8）：50-56.

［11］谷春生.旋转参考系中液滴运动的创新实验［J］.中学物理教学探讨，2018（7）：49-52.

［12］谷春生.设计创新实验，培养核心素养［J］.中学物理教学探讨，2017（10）：62-63.

［13］谷春生.科学因探究而美丽，探究以创新而更精彩［J］.中学物理，2016（2）：12-13.

［14］谷春生.加强理论修养，提升教学能力［J］.中学物理，2016（10）：72-75.

［15］谷春生.开发创新实验资源，实施科学探究教育［J］.物理之友，2018（8）：34-35.

［16］谷春生.课程标准理念下学生的创新实践组织和指导［J］.中学物理，2015（7）：4-6.

［17］谷春生.牛顿第二定律的演示实验装置的改进［J］.中学物理教学参考，2003（11）：47-48.

［18］谷春生.浅谈实验资源开发与探究式教学的有效整合［J］.中学物理教与学（人大复印全文转载），2012（4）：45-48.

［19］谷春生.课程标准理念下物理科学探究与创新的有效整合［J］.中学物理，2009（12）：15-19.

［20］谷春生.一组有趣的物理实验及探究［J］.物理教学，2010（5）：21-23.

［21］谷春生.有趣的课外小实验［J］.物理教学，2010（10）：25-26.

［22］王文梅.实施高中物理课堂探究性实验教学的几点体会［J］.内蒙古教育，2006（1）：23-24.

［23］谷春生.中学物理课外实验与小制作举例［J］.现代物理知识，2010（1）：57-59.

［24］谷春生.基于实验资源开发的探究式教学实践研究［J］.中学物理，2011（10）：6-8.

［25］谷春生."多普勒效应"探究性教学设计［J］.中学物理教学参考，2004（11）：15-17.

［26］谷春生.浅谈实验资源开发与探究式教学的有效整合［J］.物理通报，2012（1）：10-13.

［27］谷春生.课程标准理念下物理教学探究能力的培养［J］.物理通报，2010（4）：49-53.

［28］顾靖峰.高中物理实验探究教学的思考和实践［J］.南京：南京师范大学硕士论文.

［29］谷春生.谈物理课外实验与小制作的设计 培养科学探究能力［J］.物理教师，2010（5）：22-23.

［30］谷春生.课程标准理念下学生物理科学探究与创新的有效整合［J］.物理通报，2009（6）：31-34.

［31］谷春生.课程标准理念下学生的高中物理创新实践组织和指导［J］.物理通报，2008（9）：35-38.

［32］谷春生.设计实践探究问题，启迪创新思维［J］.物理教师，2007（12）：31-33.